Die

FamRZ-Bücher

werden herausgegeben von

Prof. Dr. Peter Gottwald
Dr. Ingrid Groß
Dr. Meo-Micaela Hahne
Prof. Dr. Dr.h.c. Dieter Henrich
Prof. Dr. Dieter Schwab
Prof. Dr. Thomas Wagenitz

VERLAG ERNST UND WERNER GIESEKING, BIELEFELD

Das Kind im einstweiligen Rechtsschutz im Familienrecht

von

Dr. Hans *van Els*

Richter am Amtsgericht a.D.

2000

VERLAG ERNST UND WERNER GIESEKING, BIELEFELD

Die Deutsche Bibliothek – CIP-Einheitsaufnahme
Els, Hans /van:
Das Kind im einstweiligen Rechtsschutz im Familienrecht
/ von Hans van Els. –
Bielefeld : Gieseking, 2000
   (FamRZ-Buch ; 13)
   ISBN 3-7694-0588-9

2000

© Verlag Ernst und Werner Gieseking GmbH, Bielefeld

Dieses Werk ist urheberrechtlich geschützt. Jede Verwertung, insbesondere die auch nur auszugsweise Vervielfältigung auf photomechanischem oder elektronischem Wege, die Aufnahme in Datenbanken oder die Einstellung in On-line-Dienste, ist nur insoweit zulässig als sie das Urheberrechtsgesetz ausdrücklich gestattet, ansonsten nur und ausschließlich mit vorheriger Zustimmung des Verlages.

Alle Rechte bleiben vorbehalten.

Druck: Decker Druck GmbH & Co. KG, Neuss

Vorwort

Der vorläufige Rechtsschutz hat im Alltag des Familiengerichts, vor allem in der ersten Instanz, große, immer wieder weichenstellende Bedeutung. Geradezu existentielles Gewicht hat er insbesondere bei Kindern. So ist die Idee entstanden, ein FamRZ-Buch herauszubringen, das den vorläufigen Rechtsschutz im Familienrecht unter der Perspektive „Kindeswohl" darstellt. Zugleich ist damit ein Buch entstanden, das für Berufsfelder interessant ist, in denen die Wahrnehmung kindlicher Interessen im Vordergrund steht und für die das im Alltag ohnehin wenig bedeutsame Eilverfahren beispielsweise im Güterrecht und beim Versorgungsausgleich nur Ballast bedeutet.

Obschon die Darstellung des vorläufigen Rechtsschutzes auf das Kindeswohl ausgerichtet und beschränkt ist, bleibt er dennoch ein leider weit gefächertes, kompliziertes „Feld". Gerade deshalb ist es aber wichtig, sich darin auszukennen, zumindest zurechtfinden zu können.

Der vorangestellte Allgemeine Teil soll hierbei eine Hilfestellung bieten, wenn im Einzelfall Grundsatzfragen auftauchen, die der Leser näher ausloten will, um so ganz durchzublicken und anschließend im einzelnen Fall gekonnter darstellen und argumentieren zu können. Zugleich soll der Allgemeine Teil als Einstieg dienlich sein - als Einführung in die Kernfragen des vorläufigen Rechtsschutzes.

Solingen, im September 2000 *Hans van Els*

Inhaltsverzeichnis

Abkürzungs- u. Literaturverzeichnis XIII
Übersicht der Grafiken XXI

I. Teil - Einleitung 1
   A. Die Bedeutung des vorläufigen Rechtsschutzes in der
      Rechtswirklichkeit 1
   B. Die zunehmende Bearbeitung des vorläufigen Rechts-
      schutzes in der Literatur 2

II. Teil - Allgemeiner Teil 5
   A. Die Verfassung als Auslegungsmaxime im vorläufigen
      Rechtsschutz 5
   B. Nicht dargestellt: 11
      1. der nachgeschaltete vorläufige Rechtsschutz 11
      2. Eilregelungen im nicht summarischen Verfahren 12
   C. Einstweilig oder vorläufig? 13
   D. Verschiedene Gliederungen des summarischen Ver-
      fahrens 14
   E. Rechtshängigkeit summarischer Verfahren 19
   F. Die Rechtskraft summarischer Verfahren 23
   G. Die Entscheidung im summarischen Verfahren 27
   H. Konkurrenzfragen 31
   I. Außerkrafttreten der summarischen Eilentscheidung 34
   K. Keine Vorwegnahme der Hauptsache? 35
   L. Das Beschleunigungsprinzip 38
   M. Glaubhaftmachung 44
   N. Umfang der rechtlichen Prüfung 51
   O. Der Vergleich im summarischen Verfahren 53
   P. Die Schutzschrift im Verfahren vor dem Familiengericht ... 56

III. Teil - Besonderer Teil 59
   A. Einleitung 59
      1. Kindliches Zeitempfinden im vorläufigen Rechts-
         schutz 59

2. Bedeutung vorläufiger Entscheidungen im Verfahren zum Kindeswohl 61
B. Elterliche Sorge 62
  1. Einstweilige und vorläufige Anordnung 62
  2. Inhalt und Umfang vorläufiger Entscheidungen zur elterlichen Sorge 62
  3. Zuständigkeit und Verfahrensvoraussetzungen 66
  4. Der Antrag 68
    a) Ist ein Antrag erforderlich? 68
    b) Wer ist antragsberechtigt? 69
    c) Zum Inhalt des Antrags 72
    d) Form des Antrags 74
    e) Begründung des Antrags 75
  5. Glaubhaftmachung bei Antragstellung 75
  6. Der Gang des summarischen Verfahrens bis zum Erlaß einer Entscheidung 78
    a) Entscheidung ohne Anhörung der Gegenseite 78
    b) Entscheidung sofort nach Eingang der Gegenäußerung 79
    c) Entscheidung ohne mündliche Verhandlung, aber nach Anhörung von Kind, Jugendamt, Eltern und evtl. Dritter 79
    d) Entscheidung nach mündlicher Verhandlung 82
  7. Entscheidung im summarischen Verfahren 84
    a) Einstweilige Anordnung 84
    b) Vorläufige Anordnung 88
  8. Abänderung der summarischen Entscheidung 89
    a) Die Regelung in § 620 b I ZPO 89
    b) Die Überprüfung in § 620 b II ZPO 92
    c) Die Überprüfung vorläufiger Anordnungen 94
    d) Die sofortige Beschwerde nach § 620 c ZPO 95
    e) Die Beschwerde gegen vorläufige Anordnungen 99
  9. Konkurrenzfragen 101
    a) Verhältnis zur korrelierenden Hauptsache 101
    b) Verhältnis zwischen Verfahren zur einstweiligen und vorläufigen Anordnung 101
    c) Konkurrenz zwischen den Rechtsbehelfen 102
    d) Konkurrenzen zu Verfahren in Vormundschaftssachen 103
  10. Vollziehung und Aussetzung 103

    a) der einstweiligen Anordnung..................................103
    b) der vorläufigen Anordnung.....................................103
  11. Außerkrafttreten der summarischen Entscheidung......103
    a) der einstweiligen Anordnung..................................103
    b) der vorläufigen Anordnung.....................................109
  12. Gerichtskosten, Rechtsanwaltsgebühren, Gegen-
      standswerte..110
    a) Gerichtskosten..110
    b) Rechtsanwaltsgebühren 110
    c) Gegenstandswerte..111
C. Gefährdung des Kindes 113
  1. Einstweilige Anordnungen bei Gefährdung
     des Kindes..113
    a) Einleitung..113
    b) Zuständigkeit..114
    c) Verfahren 114
    d) Die Entscheidung...115
  2. Vorläufige Anordnungen bei Gefährdung
     des Kindes..117
D. Umgang mit dem Kind 119
  1. Die einstweilige Anordnung..119
    a) Einleitung..119
    b) Zuständigkeit und Verfahrensvoraussetzungen........120
    c) Antrag 121
    d) Entscheidung..121
    e) Rechtsbehelfe 125
    f) Konkurrenzfragen 125
    g) Vollziehung und Aussetzung....................................126
    h) Außerkrafttreten 128
    i) Kosten und Gegenstandswerte 129
  2. Die vorläufige Anordnung...129
E. Herausgabe des Kindes 132
  1. Die einstweilige Anordnung..132
  2. Die vorläufige Anordnung...135
  3. Vorläufige Anordnung bei internationaler Kindes-
     entführung...135
  4. Herausgabe des Kindes und seiner persönlichen
     Sachen..137
F. Weitere vorläufige Anordnungen zum Wohl des
   Kindes 138

1. Vorläufiger Rechtsschutz zu § 1672 BGB..................138
2. Vorläufige Regelungen bei Wegfall des bisherigen Inhabers der elterlichen Sorge..................138
   a) § 1678 BGB - tatsächliche Verhinderung und Ruhen der elterlichen Sorge..................139
   b) § 1680 II BGB - Tod eines Elternteils..................139
   c) § 1680 III BGB - Entzug der elterlichen Sorge........140
3. Vorläufiger Rechtsschutz bei Änderungen nach § 1696 BGB..................140
4. Vorläufige Verbleibensanordnungen..................142
   a) nach § 1632 IV BGB..................142
   b) nach § 1682 BGB..................144
5. Vorläufige Unterbringung Minderjähriger nach § 1631 b BGB..................144
6. Vorläufige Regelungen des Elternstreits - § 1628 BGB .147
7. Vorläufige Regelungen nach § 1630 BGB..................148
   a) § 1630 II BGB..................148
   b) § 1630 III BGB..................149
8. Einschränkungen oder Ausschluß elterlicher Befugnisse - § 1687 II BGB..................149
9. Vorläufige Regelungen nach § 1687 a und § 1688 BGB..................151
   a) § 1687 a BGB..................151
   b) § 1688 BGB..................151
10. Vorläufige Regelungen nach §§ 1629 II S. 3/1796 BGB..................151
11. Vorläufige Regelungen nach § 1612 II 2 BGB...........152
12. Auskunft im Wege vorläufiger Anordnung - § 1686 BGB..................153
13. Eilige Maßnahmen nach § 1693 BGB........................156
14. Vorläufige Bestellung des Ruhens der elterlichen Sorge?..................157
15. Vorläufige Regelungen nach § 1631 III BGB...............158
16. Familiengerichtliche Genehmigungen..................159

G. Unterhalt des Kindes..................161
Vorbemerkung..................161
1. Die einstweilige Anordnung..................161
   a) Übersicht..................161
   b) Inhalt und Umfang der einstweiligen Anordnung...162
   c) Zuständigkeit und Verfahrenvoraussetzungen........163

d) Der Antrag 164
e) Glaubhaftmachung 166
f) Gang des Verfahrens 166
g) Die summarische Entscheidung 167
h) Abänderung der einstweiligen Anordnung 170
i) Das Anordnungsverfahren und korrespondierende Verfahren zur Hauptsache 171
k) Vollziehung und Aussetzung 174
l) Außerkrafttreten der einstweiligen Anordnung 176
m) Kosten und Gegenstandwerte 178
  2. Speziell zu § 644 ZPO 178
  3. Unterhalts-Leistungsverfügung 180
  4. Arrest 182
  5. Sonderformen vorläufigen Rechtsschutzes für Kinder nicht miteinander verheirateter Eltern 185
     a) Die einstweilige Verfügung nach § 1615 o BGB 185
     b) Die einstweilige Anordnung nach §§ 641 d ff. ZPO 188
     c) Konkurrenzfragen 195
H. Prozeßkostenvorschuss für das Kind 197
  1. Einleitung 197
  2. Die einstweilige Anordnung nach §§ 127 a, 620 Nr. 9, 621 f ZPO 198
  3. Die einstweilige Anordnung - § 641 d ZPO 204
  4. Die einstweilige Verfügung 204
  5. Konkurrenzen 205
I. Ehewohnung und Kind 207
  1. Bedeutung des Wohnungszuweisungsverfahrens für das Kind 207
  2. Übersicht über die anstehenden Verfahren 208
  3. Die Berücksichtigung des Kindeswohls 209
K. Hausrat und Kind 212
L. Schutz des Kindes vor Gewalt 214

IV. Teil Ausblick 217

Stichwortverzeichnis 221

Verzeichnis der Abkürzungen und der abgekürzt zitierten Literatur

a.A.	anderer Ansicht
a.a.O.	am angegebenen Ort
Abs.	Absatz
abw.	abweichend
a.F.	alte Fassung
AG	Amtsgericht
AK	Arbeitskreis
Anm.	Anmerkung
Art.	Artikel
Aufl.	Auflage
Bach/Gildenast	A. Bach/B. Gildenast, Internationale Kindesentführung, 1999, FamRZ-Buch 12
Bassenge/Herbst	FGG/RPflG, 8. Aufl.
Baumbach/Lauterbach/Bearbeiter	ZPO mit GVG u. anderen Nebengesetzen, 58. Aufl. 2000
Baur	F. Baur, Studien zum einstweiligen Rechtsschutz, 1967
BayOLG	Bayrisches Oberstes Landesgericht
BayOLGZ	Sammlung von Entscheidungen des BayOLG in Zivilsachen
Bd.	Band
Bernecke	Die einstweilige Verfügung in Wettbewerbssachen, 1995
bestr.	bestritten
BGB	Bürgerliches Gesetzbuch
BGBl	Bundesgesetzblatt
BGH	Bundesgerichtshof (Band und Seiten)
BGHZ	Entscheidungen des BGH in Zivilsachen (Band und Seiten)
Bölling	H. Bölling, Konkurrenz einstweiliger Anordnun-

	gen mit einstweiligen Verfügungen in Unterhaltssachen, Göttingen, Diss. 1981
BRAGO	Bundesrechtsanwaltsgebührenordnung
BSHG	Bundessozialhilfegesetz
BT-Drucks.	Bundestagsdrucksache
Büdenbender	U. Büdenbender, Der vorläufige Rechtsschutz durch einstweilige Verfügung und einstweilige Anordnung im Nichtehelichenrecht, 1975 - Bd. 83 der Schriften zum Deutschen und Europäischen Zivil-, Handels- und Prozeßrecht
BVerfG	Bundesverfassungsgericht
BVerfGG	Gesetz über das BVerfG
bzw.	beziehungsweise
Compensis	U. Compensis, Die einstweilige Verfügung auf Unterhaltsleistung, Erlangen, Diss. 1991 (besprochen von Büttner, FamRZ 1992, 642 u. Gießler, NJW 1992, 1150)
DAVorm	Der Amtsvormund (Zeitschrift)
DFGT	Deutscher Familiengerichtstag
Diss.	Dissertation
DM	Deutsche Mark
Dose	H.J. Dose, Einstweiliger Rechtsschutz in Familiensachen, 2000
DVO	Durchführungsverordnung
e.A.	einstweilige Anordnung/en
EGBGB	Einführungsgesetz zum BGB
ESorgeRÜ	Europäisches Sorgerechtsübereinkommen
e.V.	einstweilige Verfügung/en
FamG	Familiengericht
FamRefK/ Bearbeiter	Familienrechtsreformkommentar, 1998
FamRZ	Zeitschrift für das gesamte Familienrecht
FamS	Familiensenat
FF	Forum Familien- und Erbrecht (Zeitschrift)
f. - ff.	folgende, Singular - Plural
Fn.	Fußnote

FPR	Familie, Partnerschaft, Recht (Zeitschrift)
FuR	Familie und Recht (Zeitschrift)
Gerhardt u.a./ Bearbeiter	Handbuch des Fachanwalts Familienrecht, 2. Aufl. 1999
Gernhuber/ Coester-Waltjen	Lehrbuch des Familienrechts, 4. Aufl. 1994
GG	Grundgesetz
GKG	Gerichtskostengesetz
Gießler	Vorläufiger Rechtsschutz in Ehe-, Familien- und Kindschaftssachen, 3. Aufl. 2000
Göppinger/Wax Bearbeiter	Unterhaltsrecht, 7. Aufl. 1999
Greßmann	M. Greßmann, Neues Kindschaftsrecht, 1998, FamRZ-Buch 6
GVG	Gerichtsverfassungsgesetz
HKiEntÜ	Haager Übereinkommen über die zivilrechtlichen Aspekte internationaler Kindesentführung
Hampel	Bemessung des Unterhalts an Hand von Unterhaltstabellen und Unterhaltsleitlinien der Oberlandesgerichte, 1994
Haussleiter/ Schulz	D. Haussleiter/W. Schulz, Vermögensauseinandersetzung bei Trennung und Scheidung, 2. Aufl. 1997
HausratsV	Verordnung über die Behandlung der Ehewohnung und des Hausrats
Heiß/Born	Unterhaltsrecht, Ein Handbuch für die Praxis, Loseblatt - Stand Dezember 1999
Henrich	D. Henrich, Internationales Scheidungsrecht, 1998, FamRZ-Buch 10
Heilmann	St. Heilmann, Kindliches Zeitempfinden und Verfahrensrecht, Frankfurt, Diss. 1998 - Luchterhand, Bd. 22 in „Familie und Recht" (besprochen von van Els, FF 1999, 156 u. Gießler, FPR-Service 1999/2, S. II)
h.M.	herrschende Meinung
Hs.	Halbsatz
i.d.F.	in der Fassung

i.S.d. -v.	im Sinne des/der - von
i.V.m.	in Verbindung mit
Johannsen/Henrich/Bearbeiter	Eherecht, Scheidung, Trennung, Folgen, Kommentar, 3. Aufl. 1998
JR	Juristische Rundschau (Zeitschrift)
JurBüro	Das Juristische Büro (Zeitschrift)
JuS	Juristische Schulung (Zeitschrift)
JZ	Juristenzeitung
Kalthoener/Büttner	Die Rechtsprechung zur Höhe des Unterhalts, 6. Aufl. 1997
Keidel u.a./Bearbeiter	FGG, Kommentar, 14. Aufl. 1999
KG	Kammergericht
Kind-Prax	Kindschaftsrechtliche Praxis (Zeitschrift)
KindRG	Gesetz zur Reform des Kindschaftsrechts (Kindschaftsreformgesetz) v. 16.12.1997
KindUG	Gesetz zur Vereinheitlichung des Unterhaltsrechts (Kindesunterhaltsgesetz) v. 6.4.1998
Köhler/Luthin	Handbuch des Unterhaltsrechts, 8. Aufl. 1993
KostO	Gesetz über die Kosten in Angelegenheiten der FGG
Leipold	Grundlagen des einstweiligen Rechtsschutzes, 1971 - Münchener Universitätsschriften Bd. 21
Lit.	Literatur
LG	Landgericht
LS	Leitsatz
MDR	Monatsschrift für Deutsches Recht (Zeitschrift)
m.E.	meines Erachtens
MK/Bearbeiter	Münchener Kommentar zum BGB, 3. Aufl. 1992 ff.
MK(ZPO)	Münchener Kommentar zur ZPO, 1992
m. (krit.) Anm.	mit (kritischer) Anmerkung
m. (w.) N.	mit (weiteren) Nachweisen
MSA	Haager Übereinkommen über die Zuständigkeit der Behörden und das anzuwendende Recht auf dem Gebiet des Schutzes von Minderjährigen
n.F.	neue Fassung
NJW	Neue Juristische Wochenschrift (Zeitschrift)

NJW-FER	NJW-Entscheidungsdienst - Familien- u. Erbrecht (Zeitschrift)
NJW-RR	NJW-Rechtsprechungsreport (Zeitschrift)
Nr.	Nummer
Odersky	Nichtehelichengesetz, Handkommentar, 4. Aufl. 1978
OLG	Oberlandesgericht
OLGZ	Entscheidungen der OLG in Zivilsachen (Entscheidungssammlung)
Palandt/Bearbeiter	Kommentar zum BGB, 59. Aufl. 2000
Peschel/Gutzeit	Kommentierung v. § 1634 BGB a.F. im Staudinger (s. dort)
PKH	Prozeßkostenhilfe
PKV	Prozeßkostenvorschuß
Rahm/Künkel/ Bearbeiter	Handbuch des Familiengerichtsverfahrens, Loseblattausgabe, 1994 ff.
RegE	Regierungsentwurf
Rez./rez.	Rezension/rezensiert
RG	Reichsgericht
RGRK/Bearbeiter	Kommentar zum BGB, herausgegeben von Mitgliedern des BGH, 12. Aufl. 1974 ff.
RGZ	Entscheidungen des RG in Zivilsachen (Band u. Seiten)
Ritter	U. Ritter, Vorläufige Anordnungen in Angelegenheiten der freiwilligen Gerichtsbarkeit, Göttingen, Diss., 1989 - Bd. 131 der Schriften zum Deutschen und Europäischen Zivil-, Handels- und Prozeßrecht (besprochen von Gießler, NJW 1992, 163 u. Zimmermann, FamRZ 1992, 142)
Rolland/Bearbeiter	Familienrecht, Kommentar, 1993 ff.
RPfleger	Der Deutsche Rechtspfleger (Zeitschrift)
RPflG	Rechtspflegergesetz
Rspr.	Rechtsprechung
Rühl/Greßmann	W. Rühl/ M. Greßmann, Kindesunterhaltsgesetz, 1998, FamRZ-Buch 7
Rz.	Randziffer
s.	siehe

S.	Satz/Seite
Schilken	E. Schilken, Die Befriedigungsverfügung, Berlin 1976
Schneider/Herget	Streitwert-Kommentar, 11. Aufl. 1996
Schuschke/Walker	Vollstreckung und Vorläufiger Rechtsschutz, Kommentar zum Achten Buch der ZPO - Bd. I 1997, Bd. II 1999
Schwab/Bearbeiter	Handbuch des Scheidungsrechts, 4. Aufl. 2000
SGB	Sozialgesetzbuch I ff.
Soergel/Bearbeiter	Kommentar zum BGB, 12. Aufl. 1987 ff.
SorgeRÜbAG	Sorgerechtsübereinkommen - Ausführungsgesetz
Staudinger/ Bearbeiter	Kommentar zum BGB, 12. Aufl. 1978 ff., 13. Aufl. 1993 ff.
Stein/Jonas/ Bearbeiter	Kommentar zur ZPO, 21. Aufl. 1993 ff.
str.	streitig
Schoch	Vorläufiger Rechtsschutz und Risikoverteilung im Verwaltungsrecht, Heidelberg 1988
Thomas/Putzo	Zivilprozeßordnung, 22. Aufl. 1999
u.	und
u.a.	und andere/ unter anderem
UVG	Unterhaltsvorschußgesetz
v.	von/vom
VA	Versorgungsausgleich
v.A.	vorläufige Anordnung/en
vgl.	vergleiche
Vorbem.	Vorbemerkung
VormG	Vormundschaftsgericht
Walker	Der einstweilige Rechtsschutz im Zivilprozeß und im arbeitsgerichtlichen Verfahren, 1993 (besprochen von van Els, FamRZ 1995, 920 u. Seitz, NJW 1994, 2340)
Walter	W. P. Walter, Die Darlegungs- und Glaubhaftmachungslast in den Verfahren von Arrest und einstweiliger Verfügung nach §§ 916 ff. ZPO, Freiburg, Diss. 1992 - Europäische Hochschulschriften,

	Reihe II, Bd. 1282 (besprochen von van Els, FamRZ 1994, 218)
Wendl/Staudigl	Das Unterhaltsrecht in der familienrichterlichen Praxis, 5. Aufl. 2000
Werner	B. Werner, Rechtskraft und Innenbindung zivilprozessualer Beschlüsse im Erkenntnis- und summarischen Verfahren, Erlanger juristische Abhandlungen, Bd. 31 (1983)
Wieczorek/ Bearbeiter	ZPO u. Nebengesetze, Kommentar, 2. Aufl. 1976-1983, 3. Aufl. 1994 ff. (erschienen zu §§ 127 a, 592 - 703 d, 916 - 1048, EGZPO, GVG, EGGVG)
z.B.	zum Beispiel
ZfJ	Zentralblatt für Jugendrecht (Zeitschrift)
Zimmermann	Zivilprozeßordnung mit GVG und Nebengesetzen, Kommentar anhand der höchstrichterlichen Rechtsprechung, 5. Aufl. 1998
Zöller/Bearbeiter	Zivilprozeßordnung, 21. Aufl. 1999
ZPO	Zivilprozeßordnung
ZRP	Zeitschrift für Recht und Politik
zust.	zustimmend

Übersicht der Grafiken
(Die Zahlen verweisen auf die Seitenzahlen)

Grafik 1	Der einstweilige Rechtsschutz im Zivilprozeß nach W.D. Walker (§§ 916 ff. ZPO)	7
Grafik 2	Ausgewogenheit des Rechtsschutzes im summarischen Verfahren	11
Grafik 3	Vorläufiger Rechtsschutz im weiteren Sinne (vorgeschalteter/nachgeschalteter)	12
Grafik 4	Offene und materiell-akzessorische Eilentscheidung	15
Grafik 5	Zwecke des v. Rechtsschutzes	16
Grafik 6	Eilverfahren in kindbezogenen Familiensachen	18
Grafik 7	Außerkrafttreten der summarischen Eilentscheidung	35
Grafik 8	Regelung von Besitz und Nutzung der Ehewohnung	208
Grafik 9	Schutz vor Verfügungen eines Elterngatten über die Ehewohnung	209

I. Teil - Einleitung

A. Die Bedeutung des vorläufigen Rechtsschutzes in der Rechtswirklichkeit

Wie Fritz Baur[1]), mehr intuitiv als analysierend, bereits 1964 richtig erkannte, hat der einstweilige Rechtsschutz in der Rechtswirklichkeit immer mehr an Ausdehnung gewonnen. Er hat, wie Baur schon damals zutreffend ausführte, immer neue Gebiete erobert und ist zunehmend auch in zahlreichen Gesetzen speziell verankert worden - so auch in den Vorschriften zum Erlaß der e. A. in Ehesachen[2]). Zur Begründung verweist Baur u. a. auf die "fast täglich anfallenden Pressemeldungen". Der Blick in die heutige Presse macht es erst recht offensichtlich: Der einstweilige Rechtsschutz ist in zahlreichen und vor allem auch gewichtigen Streitigkeiten sehr bedeutsam - wie u. a. die Streitigkeiten von Medienkonzernen, Industriekonzernen, aber auch im politischen Raum deutlich machen. Auch der Familienrechtler weiß: In seinem Beritt haben summarische Verfahren große und alltägliche Bedeutung[3]).

Für die Ausdehnung des einstweiligen Rechtsschutzes gibt es laut Baur im wesentlichen vier Gründe[4]).

1

---

[1]) BB 1964, 607 ff. sowie Studien, S. 1 - 4.
[2]) Zur Entstehungsgeschichte der §§ 620 ff. ZPO s. z. B. *Johannsen/Sedemund-Treiber*, vor § 620 ZPO Rz. 1.
[3]) Nach MK(ZPO)/*Klauser*, § 620 Rz. 3 haben Anordnungsverfahren rückläufige Tendenz. Klauser stützt seine Aussage aber nicht auf empirische Daten, sondern auf die Überlegungen, wonach das Anordnungsverfahren gegenüber einem Hauptsacheverfahren doch erhebliche Nachteile hat.
Zur quantitativen Bedeutung des einstweiligen Rechtsschutzes im Zivilprozeß eingehend *Walker*, Rz. 19 ff.
[4]) Studien, S. 4 - 7.

- Durch die technische Entwicklung bricht im privaten wie öffentlichen Bereich schädigendes Unrecht "mit viel elementarer Gewalt" über den Einzelnen herein, so daß ein vorläufig geregelter modus vivendi zunehmend erforderlich wird.

- Psychologisch gesehen, steht einem Mangel an common sense auf der einen Seite Autoritätsgläubigkeit auf der anderen Seite gegenüber, so daß ein Gericht die Maßstäbe setzen muß. Dabei erwähnt Baur ausdrücklich auch die Bereiche des Eltern- und Kindesrechts.

- Zunehmend muß die Schwäche des Einzelnen gegenüber einem Stärkeren oder der Macht einer Gruppe vorläufig ausgeglichen werden. Auch in diesem Zusammenhang verweist Baur auf e. A. im Familienrecht, nämlich vorläufige Unterhaltszahlungen.

- Die Parteien wollen (nicht mehr) warten, bis das Gericht regulär entschieden hat und begnügen sich mit einer einstweiligen Regelung - oft sogar auf Dauer, so daß die im einstweiligen Verfahren ergehende Regelung das reguläre Verfahren ersetzt[5]). Das ist insbesondere bei einstweiligen Regelungen bedeutsam.

Auch diese Gründe werden von Fritz Baur mehr intuitiv gefunden und nicht durch empirische Daten verifiziert.

Wie Baur[6]) kurz darlegt, besteht bei dem Gewicht, das dem Verfahren zum Erlaß einer einstweiligen Regelung zukommt, die große Gefahr: Es kommt in diesem Verfahren zu Verhandlungen und auch Beweisaufnahmen, die der "Tendenz" eines Eilverfahrens nicht entsprechen. Auch bei dem einstweiligen Rechtsschutz in Familiensachen ist diese Tendenz zu beobachten[7]) .

B. Die zunehmende Bearbeitung des vorläufigen Rechtsschutzes in der Literatur

Während der vorläufige Rechtsschutz in der Rechtswirklichkeit an Bedeutung gewinnt, wird ihm - was miteinander zusammenhän-

---

[5]) Eingehend hierzu *Walker,* Rz. 28 ff.
[6]) Studien, S. 6.
[7]) Studien, S. 6.

gen dürfte - in der Literatur zunehmend Aufmerksamkeit geschenkt. Den Studien von Fritz Baur folgte die 1971 erschienene Schrift von Leipold über die "Grundlagen des einstweiligen Rechtsschutzes im zivil-, verwaltungs- und verfassungsgerichtlichen Verfahren". Fritz Baur und Leipold haben - wie schon die Buchtitel ausweisen - sämtliche Rechtsgebiete im Auge. Die Zeit für so breit ausgelegte Untersuchungen scheint vorbei zu sein[8]). Nach den Werken von F. Baur und D. Leipold erschienene Monographien konzentrieren sich auf einzelne Rechtsgebiete - z. B. M. Heinze[9]) auf das Arbeits- und Wirtschaftsrecht, F. Schoch[10]) auf das Verwaltungsrecht und W. D. Walker auf das Arbeitsrecht. Das gilt auch für das 1987 in erster und 2000 in dritter Auflage erschienene Werk von H. Gießler über vorläufigen Rechtsschutz in Ehe-, Familien- und Kindschaftssachen.

Gießler beginnt sein Buch - wie oft übersehen - mit einem in der 3. Aufl. 249 Seiten langen Allgemeinen Teil ("Der vorläufige Rechtsschutz und seine Mittel"), bevor er im zweiten Teil (S. 251 - 536), dem Besonderen Teil, den vorläufigen Rechtsschutz einzelner familienrechtlicher Rechte und Rechtsverhältnisse darstellt[11]). Der Allgemeine Teil wiederum bringt zunächst Ausführungen zur Struktur des summarischen Verfahrens, über das Verhältnis des vorläufigen Rechtsschutzes zum materiellen Recht und sodann spezielle allgemeine Teile zur e. A. nach § 644 ZPO sowie in Ehesachen, zur e. A. in Kindschaftssachen, zur v. A. in isolierten FGG-Sachen sowie zum Arrest und zur e. V. Auch F. D. Walker erarbeitet auf den ersten 425 Seiten seiner Habilitationsschrift einen Allgemeinen Teil, indem er nicht nur für das arbeitsgerichtliche Verfahren, sondern für den gesamten Zivilprozeß generell geltende Grundsätze herausarbeitet, ja "ein in sich schlüssiges System des einstweiligen Rechtsschutzes" (so Rz. 37). Gießler wie Walker sind trotz der speziellen Ausrichtung ihrer Werke also bemüht, der Forderung von F. Baur nachzukommen, für alle Gruppen des vorläufigen Rechtsschutzes zu einer "systematischen

---

[8]) Auch bei anderen Themen, z. B. der Darlegungs- und Beweislast, ist dieser Trend wahrzunehmen, s. *van Els*, FamRZ 1993, 218 (Rezension).
[9]) Unveröffentlicht gebliebene Habilitationsschrift aus dem Jahre 1979.
[10]) Vorläufiger Rechtsschutz und Risikoverteilung im Verwaltungsrecht, Heidelberg 1988.
[11]) Ein dritter Teil (S. 537 - 548) behandelt sodann die internationale Anerkennung und Vollstreckung von Entscheidungen des vorläufigen Rechtsschutzes.

und dogmatischen Besinnung" (S. 7) zu gelangen, so daß der vorläufige Rechtsschutz nicht nach Sparten und Fallgruppen seziert und flugs auch unterschiedlich kommentiert und judiziert wird.

II. Teil - Allgemeiner Teil

A. Die Verfassung als Auslegungsmaxime im vorläufigen Rechtsschutz

Die Verfassung, insbesondere der Grundrechtsschutz, bestimmen nach der gefestigten Rechtsprechung des BVerfG die Gestaltung und Anwendung des Verfahrensrechts[12]). Das gilt ganz besonders für summarische Verfahren[13]). Denn dort getroffene Maßnahmen sind häufig bereits mit einem erheblichen Eingriff in ein Grundrecht verbunden und schaffen Tatsachen, die später nicht oder nur unvollkommen rückgängig zu machen sind. Zu erheblichen, ja existentiellen Eingriffen kann es vor allem kommen, wenn Fragen der elterlichen Sorge oder Unterhaltsfragen vitalen Zuschnitts zu entscheiden sind. Insbesondere das **Recht auf rechtliches Gehör** in Art. 103 I GG ist tangiert, wenn vorläufige Maßnahmen - um effektiven Rechtsschutz zu gewähren - ohne vorherige Information der Gegenseite ergehen und dort Überraschung auslösen[14]).

5

Aus der Verankerung des einstweiligen Rechtsschutzes in unserer Verfassung ergeben sich Konsequenzen, wenn zu entscheiden ist, ob, in welchem Ausmaß und bei welchen Verfahrensregeln einstweiliger Rechtsschutz zu gewähren ist. Hierbei müssen die Grundrechte aller Betroffenen, z. B. der Eltern und der Kinder, immer wieder sorgfältig miteinander **ausbalanciert** werden.

6

Das Ob des einstweiligen Rechtsschutzes ist beispielsweise auch verfassungsrechtlich zu durchdenken,

---

[12]) BVerfG in ständiger Rechtsprechung, so zuletzt FamRZ 1999, 85 (zur Verfahrenspflegschaft). Eingehend *Walker*, Rz. 38 ff. S. auch MK(ZPO)/*Heinze*, vor § 916 Rz. 10.
[13]) BVerfG, FamRZ 1994, 223; *Walker*, Rz. 46.
[14]) Vgl. Fußn. 13.

- wenn der Vater des Kindes, zu lebenslänglicher Haft verurteilt oder in Untersuchungshaft einsitzend, Umgangsrecht mit dem Kind erstrebt - sei es auch nur kurz, behütet und relativ selten,
- wenn eine getrennt lebende Ehefrau für sich und die bei ihr lebenden Kinder Unterhalt beansprucht, obschon sie für sich und die Kinder Sozialhilfe erhält.

Das **Ausmaß** einstweiligen Rechtsschutzes ist z. B. unter verfassungsrechtlichen Gesichtspunkten zu überprüfen,

- wenn ein von seiner Frau und seinen Kindern getrennt lebender Familienvater darum kämpft, wie oft und wie lange ihm Umgang mit den Kindern zusteht,
- wenn ein arbeitsloser getrennt lebender Ehemann und Vater aufgrund fiktiver Einkünfte Unterhalt zahlen soll und die Frage ansteht, ob ihm trotz Art. 12 GG eine berufliche Tätigkeit zuzumuten ist, die einen Ortswechsel erforderlich macht oder einen beruflichen Abstieg beinhaltet.

Verfahrensregeln bei Gewährung des einstweiligen Rechtsschutzes sind beispielsweise unter verfassungsrechtlichen Gesichtspunkten zu sehen,

- wenn die Frage ansteht, wie ein Ehemann, der aufgrund e. A. seiner getrennt lebenden Ehefrau Unterhalt zahlen muß, sich gegen diese e. A. wehren kann, wenn dies im summarischen Verfahren nicht mehr möglich ist oder nicht mehr sinnvoll scheint[15]).

W. D. Walker hat in seiner schon erwähnten Habilitationsschrift "Der einstweilige Rechtsschutz im Zivilprozeß und im arbeitsgerichtlichen Verfahren" versucht, die verfassungsrechtlich geprägten allgemein geltenden Regeln des einstweiligen Rechtsschutzes in ein "in sich schlüssiges System" zu bringen. In einer Rezension des Werkes hat der Verfasser wiederum versucht, dieses System in einer schematisierten Skizze zusammenzufassen[16]).

---

[15]) BGH, FamRZ 1983, 355 sowie Rz. 378.
[16]) FamRZ 1995, 920.

Die Verfassung als Auslegungsmaxime

Grafik 1: Der einstweilige Rechtsschutz im Zivilprozeß nach W.D. Walker (§§ 916 ff. ZPO)

Ausgewogenheit des Rechtsschutzes

Antragsteller	Antragsgegner
Recht auf wirksamen Rechtsschutz	Recht auf wirksamen Rechtsschutz, Gehör, faires Verfahren, Waffengleichheit

Wegen unvermeidbarer Dauer des Hauptprozesses ist ein verfahrensbeschleunigendes und gegenüberraschendes Eilverfahren erforderlich. **Daher:**
1. Beschleunigungswirksame Zuständigkeitsregelung – §§ 942, 944
2. Wegfall der Einlassungsfrist, kein Reihenfolgeprinzip
3. **Verzicht auf mündliche Verhandlung,** eventuell jedes richterliche Gehör - insbesondere § 937 II
4. **Statt Beweisführung Glaubhaftmachung** der Tatsachen zur Begründung und Zulässigkeit, u.a. § 921 II 1
5. Möglichst ein **Verhandlungstermin** Grundsätzlich keine Aussetzung und Vertagung
6. Bei stattgebenden Beschlüssen reicht in den Entscheidungsgründen Bezugnahme auf das Gesuch
7. Verfahrensbeschleunigung auch im Rechtsbehelfsverfahren
8. Beschleunigte Vollziehung
– Entbehrlichkeit der Vollstreckungsklausel
– Vollziehbarkeit vor Zustellung
– beschleunigtes Vollziehungsverfahren
 	
Aber:
– **Keine Erleichterung** für die schlüssige Darstellung des Antragstellers
– **Keine Erleichterung** der rechtlichen Prüfung durch das Gericht
	Die Risiken von Fehlentscheidungen, insbesondere durch Einschränkung des richterlichen Gehörs, werden zugunsten des Antragsgegners möglichst kompensiert.
	I. Ausgleich der Folgen einer Fehlentscheidung
	a) Schadensersatz nach § 945
	b) Sicherheitsleistung trotz Glaubhaftmachung, § 921 II 2
	
	II. Begrenzung der Folgen einer Fehlentscheidung
	a) Lösungssumme nach § 923 – nur Arrest
	b) Sicherheitsleistung nach § 939 – nur einstweilige Verfügung
	c) Besondere Rechtsbehelfe des Antragsgegners gegen Eilanordnungen
	  aa) Widerspruchsverfahren nach § 924
	  bb) Rechtfertigungsverfahren nach § 942 I – und später Aufhebungsverfahren nach § 942 III
	  cc) Fristsetzung zur Klageerhebung nach § 926 I – und später Aufhebungsverfahren nach § 926 II
	  dd) Aufhebungsverfahren nach § 927
	d) Vollziehungsfrist – § 929
	e) Einstweilige Einstellung der Vollziehung, § 924 III 2
	
	III. Verhinderung einer Fehlentscheidung
	a) Schutzschrift
	b) Verschiebung der Darlegungs- und Glaubhaftmachungslast im einseitigen Eilverfahren (Einwendungen!)

9 Dieses System betrifft allerdings den einstweiligen Rechtsschutz nach §§ 916 ff. ZPO und nicht den in zahlreichen weiteren Gesetzen geregelten **gesamten** einstweiligen Rechtsschutz - z. B. den einstweiligen Rechtsschutz durch e. A. im Scheidungsverfahren, nach § 127 a und § 644 ZPO sowie durch v. A. in FGG-Sachen. Gerade wegen der Zersplitterung der zahlreichen Regelungen zum einstweiligen Rechtsschutz, aber auch der teils doch recht unabhängig voneinander operierenden Rechtsprechung und Literatur zum einstweiligen Rechtsschutz wäre ein Allgemeiner Teil für den gesamten einstweiligen Rechtsschutz nützlich, ja dringend erforderlich[17]), um de lege lata zu einer einheitlichen, vergleichbaren und durchschaubaren Rechtsprechung und Literatur zum einstweiligen Rechtsschutz zu gelangen und - de lege ferenda[18]) - einfachere und einheitliche gesetzliche Regelungen zu erhalten.

10 Ein Allgemeiner Teil, der den gesamten einstweiligen Rechtsschutz erfaßt, muß vor allem die **Funktionen** greifen, die dem einstweiligen Rechtsschutz heute zukommen und die über das ursprüngliche Konzept der ZPO weit hinausgehen. Wie die e. A. auf Unterhalt und die e. A. zur elterlichen Sorge und zum Umgang deutlich machen, geht es beim vorläufigen Rechtsschutz eben nicht nur um Sicherung und Durchsetzung von Rechten sowie um Abwehr von Gefahren für die Verwirklichung eines Rechts[19]). Der vorläufige Rechtsschutz hat vielmehr zunehmend die Funktion erhalten, dem Bürger, der keine Selbsthilfe praktizieren darf und daher auf den Schutz der Gerichte angewiesen ist[20]), auch dann Rechtsschutz zu gewähren, wenn ihm durch Zeitablauf irreparable Nachteile erwachsen würden[21]). Eine so ausgedehnte Funktion des einstweiligen Rechtsschutzes ist auch verfassungsrechtlich geboten. Nur dann ist das Recht auf effektiven Rechtsschutz gewährleistet.

---

[17]) S. schon Rz. 3 f.
[18]) S. hierzu Rz. 462.
[19]) S. insbesondere *Schilken*, Die Befriedigungsverfügung.
[20]) S. insbesondere *Schilken*, Die Befriedigungsverfügung.
[21]) Eingehend *Walker*, Rz. 51 ff. S. auch *van Els*, FamRZ 1994, 735 ff.: "right delayed is right denied" sowie *Schilken*, Die Befriedigungsverfügung, S. 50 ff.

Verfassungsrechtlich muß aber auch die Position dessen gesehen werden, der im Wege vorläufigen Rechtsschutzes angehalten wird, etwas zu tun oder zu unterlassen[22]). Er muß, wenn ihm vorläufiger Rechtsschutz gewährt wird, handeln oder unterlassen, obschon der Rechtsstreit in der Hauptsache noch nicht entschieden ist. Hierdurch wird die Hauptsache zumindest teilweise vorweggenommen. Das wird besonders deutlich, wenn diese Vorwegnahme nicht mehr reparabel ist - z. B. vorläufig zu Unrecht gezahlter Unterhalt nicht zurückgezahlt oder zu Unrecht gewährter Umgang nicht mehr rückgängig gemacht werden kann.

Da das Recht des Gläubigers wie das des Schuldners gleichrangig zu gewichten sind und das Gebot effektiven Rechtsschutzes für beide Seiten gilt[23]), verlangt eine Entscheidung im einstweiligen Rechtsschutz bei Beachtung verfassungsrechtlicher Gesichtspunkte eine **sorgfältige Ausbalancierung beider Positionen**[24]).

Dabei ist **auf Seiten des Gläubigers** zu erkennen, welche und wie schwere irreparable, also nicht mehr einzuholende Nachteile ihm erwachsen, wenn ihm kein vorläufiger Rechtsschutz gewährt wird. So ist beispielsweise bei Unterhaltsbegehren zu berücksichtigen, ob und inwieweit der Gläubiger auf den geltendgemachten Unterhalt angewiesen ist. - **Auf Seiten des Schuldners** ist zu erkennen, welche und wie schwere irreparable Nachteile auf ihn zukommen, wenn einstweiliger Rechtsschutz gewährt wird. So ist beispielsweise zu beachten, wie schwer der Unterhaltsschuldner betroffen ist, wenn er vorläufig zu Unrecht zahlen muß und ob er keine Chance hat, zu Unrecht gezahlten Unterhalt zurückzuerhalten.

---

[22]) Eingehend *Walker*, Rz. 70 ff.
[23]) Eingehend *Walker*, Rz. 71 - 73.
[24]) Eingehend *Walker*, Rz. 71 - 73.

13 Als Grundregeln, **Goldene Regeln,** sind festzuhalten[25]):

1. Je schwerer, je existentieller der Nachteil für den Gläubiger ist, wenn ihm kein einstweiliger Rechtsschutz gewährt wird, um so eher ist zu seinen Gunsten zu entscheiden.
2. Je schwerer, je objektiv schmerzhafter der Nachteil für den Schuldner ist, wenn dem Gläubiger einstweiliger Rechtsschutz gewährt wird, um so zurückhaltender ist dem Begehren des Gläubigers nachzukommen.
3. Je irreparabler der Schaden ist, wenn der Gläubiger vorläufig aber bei späterer Sicht zu Unrecht Rechtsschutz erhält, um so vorsichtiger ist seinem Begehren zu entsprechen - insbesondere im Hinblick auf das Ausmaß des gewährten Schutzes.
4. Je intensiver der Gläubiger die Gründe für den Erlaß einer e. A. glaubhaft gemacht hat und je höher folglich die Wahrscheinlichkeit dafür ist, daß eine e. A. auch bei späterer Sicht zu Recht ergeht, um so eher ist das Begehren des Gläubigers gerechtfertigt.

Dehnt man das soeben grafisch schematisierte System Walkers auf alle summarischen Verfahren aus, die im Familienrecht eine Rolle spielen, so ergibt sich - teils abgewandelt und zwangsläufig etwas allgemeiner gehalten - die folgende Übersicht:

---

[25]) Zu "Faustregeln" bei Dauerrechtsverhältnissen s. *Baur*, Studien, S. 34. Siehe auch *Gießler*, Rz. 85 ff.

Verfassung als Auslegungsmaxime/Nicht dargestellte Maßnahmen

Grafik 2: **Ausgewogenheit des Rechtsschutzes im summarischen Verfahren**

Antragsteller	Antragsgegner
Recht auf wirksamen Rechtsschutz	**Recht auf wirksamen Rechtsschutz, Gehör, faires Verfahren, Waffengleichheit**
Wegen unvermeidbarer Dauer des Verfahrens ist ein beschleunigendes, evtl. gegnerüberraschendes summarisches Verfahren geboten	Die Risiken von Fehlentscheidungen, insbesondere eine evtl. Einschränkung des richterlichen Gehörs, werden zugunsten des Antragsgegners möglichst kompensiert
Daher:	**Daher:**
1) Beschleunigungswirksame Erleichterungen des Verfahrens – soweit geregelt	1) Soweit auf richterliches Gehör verzichtet wurde, ist dies umgehend nachzuholen
2) Evtl. Verzicht auf mündliche Verhandlung, evtl. sogar auf richterliches Gehör	Soweit auf mündliche Verhandlung verzichtet wurde, ist dies auf Antrag des Gegners nachzuholen
3) Statt Beweisführung Glaubhaftmachung	2) Insbesondere bei fehlendem richterlichen Gehör Verschiebungen der Obliegenheit zur Glaubhaftmachung
4) Wenn mündliche Verhandlung, dann umgehender Termin und nur ein Termin Grundsätzlich keine Aussetzung und Vertagung	3) Ausgleich der Folgen einer Entscheidung, die aus späterer Sicht eine Fehlentscheidung ist, durch „Reparaturansprüche" verschiedenster Art
5) Beschleunigung auch in Verfahren der verschiedenen Rechtsbehelfe	4) Begrenzung der Folgen einer Fehlentscheidung durch Verfahrensregelungen verschiedenster Art - vor allem durch Rechtsbehelfe verschiedenster Art
6) Beschleunigung auch bei der Vollziehung	5) Verhinderung einer Fehlentscheidung durch die Möglichkeit einer Schutzschrift

B. Nicht dargestellt:

1. Der nachgeschaltete vorläufige Rechtsschutz

Nicht erörtert wird der sog. **nachgeschaltete vorläufige Rechtsschutz,** auch sekundärer Rechtsschutz genannt[26]). Er betrifft den Rechtsschutz nach Erlaß einer anfechtbaren Entscheidung zur Hauptsache. Er ermöglicht dem Gläubiger, die in der Hauptsache ergange-

---

[26]) Zu diesem Begriff *Baur,* S. 9 ff. sowie *Gießler,* Rz. 5.

ne Entscheidung zu vollstrecken oder zu vollziehen, obwohl die Entscheidung noch anfechtbar ist: Urteile werden für vorläufig vollstreckbar, Beschlüsse für sofort wirksam erklärt. In einem Schema dargestellt sieht das so aus:

Grafik 3: **Vorläufiger Rechtsschutz im weiteren Sinn**

15   Der Gesetzgeber hat den vorgeschalteten und den nachgeschalteten vorläufigen Rechtsschutz unabhängig voneinander geregelt und nicht aufeinander abgestimmt[29]). Daher können vor- und nachgeschalteter Rechtsschutz im Einzelfall nebeneinander greifen und konkurrieren[30]). Es ist also nicht so, daß der vorgeschaltete Rechtsschutz den nachgeschalteten grundsätzlich ablöst[31]).

2. Eilregelungen in nicht summarischen Verfahren

16   Inhaltlich, aber nicht prozessual gesehen, werden Eilregelungen auch **in regulären, nicht summarischen Verfahren** getroffen. Sie sind im materiellen Recht inhaltlich als vorläufige Regelungen angelegt[32]). Solche Verfahren sind z. B.

- Verfahren zu § 1361 a BGB, in denen lediglich der Gebrauch von Haushaltsgegenständen vorläufig geregelt werden soll[33]).

---

[27]) MK(ZPO)/*Heinze*, vor § 916 Rz. 30.
[28]) MK(ZPO)/*Heinze*, vor § 916 Rz. 30.
[29]) *Gießler*, Rz. 7; MK(ZPO)/*Heinze*, vor § 916 Rz. 30.
[30]) S. Fußn. 29.
[31]) S. Fußn. 29.
[32]) Grundsätzlich hierzu MK(ZPO)/*Heinze*, vor § 916 Rz. 20.
[33]) S. Rz. 282 ff. u. 456 ff.

- Verfahren zu § 1361 b BGB, in denen lediglich die vorläufige Benutzung der Ehewohnung gerichtlich zu regeln ist[34]).
- Possessorische Streitigkeiten nach § 861 BGB, in denen der Vorbesitzer von dem, der durch verbotene Eigenmacht Besitz erlangt hat, den Zustand vor Besitzentziehung verlangt.
- Verfahren, in denen ein Elternteil nach HKiEntÜ vom anderen Elternteil sofortige Rückführung des gemeinsamen Kindes verlangt, weil es zuvor in rechtswidriger Weise entführt worden ist[35]).

Auch diese Verfahren können mit Verfahren konkurrieren, die prozessual als Eilverfahren geregelt sind.

Beispiel: Der Ehemann verlangt nach § 861 BGB von seiner ausgezogenen Ehefrau Herausgabe von Hausratsgegenständen, die seine Ehefrau bei ihrem Auszug ohne sein Wissen mitgenommen hat. Die Ehefrau hingegen beantragt Scheidung und begehrt im Wege e. A., ihr den mitgenommenen Hausrat zuzuweisen.

Verfahren, die inhaltlich vorläufige Regelungen vorsehen, prozessual aber keine summarischen Verfahren sind, werden als solche nicht dargestellt. Wohl aber die summarischen Verfahren, die es auch bei diesen Verfahren gibt[36]).

C. Einstweilig oder vorläufig?

Bei Entscheidungen im summarischen Verfahren auf dem Boden eines Scheidungsverfahrens spricht das Gesetz von einstweiliger Anordnung. Aber auch im neu geschaffenen § 644 ZPO, in § 127 a ZPO und in §§ 641 d ff. ZPO verwendet das Gesetz diese Bezeichnung. Also geht es nicht an, den Begriff "einstweilige Anordnung" allein für summarische Verfahren im Rahmen eines Scheidungsverfahrens zu beanspruchen. Da summarische Entscheidungen in isolierten FGG-Verfahren nicht ausdrücklich als solche geregelt sind, ist daran zu denken, allein für solche Entscheidungen den Ausdruck vorläufige

---

[34]) S. Rz. 449 ff.
[35]) *Bach/Gildenast*, FamRZ-Buch 12; *Bach*, FamRZ 1997, 1051; s. auch Rz. 280 f..
[36]) Vgl. Rz. 280 f., 282 ff., 449 ff. u. 456 ff. - summarische Verfahren für materiell-rechtliche Eilregelungen.

14 Allgemeiner Teil

Anordnung zu verwenden[37]). Aber auch das FGG verwendet zur Regelung einzelner Fragen den Ausdruck einstweilige Anordnung, z. B. §§ 24, 69 f oder 70 h FGG. Auch andere Gesetze, die summarische Entscheidungen im FGG-Verfahren betreffen, sprechen von e. A., z. B. § 13 IV HausratsV. Bei dieser Gesetzeslage, die auch das KindUG und das KindRG nicht entwirrt haben, dürften alle Versuche zum Scheitern verurteilt sein, die Begriffe einstweilige und vorläufige Anordnung so zu nutzen, daß die Fülle möglicher Entscheidungen hierdurch differenziert wird. Die Begriffe sind vielmehr als **beliebig austauschbar** anzusehen.

D. Verschiedene Gliederungen des summarischen Verfahrens

19   Baur, der nachdrücklich eine dogmatische Grundlegung aller Verfahren zum vorläufigen Rechtsschutz anmahnt, wie auch andere Autoren haben eine solche "Durchdringung" versucht, indem sie unter verschiedenen Gesichtspunkten die Verfahren eingeteilt haben. Dabei hat Baur die schon geschilderte Unterscheidung zwischen vorgeschaltetem und nachgeschaltetem Rechtsschutz herausgearbeitet.

20   Leipold hat in seiner schon erwähnten, 1971 erschienenen Schrift, eingehend untersucht, wie weit der Richter bei Maßnahmen des vorläufigen Rechtsschutzes an das materielle Recht gebunden ist, und hat, ausgehend von dieser Fragestellung, zwischen offenen Eilentscheidungen sowie materiell-akzessorischen/vorausprüfenden Eilentscheidungen unterschieden. **Offene Eilentscheidungen** lassen die materielle Rechtslage offen, soweit der gestellte Hauptantrag nicht offensichtlich unzulässig oder unbegründet ist. Bei offenen Eilentscheidungen ist vielmehr abzuwägen, welche Nachteile sich ergeben, wenn die beantragte Eilentscheidung nicht ergeht, der Antragsteller in der Hauptsache aber später obsiegt, und welche Nachteile drohen, wenn dem Eilantrag stattgegeben wird, der Antragsteller in der Hauptsache aber später unterliegt. **Materiell-akzessorische/vorausprüfende Eilentscheidungen** lassen die materielle Rechtslage nicht offen, sondern ergehen, nachdem die materielle Rechtslage zuvor eingehend geprüft worden ist. Als offene Eilentscheidungen ergehen

---

[37]) *Gießler*, Rz. 8 m. w. N.

vorläufige Maßnahmen, wenn das BVerfG über vorläufigen Rechtsschutz entscheidet - wie u. a. die Entscheidungen des Gerichts zu Verfassungsbeschwerden in familienrechtlichen Angelegenheiten deutlich machen[38]). In familienrechtlichen Verfahren hat sich die offene Eilentscheidung nicht durchgesetzt. Hier ergehen vorläufige Maßnahmen in aller Regel als materiell-akzessorische/vorausprüfende Eilentscheidungen. Allerdings ist ein Blick darauf, wie bei offener Eilentscheidung zu erkennen wäre, manchmal doch nützlich, ausnahmsweise sogar die richtigere Verfahrensweise.

Beispiel: Der von seiner Ehefrau getrennt lebende Mann und Vater begehrt unbehüteten Umgang mit seinem bei der Ehefrau lebenden einjährigen Kind. Die Mutter bringt vor, der Vater sei nicht in der Lage, das Kind während des Umgangs angemessen zu betreuen. Der Vater bestreitet das. Hier legt ein nützlicher Blick auf die Lösung mit offener Eilentscheidung das in der Tat richtige Ergebnis nahe, das Risiko einer e. A. abzulehnen, da die Nachteile einer ablehnenden Entscheidung eindeutig geringer sind als die einer zusprechenden Entscheidung.

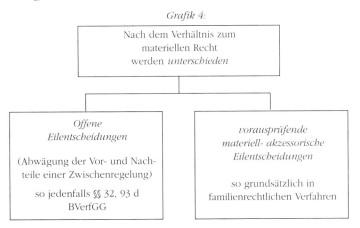

Grafik 4:

Nach dem verfolgten **Zweck**[39]) unterscheiden fast alle Darstellungen zum vorläufigen Rechtsschutz zwischen dem sichernden, regeln-

---

[38]) Vgl. z. B. BVerfG, FamRZ 1997, 605.
[39]) Dabei wird das Verhältnis "Zweck", "Funktion" und "Aufgabe" nicht näher erörtert.

16   Allgemeiner Teil

den und befriedigenden Zweck[40]) eines Verfahrens zum vorläufigen Rechtsschutz.

Grafik 5:
Verschiedene Zwecke des summarischen Verfahrens

Sicherung   Regelung   Befriedigung

Sichernd ist z. B. ein Arrest, mit dem die Zwangsvollstreckung aus einem Unterhaltsurteil gegen einen Schuldner gesichert werden soll, der sich ins Ausland absetzen will.

Regelnd wie auch gestaltend ist z. B. eine e. A., mit der ein Umgang des getrennt lebenden Vaters mit dem bei seiner Ehefrau wohnenden gemeinsamen Kind geregelt wird.

Befriedigend/erfüllend ist z. B. eine e. A., in der dem zahlungspflichtigen Vater und Ehemann aufgegeben wird, monatlich einen bestimmten Unterhaltsbetrag zu zahlen.

Die Grenze zwischen den jeweils verfolgten Zwecken, insbesondere zwischen regelnden und befriedigenden vorläufigen Maßnahmen, ist im Einzelfall fließend und zweifelhaft. Die Unterscheidung nach dem jeweils verfolgten Zweck leuchtet aber aus: Unter dem Dach des vorgeschalteten vorläufigen Rechtsschutzes werden unterschiedliche Zwecke verfolgt, und daher ist im Einzelfall sehr wohl zu bedenken, welcher Zweck verfolgt wird; stehen mehrere Zwecke im Raum, ist zu überlegen, welcher Zweck im Vordergrund steht.

22   Eine weitere wichtige Unterscheidung stellt darauf ab, ob das Eilverfahren verfahrensselbständig ist oder nicht[41]). **Verfahrensselbständig** (hauptverfahrensunabhängig) ist ein Eilverfahren, wenn es selbständig eingeleitet und durchgeführt werden kann, also kein beizeiten eingeleitetes Hauptverfahren voraussetzt. Hauptverfahren und Eilverfahren können folglich nebeneinander und grundsätzlich unabhängig voneinander geführt werden. Verfahrensselbständig sind Verfahren nach §§ 916 ff. ZPO, also Arrest und einstweilige Verfügung, auch eine e. V. nach § 1605 o I und II BGB. **Verfahrensunselb-**

---

[40]) Vgl. z. B. *Gießler*, Rz. 14 - 17 sowie *Walker*, Rz. 77 ff.
[41]) *Gießler*, Rz. 12.

ständig/hauptverfahrensabhängig ist ein Eilverfahren, das ein bereits eingeleitetes Hauptverfahren voraussetzt, also nur Nebenverfahren eines (ordentlichen) Hauptverfahrens ist. Von solcher Struktur sind die meisten familiengerichtlichen Verfahren. So sind z. B. e. A. nach §§ 620 ff. ZPO von einer Ehesache als Hauptverfahren abhängig, e. A. nach § 644 ZPO von einem isolierten Unterhaltsverfahren, e. A. nach § 127 a ZPO und § 621 f ZPO von dem zu bevorschussenden Verfahren und eine e. A. nach § 641 d ZPO von einem Vaterschaftsfeststellungsprozeß. Auch Eilverfahren in FGG-Sachen sind von einem Hauptverfahren abhängig, nämlich einem als Hauptsache anhängig gemachten isolierten FGG-Verfahren.

Es ist jedoch unterschiedlich geregelt, wie das Hauptverfahren beschaffen sein muß, von dem ein Eilverfahren = Nebenverfahren abhängt. Wird z. B. im Scheidungsverfahren eine e. A. auf ehelichen Unterhalt, aber keine Antragsfolgesache hierzu geltend gemacht, so ist Hauptverfahren lediglich das Scheidungsverfahren, in dem über den Unterhalt der Ehefrau nicht gestritten wird. Klagt eine Ehefrau hingegen in einem isolierten Verfahren auf Trennungsunterhalt und beantragt sie nach § 644 ZPO zugleich eine e. A. auf Unterhalt, so betreffen Haupt- und Nebenverfahren gleicherweise den ehelichen Unterhalt.

23

Wie die Abhängigkeit des Nebenverfahrens von dem Hauptverfahren funktioniert, will im einzelnen geregelt sein. Zunächst ist zu regeln, ab wann ein **Hauptverfahren**, wie es ein verfahrensabhängiges Eilverfahren voraussetzt, **beginnt.** Hierzu regeln z. B. § 620 a II S. 1 ZPO sowie die auf diese Vorschrift verweisenden §§ 127 a II S. 2 und 621 f II S. 2 ZPO sowie § 644 S. 2 ZPO: Ein Antrag auf Erlaß einer einstweiligen Anordnung ist bereits zulässig, wenn für das Hauptverfahren Prozeßkostenhilfe beantragt ist[12]). - Sodann ist zu regeln, ab wann ein **Nebenverfahren** = Eilverfahren **endet,** weil das korrelierende Hauptverfahren endet - weil beispielsweise der Hauptantrag zurückgenommen wird oder die Hauptsache sich erledigt hat. - Vor allem ist zu regeln, ob und wann eine im Eilverfahren ergangene Entscheidung außer Kraft tritt, wenn in der Hauptsache eine Entscheidung getroffen oder ein das Verfahren beendender Vergleich geschlossen wird. Eine solche Regelung enthält § 620 f ZPO, auf den

---

[12]) Zur Regelung in § 641 d ZPO s. *FamRefK/Maurer*, § 641 d ZPO Rz. 2: Redaktionelles Versehen im stehengebliebenen § 641 d II S. 1 ZPO.

Allgemeiner Teil

in §§ 127 a II S. 2, 621 f II S. 2, 644 S. 2 ZPO verwiesen wird: Die e. A. tritt außer Kraft, wenn "eine anderweitige Regelung" wirksam wird. Auch § 641 e ZPO enthält eine entsprechende, jedoch eigenständige Regelung. Im FGG hingegen ist diese Frage nicht ausdrücklich geregelt.

24 Die Vorschriften über den vorläufigen Rechtsschutz in Familiensachen sind über ZPO, FGG und zahlreiche andere Gesetze verstreut und enthalten teils gleichgelagerte, teils aber unterschiedlich ausgestaltete Regelungen über die Voraussetzungen, Verfahrensabläufe und Anfechtungsmöglichkeiten im vorläufigen Rechtsschutz. Durch immer wieder neue Novellen, zuletzt das KindUG, ist es zu dieser Regelungsvielfalt gekommen, die insgesamt ein vielfach verzweigtes Gebilde darstellt und leider nicht auf einem einheitlichen, konsequent durchgehaltenen, leicht durchschaubaren System beruht. Mit der folgenden Übersicht sei versucht, die vielfältigen Regelungen anschaulich zu machen.

Grafik 6: **Eilverfahren in kindbezogenen Familiensachen**

hauptverfahrensabhängige Eilverfahren		hauptverfahrensunabhängige Eilverfahren
ZPO-Familiensachen	**isolierte FGG- Familiensachen**	Arrest zur Sicherung eines familienrechtlichen Titels, §§ 916 ff. ZPO
e.A. in Ehesachen, § 620 ZPO	Regelung zur elterlichen Sorge, zu Umgang und Auskunft, zur Herausgabe eines Kindes	einstweilige Verfügung zur Regelung familienrechtlicher Fragen, §§ 935, 940 ZPO
- auch in FGG-Familiensachen		
e.A. in Kindschaftssachen, §§ 641 d ff. ZPO	– Spezialregelung nur bei Herausgabe eines entführten Kindes im HKiEntÜ nebst AG	– teils mit befriedigender Wirkung
e.A. zur Erlangung eines Kostenvorschusses, §§ 127 a und 621 f ZPO		– teils mit spezieller Regelung in § 1615 o I BGB
e.A. in isolierten Unterhaltssachen, § 644 ZPO	Regelung der Benutzung v. Ehewohnung u. Hausrat, §§ 13 IV, 18 a HausratsV	
	Herausgabe persönlicher Sachen eines Kindes bei Herausgabe des Kindes, § 50 d FGG	

E. Rechtshängigkeit summarischer Verfahren

Bei hauptverfahrensunabhängigen Verfahren wird allgemein und zutreffend eine **eigenständige Rechtshängigkeit** angenommen[43]). Auch ein **eigenständiger Streitgegenstand** wird bei solchen Verfahren allgemein bejaht. Er bezieht sich zwar auf den Streitgegenstand des Hauptverfahrens, ist aber nicht mit ihm identisch, sondern lediglich der "prozessuale Anspruch auf Sicherung der gegenwärtigen oder zukünftigen Rechtsstellung im Hauptverfahren"[44]).

Auch bei hauptverfahrensabhängigen zivilprozessualen Verfahren ist eine eigenständige Rechtshängigkeit und ein eigenständiger Streitgegenstand zu bejahen. Dasselbe gilt richtiger Ansicht nach auch für hauptverfahrensabhängige FGG-Familiensachen, die echte Streitsachen sind[45]). - Fraglich und umstritten ist hingegen, ob von Rechtshängigkeit auch bei FGG-Sachen auszugehen ist, die keine echten Streitsachen sind und wie bei diesen Verfahren der Streitgegenstand zu bestimmen ist[46]). - Folglich ist je nach der Art des Eilverfahrens zu differenzieren, wenn Fragen zu entscheiden sind, welche die Ausgestaltung der Rechtshängigkeit betreffen oder mit Fragen der Rechtshängigkeit zusammenhängen.

Zunächst ist darzustellen, wann die Rechtshängigkeit beginnt. § 261 ZPO beantwortet diese Frage jedenfalls nicht unmittelbar. Denn diese Vorschrift gilt, jedenfalls ihrem Wortlaut nach, nur für Klagen. Die Vorschrift ist bei summarischen Verfahren grundsätzlich jedoch **analog** anzuwenden, indes **mit der Maßgabe**, daß nicht die Zustellung der Antragsschrift, sondern der **Eingang bei Gericht** maßgebend ist[47]). Das ist schon deshalb gerechtfertigt, weil e. A. grundsätzlich, wenn auch nur ausnahmsweise, schon dann ergehen

25

26

---

[43]) *Baur*, S. 81 ff.; *Gießler*, Rz. 46 ff.; *Walker*, Rz. 141 u. 463; MK(ZPO)/*Heinze*, vor § 916 Rz. 33 ff.; *Zöller/Vollkommer*, vor § 916 Rz. 5.

[44]) MK(ZPO)/*Heinze*, vor § 916 Rz. 34. S. auch *Musielak/Huber*, § 916 Rz. 3.

[45]) *Gießler*, Rz. 49; MK(ZPO)/*Lüke*, § 261 Rz. 21.

[46]) *Gießler*, Rz. 49; *Keidel/Kuntze*, § 64 Rz. 33; MK(ZPO)/*Lüke*, § 261 Rz. 21 u. 49.

[47]) *Gießler*, Rz. 46; *Walker*, Rz. 153; *Bernecke*, Rz. 91; MK(ZPO)/*Heinze*, vor § 916 Rz. 33; OLG Düsseldorf, FamRZ 1992, 961 (Rechtshängigkeit einer e. V.).

20 Allgemeiner Teil

können, wenn die Antragsschrift der Gegenseite noch nicht zugestellt worden ist[48]).

27 Da **Hauptverfahren und Eilverfahren** verschiedene Streitgegenstände haben, können - jedenfalls unter dem Gesichtspunkt der Rechtshängigkeit[49]) - beide Verfahren nebeneinander stattfinden.

28 Dagegen steht die Rechtshängigkeit eines summarischen Verfahrens **einem zweiten summarischen Verfahren** mit demselben Streitgegenstand **im Wege**. Das ist mit einer **analogen Anwendung von § 261 III Nr. 1 ZPO** zu begründen. Die Analogie ist gerechtfertigt, weil eine doppelte Prozeßführung mit der Gefahr widersprechender Entscheidungen bei summarischen Verfahren ebenso vermieden werden soll wie bei Verfahren, die durch eine Klage eingeleitet werden[50]). Eine doppelte Prozeßführung soll allerdings auch dadurch ausgeschlossen werden, daß Voraussetzung für jedes Verfahren ein Rechtsschutzinteresse ist. Die Rechtshängigkeit ist gegenüber dem Rechtsschutzinteresse indes "die speziellere Norm"[51]). Vor dem Rechtsschutzinteresse ist daher stets die Rechtshängigkeit zu prüfen; eine Erörterung des Rechtsschutzinteresses nach Bejahung anderweitiger Rechtshängigkeit ist somit nicht statthaft[52]).

§ 261 III S. 1 ZPO ist auch anzuwenden bei FGG-Familiensachen, die von Amts wegen durchzuführen sind, mag die Frage, ob derselbe Regelungsgegenstand ansteht, im Einzelfall auch Schwierigkeiten bereiten. Solche FGG-Sachen werden in § 621 a I S. 2 ZPO nicht ausgeklammert. Folglich wird § 4 FGG, der (nur in örtlicher Hinsicht!) eine doppelte Verfahrensführung mit der Gefahr widersprechender Entscheidungen verhindern will, durch § 261 III Nr. 1 ZPO verdrängt[53]), der auch hier zu angemessenen Lösungen führt, wenn die

---

[48]) *Gießler*, Rz. 46; *Walker*, Rz. 153; *Bernecke*, Rz. 91; MK(ZPO)/*Heinze*, vor § 916 Rz. 33; OLG Düsseldorf, FamRZ 1992, 961 (Rechtshängigkeit einer e. V.).

[49]) Allerdings kann im Rahmen des Hauptverfahrens der Antrag auf PKH mutwillig sein, s. *Gießler*, Rz. 47.

[50]) Siehe hierzu MK(ZPO)/*Lüke*, § 261 Rz. 68; *Bernecke*, Rz. 92.

[51]) MK(ZPO)/*Lüke*, § 261 Rz. 7.

[52]) S. Fn. 51.

[53]) *Baumbach/Lauterbach/Albers*, Rz. 4, MK(ZPO)/*Walter*, Rz. 7, *Stein/Jonas/Schlosser*, Rz. 3, *Zöller/Philippi*, Rz. 9 - je zu § 621 a; *Keidel/Kahl u. -/Kuntze*, § 4 Rz. 5 u. § 64 Rz. 33.

A. A. *Gießler*, Rz. 49 u. 124; *Zimmermann*, § 621 a Rz. 11.

Rechtshängigkeit 21

Charakteristika der FGG bei sinngemäßer Anwendung der Vorschrift berücksichtigt werden. Entgegen der Auslegung des OLG Koblenz[54]) wird § 4 FGG jedenfalls nicht durch § 35 ZPO verdrängt. § 35 ZPO, wonach das Gericht Vorrang hat, das der Kläger anruft, führt gerade in den von Amts wegen betriebenen Verfahren zu keiner befriedigenden Lösung[55]).

Summarische Verfahren haben denselben Streitgegenstand, wenn derselbe Regelungsgegenstand zwischen denselben Parteien anhängig ist und darüber hinaus die Eilanträge auf dasselbe Rechtsschutzziel gerichtet sind[56]). Auf das Rechtsschutzziel, und nicht den Eilantrag als solchen ist deshalb abzustellen, weil Eilanträge sich nicht immer auf eine bestimmte Rechtsfolge richten müssen und dem Richter bei Erlaß der vorläufigen Maßnahme häufig ein Auswahlermessen zusteht (s. z. B. § 938 ZPO).

Nach h. M. in Rechtsprechung und Lehre steht die Rechtshängigkeit eines vorangehenden Eilverfahrens einem erneuten Eilverfahren ausnahmsweise nicht im Wege, wenn ein summarisches Verfahren vorausgeht, in dem der Antrag wegen fehlender Glaubhaftmachung oder mangels Verfügungsgrundes abgewiesen wurde und die Glaubhaftmachung nunmehr nachgebessert wird[57]). Diese h. M. kann jedoch nicht greifen, so lange in dem zuerst eingeleiteten Verfahren keine unanfechtbare Entscheidung ergangen ist[58]). Andernfalls könnten in beiden Verfahren unterschiedliche Entscheidungen ergehen. Gerade dies soll durch die Rechtshängigkeitssperre in § 263 II S. 1 ZPO jedoch verhindert werden. 29

Auch die Rechtshängigkeit bei einem **ausländischen Gericht** ist nach § 263 III S. 1 ZPO zu beachten[59]), wobei die Bejahung der 30

---

[54]) FamRZ 1983, 201.
[55]) *Baumbach/Lauterbach/Albers*, Rz. 4, *Johannsen/Sedemund-Treiber*, Rz. 3, MK(ZPO)/*Walter*, Rz. 7, *Musielak/Borth*, Rz. 4, *Stein/Jonas/Schlosser*, Rz. 3, *Zöller/Philippi*, Rz. 9 - je zu § 621 a. Insoweit auch *Keidel/Kuntze*, § 64 Rz. 33.
[56]) Zur Herausarbeitung des Kriteriums "Rechtsschutzziel" s. *Baur*, S. 82 ff.
[57]) Vgl. OLG Stuttgart, NJW 1964, 48; OLG Zweibrücken, FamRZ 1982, 413; *Gießler*, Rz. 48; *Baumbach/Lauterbach/Hartmann*, § 322 Rz. 30.
[58]) Gegen OLG Stuttgart eingehend *Baur*, S. 85.
[59]) BGH, FamRZ 1994, 434 u. NJW 1987, 3083 m. Anm. *Geimer*, *Henrich*, FamRZ-Buch 10, Rz. 25; *Baumbach/Lauterbach/Hartmann*, § 261 Rz. 7; MK(ZPO)/*Lüke*, § 261 Rz. 74 ff.; *Musielak/Borth*, § 261 Rz. 5; *Zöller/Greger*, § 261 Rz. 3.

Rechtshängigkeit nach ausländischem Verfahrensrecht zu beantworten ist[60]). Diese Rechtshängigkeitssperre des § 261 III S. 1 ZPO greift aber nur, wenn die Entscheidung des ausländischen Gerichts voraussichtlich anerkannt wird. Ausnahmsweise ist ausländische Rechtshängigkeit nicht zu beachten, wenn der Rechtsschutz des Antragstellers hierdurch unzumutbar eingeschränkt würde, z. B. durch überlange Verfahrensdauer des ausländischen Verfahrens[61]).

Auch Nr. 2 des § 261 III S. 2 ZPO ist bei sämtlichen summarischen Verfahren entsprechend anzuwenden - sog. **perpetuatio fori**. Dies gilt auch für Verfahren, die von Amts wegen betrieben werden[62]). Gerade hier wird im Einzelfall sorgfältig zu prüfen sein, ob Identität des Regelungsgegenstandes gegeben ist und der Zweck der Vorschrift ihre Anwendung gebietet[63]).

Hinweis: Die perpetuatio fori kann bedeutsam werden, wenn in Ehesachen zu entscheiden ist, wer über eine e. A. zu befinden hat, wenn während des Berufungsverfahrens gegen eine Ehescheidung eine e. A. beantragt wurde und die Berufung danach zurückgenommen wird[64]).

Wenn die Rechtshängigkeit des § 261 III S. 1 ZPO nicht greift, kann der Rechtsweg für den Erlaß einer vorläufigen Maßnahme dennoch versperrt sein, weil eine Konkurrenzregel dies verbietet. Z. B. ist der Erlaß einer e. V. nach allgemeiner Auffassung, wenn auch mit unterschiedlicher Begründung, nicht statthaft, wenn im Scheidungsverfahren der begehrte Rechtsschutz durch eine e. A. erreicht werden

---

[60]) S. Fn. 59.
[61]) BGH, NJW 1983, 1269; *Baumbach/Lauterbach/Hartmann*, Rz. 7, MK(ZPO)/*Lüke*, Rz. 79, *Musielak/Borth*, Rz. 5, *Zimmermann*, Rz. 9 - je zu § 261. Einschränkend *Henrich*, FamRZ-Buch 10, Rz. 26 m. w. N.
[62]) Diese Frage wird, wenn überhaupt, in Rechtsprechung u. Literatur meist nur kurz erörtert. Vgl. *Gießler*, Rz. 51. Zur allgemeinen Geltung dieses Grundsatzes in der FGG s. z. B. LG Berlin, FamRZ 1999, 245 (246) sowie *Keidel/Engelhardt u. Kuntze*, § 36 Rz. 7 u. § 64 Rz. 16 a.
[63]) S. MK(ZPO)/*Lüke*, § 261 Rz. 50.
[64]) S. *Gießler*, Rz. 51.

kann⁶⁵). Dies ist dann jedoch keine Frage der Rechtshängigkeit, sondern eine Frage nach der Verfahrenskonkurrenz. Der Begriff der Konkurrenz wird zuweilen aber auch weiter gefaßt, so daß auch Fragen der Rechtshängigkeit, wie auch des Rechtsschutzes⁶⁶) unter dieser Überschrift erörtert werden.

F. Die Rechtskraft summarischer Entscheidungen

Die **formelle Rechtskraft** setzt zunächst voraus: Das Gericht hat eine wirksame gerichtliche Entscheidung (vgl. §§ 319, 329 ZPO) erlassen und ist an seine Entscheidung gebunden (vgl. § 318 ZPO und § 577 III ZPO)⁶⁷) - sog. innere/interprozessuale Bindungswirkung. Diese Voraussetzung ist nicht gegeben, wenn ein Gericht seine Entscheidung ohne Antrag der Verfahrensbeteiligten ergänzen, abändern oder gar aufheben kann⁶⁸) - z. B. eine ohne mündliche Verhandlung ergangene Entscheidung nach § 620 ZPO zum elterlichen Umgang. Die formelle Rechtskraft setzt weiterhin voraus: Die ergangene Entscheidung ist mit einem befristeten Rechtsmittel nicht oder nicht mehr anfechtbar (vgl. § 705 ZPO)⁶⁹). Nicht mehr anfechtbar sind z. B. Entscheidungen nach § 620 c S. 1 ZPO, wenn die Frist für eine befristete Beschwerde abgelaufen ist oder die Beschwerdeberechtigten auf ein solches Rechtsmittel verzichtet haben.

32

Die **formelle Rechtskraft** ist Voraussetzung für die **materielle Rechtskraft**. Sie beinhaltet: Die Entscheidung ist maßgeblich für die Parteien und Verfahrensbeteiligten sowie für ein erneut angerufenes Gericht, das über denselben Streitgegenstand zu entscheiden hat, und ist folglich ein Prozeßhindernis, wenn in derselben Sache erneut verhandelt werden soll. Sie sichert somit im Interesse der Parteien die Maßgeblichkeit der getroffenen Entscheidung ohne erneute Inan-

33

---

⁶⁵) *Göppinger/Wax/van Els* (6. Aufl.), Rz. 2303: Subsidiarität infolge erschöpfender Regelung. Ebenso *Bölling*, S. 58 u. *Gießler*, Rz. 376.
⁶⁶) S. Rz. 49 ff.
⁶⁷) *Schmidt*, Rpfleger 1974, 177 ff.; MK(ZPO)/*Gottwald*, § 322 Rz. 16.
⁶⁸) *Gießler*, Rz. 65 ff.; *Keidel/Zimmermann*, § 31 Rz. 1; *Bassenge/Herbst*, § 31 Rz. 1 ff.; MK(ZPO)/*Musielak*, § 318 Rz. 2 u. ebendort *Gottwald*, § 322 Rz. 17.
⁶⁹) S. Fn. 68.

spruchnahme des Gerichts und schützt zugleich die Gerichte vor einer wiederholten Beschäftigung mit demselben Streitgegenstand[70]). Summarische Entscheidungen sind nur zum Teil der materiellen Rechtskraft fähig und auch dies nur in einem beschränkten Ausmaß.

34 Eine summarische Entscheidung kann keine materielle Rechtskraft **gegenüber dem korrelierenden Hauptverfahren** entfalten[71]). Wie schon bei Erörterung der Rechtshängigkeit herausgestellt wurde, ist der Streitgegenstand des summarischen Verfahrens nämlich anders als der des zugehörigen Hauptverfahrens[72]). Folglich steht eine vorläufig getroffene Entscheidung einem entsprechenden Hauptverfahren nicht im Wege, kann von Doppelbefassung des Gerichts mit derselben Sache nicht die Rede sein.

35 Summarische Entscheidungen können jedoch - teilweise und beschränkt - materielle Rechtskraft entfalten **gegenüber einem anderen summarischen Verfahren**[73]). Die mit der Rechtskraft verfolgten, oben schon dargestellten Zwecke der Rechtskraft müssen auch hier zum Tragen kommen und sind zugleich entscheidende Gesichtspunkte dafür, wie weit die materielle Rechtskraft bei summarischen Entscheidungen reicht.

Die Rechtskraft kann zunächst nur greifen, **wenn** das andere neue summarische Verfahren wirklich **denselben Verfahrensgegenstand betrifft**[74]). So ist z. B. eine Umgangsregelung für einen Zeitraum von drei Monaten mit Ablauf dieses Zeitraumes ausgeschöpft und eine Regelung für die Zeit danach ein neuer Regelungsgegenstand. Wird, um ein weiteres Beispiel zu bringen, laufender Unterhalt durch e. A. nach § 644 ZPO wie durch Unterhaltsarrest beansprucht, so werden in beiden Verfahren verschiedene Rechtsschutzziele verfolgt, nämlich einmal Befriedigung, einmal Sicherung des Unterhalts. Folglich sind die Streitgegenstände auch hier nicht identisch[75]).

---

[70]) *Schmidt*, Rpfleger 1974, 177 ff.; *Werner*, S. 9 ff.; *Gießler*, Rz. 66; *Bassenge/Herbst*, § 31 Rz. 5; *Keidel/Zimmermann*, § 31 Rz. 18 f.; MK(ZPO)/*Gottwald*, § 322 Rz. 2 f.
[71]) BGH, FamRZ 1984, 768; *Baur*, S. 77 - 81; *Bernecke*, Rz. 95; *Gießler*, Rz. 66; *Zöller/Philippi*, § 620 b Rz. 2.
[72]) S. Rz. 25.
[73]) *Bernecke*, Rz. 94; *Gießler*, Rz. 67 ff.; MK(ZPO)/*Heinze*, vor § 916 Rz. 53 ff.
[74]) S. schon Rz. 28 (am Ende).
[75]) Eingehend *Baur*, S. 90 f.

Ist die Identität der Verfahrensgegenstände zu bejahen, so wird unterschieden, ob im schon entschiedenen, ersten summarischen Verfahren ein Antrag abgelehnt oder zugesprochen wurde[76]).

36

Vom Zweck der Rechtskraft wie des summarischen Verfahrens ausgehend und begründend[77]), unterscheiden Rechtsprechung und Lehre bei Arrest und einstweiliger Verfügung verschiedene Situationen für die ablehnende Entscheidung im summarischen Verfahren[78]). Als solche Situationen seien hier herausgestellt:

37

a) Das Gericht hat einen **Anspruch,** der zu sichern oder zu befriedigen ist, z. B. einen Unterhaltsanspruch, **verneint.**

aa) Der Antragsteller trägt keine neuen Tatsachen vor und macht nicht neu glaubhaft.

bb) Der Antragsteller macht alte Tatsachen neu glaubhaft.

cc) Der Antragsteller trägt neue Tatsachen vor und macht sie auch glaubhaft.

b) Das Gericht hat den **Verfügungsgrund** oder Arrestgrund **verneint.**

aa) Der Antragsteller trägt hierzu keine neuen Tatsachen vor und macht sie auch nicht neu glaubhaft.

bb) Der Antragsteller macht lediglich alte Tatsachen neu glaubhaft.

cc) Der Antragsteller macht neue Tatsachen geltend und macht sie auch glaubhaft.

In den jeweils zu aa) angesprochenen Fällen ist die materielle Rechtskraft der Entscheidung gegenüber dem neuen summarischen Verfahren zu bejahen. In den zu b) cc) erfaßten Fällen ist die materielle Rechtskraft gegenüber dem neuen summarischen Verfahren hingegen zu verneinen. Soweit durch neue Tatsachen auch ein neuer Verfügungsgrund oder Arrestgrund eingeführt wird, fehlt schon die

---

[76]) Diese Unterscheidung hat *Baur,* S. 87 - 96 aufgezeigt und eingehend begründet. Ebenso *Bernecke,* Rz. 94 u. *Gießler,* Rz. 71 - 75.
[77]) S. Rz. 33.
[78]) *Baur,* S. 87 - 91; *Baumbach/Lauterbach/Hartmann,* § 322 Rz. 30; MK(ZPO)/*Heinze,* vor § 916 Rz. 56 ff.; *Musielak/Huber,* § 922 Rz. 11; *Stein/Jonas/Grunsky,* § 916 Rz. 14; *Zöller/Vollkommer,* vor § 916 Rz. 13 u. § 922 Rz. 18.

Identität der Verfahrensgegenstände. Das kann auch schon bei den Fällen zu a) cc) zutreffen. Aber auch wenn es nicht zutrifft, ist es - vom Zweck der Rechtskraft und des summarischen Verfahrens ausgehend - nicht einzusehen, warum hier ein neues Verfahren blockiert sein soll. Wie Baur zutreffend ausführt[79]), sind Arrest und einstweilige Verfügung "auf rasche Abhilfe gerichtet", erlaubt die notwendige Beschleunigung häufig nicht die Vorbereitung, die in einem ordentlichen Prozeß erwartet werden kann. Diese Argumentation rechtfertigt ebenso in den unter bb) erwähnten Fällen, daß die materielle Rechtskraft des Erstverfahrens sich nicht entfaltet. Wie Baur ebenfalls zutreffend ausführt, sind neue Tatsachen und neue Mittel der Glaubhaftmachung zwar logisch zu trennen, in der Praxis aber schwer auseinanderzuhalten. - Allerdings dürfen die hier befürworteten Einschränkungen der Rechtskraft nicht dazu führen, daß der "beliebigen Wiederholung eines Antrags auf Erlaß eines Arrests (e. V.) Tür und Tor geöffnet wäre"[80]). Daher reichen neue Mittel der Glaubhaftmachung und der Vortrag neu bekannt gewordener alter Tatsachen nur aus, wenn der Antragsteller sie im Erstverfahren noch nicht vorbringen oder glaubhaft machen konnte[81]) .

38 Was hier für Arrest und einstweilige Verfügung ausgeführt wurde, gilt grundsätzlich auch für Entscheidungen, die formell rechtskräftig werden können[82]) - z. B. für den Antrag einer Ehefrau auf Erlaß einer v. A. zur Nutzung des Hausrats im Werte von 1.200,00 DM. Zur Abänderung nach § 620 b ZPO s. Rz. 174 ff.

39 Auch in diesem Zusammenhang ist das besondere Augenmerk auf Eilentscheidungen zu richten, die in FGG-Sachen ergehen, aber keine echten Streitsachen sind - sog. **Rechtsfürsorgeangelegenheiten** zum Wohl des Kindes, z. B. eine Ablehnung des väterlichen Umgangs mit seiner Tochter. Sie können nach wohl h. M. in Rechtsprechung und Lehre trotz formeller Rechtskraft *keine materielle Rechtskraft* erlangen[83]). Die generelle Begründung lautet: Das Bedürfnis der Betei-

---

[79]) *Baur*, S. 89 f. S. auch *Bernecke*, Rz. 94 sowie *Braeuer*, FamRZ 1987, 300, 302 (links unten).
[80]) *Baur*, S. 90.
[81]) *Baur*, S. 90; *Gießler*, Rz. 72; MK(ZPO)/*Heinze*, vor § 916 Rz. 57.
[82]) *Baur* a. a. O. beschränkt seine Ausführungen auf Arrest und e. V. Ohne solche Beschränkung *Gießler*, Rz. 71 f. S. auch *Braeuer*, FamRZ 1987, 300.
[83]) BGH, NJW-RR 1986, 1130 u. FamRZ 1975, 273; KG, FamRZ 1977, 65; *Gießler*, Rz. 73; *Keidel/Zimmermann*, § 31 Rz. 19, 21 u. 22 a.

ligten nach endgültiger Befriedigung darf nicht größer sein als das öffentliche Interesse an ständiger Möglichkeit zur Fehlkorrektur. Bezogen auf familienrechtliche Entscheidungen zum Kindeswohl, ist zu formulieren: Entscheidungen, die zum Wohl der Kinder ergehen, dürfen nicht materiell rechtskräftig und damit "per se" unabänderlich werden. Sie müssen trotz formeller Rechtskraft vielmehr abänderlich oder gar aufhebbar sein, wenn nachträglich Tatsachen bekannt werden, die zwar als alte Tatsachen einzustufen sind, zum Wohl des Kindes aber eine andere Entscheidung dringend gebieten. - Damit aber auch in diesem Bereich nicht jedem Verfahrensbeteiligten Tür und Tor geöffnet werden, Abänderungsanträge beliebig zu wiederholen, müssen auch hier zum Wohl des Kindes Grenzpfähle gesetzt werden: Es **kann** sehr wohl dem **Kindeswohl widersprechen, wenn ad infinitum prozessiert wird**[84]), zumal die durch dauerndes Prozessieren erwachsenen Spannungen dem Kind häufig, ja meist, nicht verborgen bleiben.

G. Die Entscheidung im summarischen Verfahren

Eine e. A. ergeht **stets** durch **Beschluß** - auch wenn zuvor mündlich verhandelt wurde[85]). Beschluß ergeht auch, wenn über einen Antrag auf e. V. oder Arrest ohne mündliche Verhandlung entschieden wird; ergeht aber aufgrund mündlicher Verhandlung eine Entscheidung, so ergeht nach §§ 922 I, 936 ZPO Endurteil. **40**

In der Entscheidung sind sodann nacheinander die Zulässigkeit, die Begründetheit sowie die Glaubhaftmachung der erforderlichen Tatsachen zu prüfen. **41**

Nach Bestätigung des Arrests oder der e. V. kann nach § 927 ZPO "wegen veränderter Umstände" Aufhebung des Arrests verlangt werden. Dies ist auch bei formeller Rechtskraft des Arrestbefehls oder **42**

---

[84]) S. hierzu Rz. 175. *Gießler*, Rz. 172 zu cc.
  S. auch die Rspr. verschiedener OLG, wonach es nicht dem Kindeswohl entspricht, e. A. zum Aufenthaltsbestimmungsrecht ohne schwerwiegende Gründe abzuändern, OLG Köln, FamRZ 1999, 181 u. OLG Brandenburg, FamRZ 1998, 1249.
[85]) *Gießler*, Rz. 143; *Baumbach/Lauterbach/Albers*, Rz. 11, MK(ZPO)/*Klauser*, Rz. 32, *Musielak/Borth*, Rz. 23, *Zöller/Philippi*, Rz. 31 - je zu § 620 a.

der einstweiligen Verfügung möglich[86]). Darin sieht die h. M. eine Einschränkung der materiellen Rechtskraftwirkung und Bindungswirkung von Entscheidungen, die Arrest oder eine e. V. beinhalten[87]). **§ 927 ZPO** ersetzt bei unanfechtbar gewordenen stattgebenden Entscheidungen § 323 ZPO. Insofern ist m. E. ebenso wie bei Urteilen auf wiederkehrende Leistungen auch von materieller Rechtskraft auszugehen, die durch § 927 ZPO allerdings nachhaltig aufgebrochen wird, die Annahme materieller Rechtskraft grundsätzlich aber nicht in Frage stellt.

43 Soweit die materielle Rechtskraft das prozessuale Verbot ne bis in idem beinhaltet, bildet sie eine **negative Prozeßvoraussetzung**. Soweit der im Erstprozeß rechtskräftig festgestellte Anspruch positive materielle Voraussetzung für den Gegenstand eines Zweitprozesses ist, spricht man von der **Präjudizialität der Bindungswirkung**[88]). Eben diese Wirkung kommt bei Arrest wie e. V. - wenn überhaupt - nur sehr eingeschränkt zur Entfaltung[89]). Denn bei Arrest oder e. V. wird ja kein Rechtsanspruch regulär beschieden, sondern lediglich ein materieller Anspruch vorläufig gesichert oder ausnahmsweise vorläufig befriedigt. Präjudizialität kommt höchstens in Betracht, wenn im Sinne Zeuners[90]) zwischen der formell rechtskräftig festgestellten Rechtsfolge des Erstverfahrens und der im zweiten Verfahren begehrten Rechtsfolge ein so enger Sinnzusammenhang besteht, daß die Entscheidung des Erstprozesses im Zweitprozeß berücksichtigt sein will, gänzlich unvereinbare Entscheidungen somit vermieden werden müssen.

---

[86]) Der Antrag nach § 927 ZPO ist nach h. M. auch anwendbar, wenn der Arrestbefehl noch nicht formell rechtskräftig ist, vgl. *Baur*, S. 92 f., *Walker*, Rz. 548 f., MK(ZPO)/*Heinze*, § 927 Rz. 2 sowie *Zöller/Vollkommer*, § 927 Rz. 2: Grenzen nur durch das Rechtsschutzinteresse.

[87]) MK(ZPO)/*Heinze*, § 927 Rz. 1; *Zöller/Vollkommer*, vor § 916 Rz. 13 u. § 927 Rz. 1.

[88]) Vgl. MK(ZPO)/*Gottwald*, § 322 Rz. 46 ff. Man könnte hier geradezu von einem Wiederholungsgebot sprechen.

[89]) *Baur*, S. 95 f.; MK(ZPO)/*Heinze*, vor § 916 Rz. 53.

[90]) *Zeuner*, Die objektiven Grenzen der Rechtskraft im Rahmen rechtlicher Sinnzusammenhänge (1959), S. 42 ff. S. auch *Baur*, S. 95 f., MK(ZPO)/*Gottwald*, § 322 Rz. 48 ff. u. *Musielak*, § 322 Rz. 26 f.
Das Kriterium "Sinnzusammenhang" ist allerdings allzu unbestimmt und führt daher leicht zur Rechtsunsicherheit. Herrschend wird die Lehre Zeuners daher abgelehnt.

Entscheidung 29

Eine dogmatisch anders einzuordnende Frage ist, wie weit Entscheidungen in einem summarischen Verfahren, vor allem Entscheidungen gestaltender Art, in anderen gerichtlichen oder behördlichen Verfahren - ausgenommen das Hauptverfahren - zu respektieren sind, so lange sie denn bestehen[91]) - sog. **externe Bindungswirkung.**

44

Beispiel: Dem Vater ist durch e. A. einmal im Monat ein zweistündiger behüteter Umgang mit seiner Tochter gewährt worden. Der Vater unterläuft diese Entscheidung, indem er wiederholt den Schulhof des Kindes aufsucht, seine Tochter dort anspricht und Kontakt mit ihr sucht. Darauf beantragt die Mutter, im Wege vorläufigen Rechtsschutzes dem Vater zu verbieten, den Schulhof künftig zu betreten.

Die Regelung der e. A. ist in dem Zweitverfahren zu "respektieren", ohne daß es auf ihre Rechtskraft ankommt.

Bei **echten Streitigkeiten der FGG**, die lediglich aus Zweckmäßigkeitserwägungen FGG-Verfahren und keine Zivilprozeßverfahren sind, sowie bei **e. A. nach § 620 ZPO** können - soweit sie keine Rechtsfürsorgeangelegenheiten betreffen -als formell rechtskräftig gewordene stattgebende Entscheidung gegenüber anderen summarischen Verfahren, aber auch nur insoweit, auch materiell rechtskräftig werden (s. Rz. 38).

45

Rechtsfürsorgeangelegenheiten, die ursprünglichen Angelegenheiten des FGG, können, wie schon bei Erörterung ablehnender summarischer Entscheidungen ausgeführt[92]), keine materielle Rechtskraft erlangen. Das ist besonders einleuchtend bei Entscheidungen nach § 1696 BGB[93]).

46

Die eingeschränkte materielle Rechtskraft einer stattgegebenen summarischen Entscheidung gegenüber einem Zweitverfahren kommt zum Tragen, wenn in dem Zweitverfahren anders entschieden werden soll. Sie wird aber auch dann bedeutsam, wenn ein Antragsteller die im Erstverfahren ausgesprochene Maßnahme in dem Zweitverfahren erneut beantragt. Ein erneuter Antrag ist trotz materi-

47

---

[91]) *Baur*, S. 80 f. und 93 f.; *Gießler*, Rz. 64; MK(ZPO)/*Gottwald*, § 322 Rz. 19.
[92]) S. Rz. 39.
[93]) BGH, NJW-RR 1986, 1130 u. FamRZ 1975, 273; BayOLG, NJW 1964, 2306; *Werner*, S. 158 u. 161 f.

eller Rechtskraft ausnahmsweise z. B. zulässig, wenn der Titel aus dem Erstverfahren abhandengekommen ist und nicht wiederhergestellt werden kann[94]). Ein erneuter Antrag ist ausnahmsweise weiterhin zulässig, wenn eine ausländische Entscheidung vorliegt, die nicht anerkannt werden kann[95]).

48 Eine Frage der eingeschränkten materiellen Rechtskraft ist auch, ob und unter welchen Voraussetzungen eine stattgebende, aufgrund mündlicher Verhandlung ergangene e. A. nach **§ 620 b ZPO** abgeändert oder aufgehoben werden kann. Die Frage ist in Rechtsprechung und Lehre höchst umstritten[96]). Es ist m. E. geboten, § 620 b ZPO ähnlich auszulegen wie § 927 ZPO[97]). Nach § 620 b ZPO könnnen somit Entscheidungen geändert oder aufgehoben werden, die - bei fehlender mündlicher Verhandlung - noch nicht formell rechtskräftig sind. Darüber hinaus gilt: So wie ein bestätigter Arrest nach § 927 ZPO nur bei veränderten Umständen aufgehoben werden kann, kann eine nach mündlicher Verhandlung ergangene einstweilige Anordnung nur abgeändert oder aufgehoben werden, wenn die **tatsächlichen** Verhältnisse sich geändert haben.

Eine schrankenlose Abänderungsmöglichkeit nach § 620 b ZPO erscheint nicht haltbar. Sie würde, wie Braeuer[98]) eingehend und überzeugend ausgeführt hat, die Regelung in § 620 c ZPO schlechthin unterspülen. Die Autoren, die sich grundsätzlich für eine uneingeschränkte Abänderungsmöglichkeit nach § 620 b ZPO aussprechen[99]), grenzen ihre Auffassung wieder ein, indem sie die Möglichkeiten hervorheben, den Antrag wegen fehlenden Rechtsschutzinteresses oder wegen Rechtsmißbrauchs[100]) für unzulässig zu erachten; hierdurch nähern sie sich im Ergebnis der Auffassung an, wonach nur

---

[94]) BGHZ 93, 287 = NJW 1985, 1711; *Baumbach/Lauterbach/Hartmann*, vor § 322 Rz. 16; MK(ZPO)/Gottwald, § 322 Rz. 43; *Musielak*, § 322 Rz. 9; *Stein/Jonas/Leipold*, § 322 Rz. 202; Zöller/Vollkommer, vor § 322 Rz. 20 a.

[95]) MK(ZPO)/*Gottwald*, § 322 Rz. 45; *Stein/Jonas/Leipold*, § 322 Rz. 203.

[96]) S. schon Rz. 38 sowie 176 u. 371.

[97]) *Braeuer*, FamRZ 1987, 300; *Gießler*, Rz. 163.

[98]) FamRZ 1987, 300.

[99]) *Johannsen/Sedemund-Treiber*, Rz. 8, MK(ZPO)/*Klauser*, Rz. 5, *Rolland/Roth*, Rz. 11, *Stein/Jonas/Schlosser*, Rz. 2 - jeweils zu § 620 b und N. zur Rspr.

[100]) *Werner*, S. 158; *Johannsen/Sedemund-Treiber*, § 620 b Rz. 8; MK(ZPO)/*Klauser*, § 620 b Rz. 5.

bei veränderter Sachlage Anträge zulässig sind. - Stellt man für die eingeschränkte Zulässigkeit eines Antrags auf neue tatsächliche Umstände ab, wird man - anders als in § 323 ZPO - auch Umstände mit erfassen müssen, die erst nach der Erstentscheidung bekannt geworden oder glaubhaft gemacht worden sind[101]. Auch in diesem Zusammenhang ist zu berücksichtigen: In einem summarischen Verfahren obliegt dem Antragsteller nicht, das Verfahren mit solcher Gründlichkeit zu betreiben, wie sie in einem regulären Verfahren erwartet wird[102]. Dieser Besonderheit des summarischen Verfahrens ist auch hier Rechnung zu tragen.

H. Konkurrenzfragen

Bei Erörterung der Rechtshängigkeit, aber auch der Rechtskraft, wurde auf Konkurrenzfragen schon mehrfach eingegangen, insbesondere unter Rz. 28 f. u. 31. Wie ebenfalls schon erörtert, werden Fragen der Rechtshängigkeit wie auch der Rechtskraft zuweilen unter dem dann weit gefaßten Begriff "Konkurrenzen" behandelt, vgl. Rz. 31. Unter dem Stichwort "Konkurrenzen" **verbergen** sich somit **Probleme vielfacher Art.** 49

Zunächst geht es um das **Verhältnis zwischen Eilverfahren und** den kongruenten, korrelierenden **Hauptverfahren.** Hierzu wurde schon ausgeführt 50

- Ein rechtshängiges Hauptverfahren schließt nicht aus, in einem summarischen Verfahren vorläufigen Rechtsschutz zu begehren (s. Rz. 27).

- Ergeht in einem summarischen Verfahren eine Eilentscheidung, kann sie gegenüber dem kongruenten Hauptverfahren keine Rechtskraft entfalten (s. Rz. 34).

---

[101]) *Braeuer*, FamRZ 1987, 300; *Gießler*, Rz. 163.
[102]) *Braeuer*, FamRZ 1987, 300.

Allgemeiner Teil

51 Sodann geht es um das **Verhältnis zwischen verschiedenen summarischen** Verfahrensarten, die in Betracht kommen. Zur Erläuterung dieser Fragen diene eine für angehende Fachanwälte zum Familienrecht **häufige Klausuraufgabe:**

F und M sind in der ehelichen Wohnung getrennt lebende Eheleute. F begehrt die eheliche Wohnung für sich alleine, will aber vorerst noch nicht die Scheidung beantragen. Hierauf hat ihr Anwalt beim Familiengericht S ein isoliertes Verfahren nach § 18 a HausratsV eingeleitet.

Danach eskalieren die Verhältnisse. Hierauf beantragt F, anwaltlich vertreten, beim Amtsgericht S nun doch die Scheidung. Ferner will sie die Ehewohnung nun umgehend für sich alleine haben. Sie fragt ihren Anwalt, was zu tun sei, um ihr Begehren hinsichtlich der Ehewohnung durchzusetzen.

Literatur und Rechtsprechung beantworten diese Frage unterschiedlich.

- Nach h. M. besteht ein *Wahlrecht* zwischen einer v. A. nach § 13 IV HausratsV oder einer e. A. nach § 620 Nr. 7 ZPO - so z. B. OLG Köln, FamRZ 1994, 632; KG, FamRZ 1990, 183; *Brudermüller*, FamRZ 1999, 129 (200); *Gießler*, Rz. 317 a; *Johannsen/Sedemund-Treiber*, vor § 620 ZPO Rz. 9; *Zöller/Philippi*, § 620 Rz. 33.
- Anderer Auffassung zufolge *verdrängt § 620 Nr. 7 ZPO eine v. A.* nach der HausratsV - so z. B. *Bergerfurth*, FamRZ 1985, 545 (549); *Diederichsen*, NJW 1986, 1283; *Ritter*, S. 110 f.; *Stein/Jonas/Schlosser*, § 620 Rz. 9.
- Wieder anderer Auffassung zufolge hat die v. A. nach § 13 IV HausratsV *Vorrang* gegenüber der e. A. nach § 620 Nr. 7 ZPO - *Maurer*, FamRZ 1991, 886 (888); MK(ZPO)/*Klauser*, § 620 Rz. 78.

Wie das Beispiel deutlich macht, geht es um die Frage, ob die e. A. nach § 620 Nr. 7 ZPO die v. A. verdrängt oder umgekehrt die v. A. die e. A. verdrängt oder ob e. A. und v. A. sich überhaupt nicht verdrängen und man folglich zwischen e. A. und v. A. wählen kann.

> Wer seinen Mandanten gut beraten will, wird die weitergehende Geltungsdauer der e. A., die unterschiedliche Anfechtbarkeit von v. A. und e. A. bedenken. Er wird aber auch an die unterschiedlichen Gebühren denken[103]).

Konkurrenzfragen zwischen verschiedenen summarischen Verfahren stellen sich weiterhin, wenn für den vorläufigen Rechtsschutz eine e. V. oder ein e. A. nach § 620 ZPO, aber auch nach § 644 ZPO oder § 641 d ZPO in Betracht kommt (s. u. a. Rz. 389 f., 393, 425, 427). Auch zwischen Arrest und e. V. gibt es Abgrenzungsfragen und somit Konkurrenzfragen[104]). **52**

Schwierige Fragen ergeben sich insbesondere, wenn ein Scheidungsantrag anhängig wird und zuvor in einem summarischen Verfahren vorläufiger Rechtsschutz begehrt aber noch nicht gewährt wurde - z. B. eine e. V. auf Notunterhalt[105]). Hier ist zu fragen, ob und wie das zunächst eingeleitete summarische Verfahren in ein solches nach § 620 ff. ZPO übergeleitet werden kann[106]).

Von **Konkurrenzfragen im weiteren Sinne** wird weiterhin gesprochen, wenn **53**

- verschiedene Möglichkeiten in Betracht kommen, die Vollziehung einer summarischen Entscheidung einzustellen - z. B. bei negativer Feststellungsklage gegen eine e. A. in der Hauptsache analog §§ 707, 719 ZPO oder im summarischen Verfahren nach § 620 e ZPO[107])

---

[103]) Siehe hierzu *Johannsen/Brudermüller*, § 1361 b Rz. 42 sowie *Haussleiter/Schulz*, Kap. 1 Rz. 258 ff. mit einer grafischen Übersicht.
[104]) MK(ZPO)/*Heinze*, vor § 916 Rz. 60 ff.; *Musielak/Huber*, § 916 Rz. 5.
[105]) Vgl. z. B. *Gießler*, Rz. 380 ff.; *Göppinger-Wax/van Els* (6. Aufl.), Rz. 2304 f.
[106]) S. Fn. 105.
[107]) *Gießler*, Rz. 252.

- dem Antragsgegner gegen eine summarische Entscheidung mehrere Rechtsbehelfe offen stehen - z. B. Widerspruch und Aufhebungsantrag nach § 927 ZPO gegen eine e. V. auf Unterhalt[108])
- für den Erlaß einer summarischen Entscheidung außer dem Familiengericht das Vormundschaftsgericht oder das Zivilgericht zuständig sein könnte[109]).

I. Außerkrafttreten der summarischen Eilentscheidung

54 Bei **hauptverfahrensunabhängigen** summarischen Verfahren, also bei Arrest und e. V., ist die summarische Eilentscheidung grundsätzlich vom Schicksal eines anhängigen Hauptverfahrens nicht abhängig - wie schon die Bezeichnung "hauptverfahrensunabhängig" deutlich werden läßt. Allerdings können nach § 927 ZPO Arrest und e. V. aufgehoben werden, wenn die Umstände nach Erlaß der summarischen Entscheidung sich verändert haben - was u. a. zu bejahen ist, wenn in der Hauptsache der Gläubiger ein rechtskräftiges Urteil erstritten hat oder seine Klage der Sache nach rechtskräftig abgewiesen worden ist[110]).

55 Bei Verfahren, die **hauptverfahrensabhängig** sind, ist die getroffene Eilentscheidung dagegen von der Entscheidung des hier stets erforderlichen Hauptverfahrens in vielfältiger Hinsicht abhängig. Die Regelung dieser Abhängigkeit ist ein umfangreicher, im einzelnen später noch darzustellender Fragenkomplex. In § 620 f sowie §§ 640 e und f ZPO werden diese Fragen für die dort anstehenden Bereiche weitgehend, wenn auch nicht erschöpfend, geregelt. Für die v. A. in isolierten Familiensachen der FGG hingegen gibt es keine gesetzliche Regelung. Weitgehend sind §§ 620 f, 641 e, f ZPO entsprechend anzuwenden, vor allem soweit es um echte Streitverfahren geht.

---

[108]) Hierzu *Walker*, Rz. 549 ff.
[109]) *Gießler*, Rz. 317.
[110]) Bei rechtskräftiger Sachabweisung des Hauptsacheanspruchs treten Arrest und e. V. ipso iure außer Kraft, hat die Aufhebung nach § 927 ZPO ausnahmsweise nur deklaratorische Bedeutung, vgl. *Gießler*, Rz. 456 Fn. 248.

Grafik 7:
Außerkrafttreten der summarischen Eilentscheidung

	- für die Zukunft -		v.A. in FGG Sachen
Schicksal d. Hauptsache	Arrest e.V.	e.A.	echte Rechtsfürsorge-Streitverfahren angelegenheit
anderweitige Regelung Entscheidung Vergleich	nicht ohne weiteres Wirkungslosigkeit v. Arrest u.e.V.	620f/ 641 e ZPO	keine gesetzl. Regelung, teilweise ist § 620 f ZPO entspr. anzuwenden ergeht im Hauptverf. Endentscheidung, tritt v.A. ipso iure außer Kraft
Sachabweisung	wenn Verf.anspruch verneinendes Urteil rechtskräft. wird	620f/641f ZPO	
Rücknahme von Klage/Antrag		620f/649f ZPO	
Tod einer Partei		620f ZPO	
Sonstige anderweitige Erledigung		620f ZPO analog	
Hauptsache wird nicht mehr betrieben			
Ruhen des Hauptverfahrens			
PKH-Antrag zurückgenommen			
Antrag auf PKH unanfechtbar abgewiesen			

K. Keine Vorwegnahme der Hauptsache?

Immer wieder wird der Grundsatz betont: Die summarische Maßnahme darf die Hauptsache nicht vorwegnehmen - im Verhältnis zur Hauptsache muß sie stets ein minus oder aliud sein[111]). Dieser Grund-

---

[111]) Siehe hierzu *Baur*, S. 48 ff.; *Gießler*, Rz. 412; MK(ZPO)/*Heinze*, vor § 916 Rz. 15 f.; *Zöller/Vollkommer*, § 938 Rz. 3.

satz wird allerdings selten generell erörtert[112]). Meist wird er nur herangezogen, um den zulässigen Inhalt summarischer Verfahren zu begrenzen oder die verschiedenen Arten der e. V. gegeneinander abzugrenzen[113]). In Wahrheit **gilt dieser Grundsatz nur eingeschränkt.**

Rein faktisch gesehen, wird dieser Grundsatz insoweit eingeschränkt: Häufig kommt es im Rahmen des summarischen Verfahrens zu einer Regelung, die auch die Hauptsache erledigt - sei es durch eine summarische Entscheidung, die von den Parteien als Dauerregelung akzeptiert wird, sei es durch einen im summarischen Verfahren geschlossenen Vergleich, der die Hauptsache erfaßt. Das vorläufige Eilverfahren sprengt dann die ihm zugedachte, dem Hauptverfahren vorgeschaltete Rolle und erhält im Verhältnis zum Hauptverfahren dominierende Bedeutung und nimmt dann - faktisch gesehen - die Hauptsache vorweg. Das ist nicht nur bei vielen Streitigkeiten des Wettbewerbsrechts und des Wirtschaftsrechts, sondern ebenso im Familienrecht zu beobachten. Im Unterhaltsrecht finden sich die streitenden Parteien nicht selten mit der e. A. als einer endgültigen Lösung ab, besonders wenn sie im Eilverfahren Gelegenheit hatten, ihre Standpunkte ausreichend darzulegen, und das Gericht mehr Zeit hatte, seine letzte Entscheidung näher zu überprüfen, evtl. nachzubessern und eingehend zu begründen. Auch im summarischen Verfahren zur elterlichen Sorge, zum Umgang sowie zu Hausrat und Ehewohnung gerinnt die in diesem Verfahren gewonnene Lösung oft genug zu einer Regelung, Dauerlösung, durch welche ein Hauptverfahren hinfällig wird.

57 Das Verbot der Vorwegnahme der Hauptsache im summarischen Verfahren wird jedoch nicht als Verbot verstanden, das den Parteien untersagt, im summarischen Verfahren zu einer Dauerregelung zu gelangen, durch die das Hauptverfahren überflüssig wird. Es wird lediglich als **prozessuales Verbot** gesehen, wonach die summarische Entscheidung die Entscheidung im Hauptverfahren nicht vorwegnehmen darf. Aber auch so verstanden, gilt dieses Verbot richtiger Ansicht nach nur eingeschränkt[114]).

---

[112]) So aber *Walker*, Rz. 66 ff.
[113]) *Walker*, Rz. 67.
[114]) So ausdrücklich *Walker*, Rz. 67 ff. Noch weitergehend *Wenzel*, MDR 1967, 889 sowie - für das Verwaltungsrecht - *Schoch*, S. 193 und *Finkelnburg*, NVwZ 1982, 414.

Keine Vorwegnahme der Hauptsache?

58 Will der Antragsteller umgehend eine Unterlassung der Gegenseite durchsetzen, ist er dringend auf eine Unterhaltsleistung der Gegenseite angewiesen oder will er wegen drohender Entfremdung umgehend einen Umgang mit seinem Kind, so kann der nach der Verfassung gewährleistete Anspruch auf effektiven Rechtsschutz nicht auf die Durchführung eines ordentlichen Erkenntnisverfahrens beschränkt sein. Vielmehr verlangt das verfassungsrechtliche **Gebot effektiven Rechtsschutzes:** Ihm muß in einem Eilverfahren Rechtsschutz gewährt werden, auch wenn hierdurch die Hauptsache teilweise, notfalls sogar in vollem Umfang, vorweggenommen wird[115]). Das zeigt sich z. B. bei der sog. **Befriedigungsverfügung**[116]), durch die vor allem der laufende notwendige Unterhalt eines Unterhaltsbedürftigen gesichert wird. Eine solche Befriedigung hat der Gesetzgeber der ZPO nicht im vornherein ausschließen wollen[117]), und er hat dies auch nicht in § 940 ZPO getan[118]). Nach Inkrafttreten der ZPO hat die Rechtsprechung die Befriedigungsverfügung sodann "im Kern" gewohnheitsrechtlich anerkannt[119]). Bei Regelung der e. A. auf Unterhalt hat der Gesetzgeber später die Befriedigungsverfügung auf Unterhalt sogar über den notwendigen Unterhalt hinaus im Rahmen des Scheidungsverfahrens ausdrücklich geregelt und ihre Zulässigkeit als selbstverständlich vorausgesetzt. Auch in zahlreichen weiteren Vorschriften[120]) geht der Gesetzgeber davon aus, daß eine Vorwegnahme der Hauptsache durch eine summarische Entscheidung unter bestimmten, jeweils näher geregelten Umständen, möglich ist.

59 Dem Antragsgegner drohen bei Vorwegnahme der Hauptsache im summarischen Verfahren erhebliche Nachteile: Ist die getroffene Eilentscheidung falsch, ist sie häufig faktisch nicht mehr rückgängig zu machen. So ist es auch bei der Befriedigungsverfügung auf Unterhalt. Häufig ist der einmal gezahlte Unterhalt nicht rückholbar. Auch bei fälschlich gewährtem Umgang oder falschen Entscheidungen zum Sorgerecht können Schäden entstehen, die auch bei Aufhebung der

---

[115]) *Walker*, Rz. 70 f.
[116]) Eingehend hierzu *Walker*, Rz. 84 ff. sowie *Schilken*, Die Befriedigungsverfügung.
[117]) *Walker*, Rz. 84 - 99.
[118]) *Walker*, Rz. 125.
[119]) *Walker*, Rz. 95.
[120]) *van Els*, FamRZ 1995, 650.

zunächst getroffenen Entscheidung nicht, zumindest nicht voll reparabel sind.

60 Das verfassungsrechtliche Gebot effektiven Rechtsschutzes gilt jedoch für beide Seiten, also auch für den Antragsgegner[121]. Somit ergibt sich unter dem Gesichtspunkt **effektiven Rechtsschutzes** bei Vorwegnahme der Hauptsache im summarischen Verfahren ein *Spannungsverhältnis* : die Vorwegnahme ist für die eine Partei dringend notwendig, für die andere Partei jedoch hoch gefährlich[122].

Dieses Spannungsverhältnis ist in ausgewogener Weise zu lösen[123]:
- Beide Seiten sind gleichrangig schutzwürdig.
- Daher darf wegen unumgänglicher Vorwegnahme der Hauptsache dem Antragsteller eine Eilentscheidung nicht von vornherein verwehrt werden.
- Die gleichrangige Schutzwürdigkeit beider Parteien darf auch nicht unterlaufen werden, indem die Funktion des vorläufigen Rechtsschutzes auf den Erhalt einer prozessualen Rechtsstellung im status quo begrenzt wird[124].
- Das auch verfassungsrechtlich bedeutsame Spannungsverhältnis verlangt eine sehr **sorgfältige Abwägung** der Interessen **in jedem einzelnen Fall.**
- Das darf aber nicht dazu führen, daß die Eilentscheidung lange hinausgezögert wird, so daß sie den Charakter einer Eilentscheidung verliert.

L. Das Beschleunigungsprinzip

61 Erneut wird das Beschleunigungsprinzip angesprochen, dessen überragende Bedeutung schon in der Systematik von W. D. Walker

---

[121]) *Walker*, Rz. 71.
[122]) *Walker*, Rz. 70.
[123]) *Walker*, Rz. 71 - 73.
[124]) So aber *Heinze*, RdA 1986, 273 sowie MK(ZPO)/*Heinze*, vor § 916 Rz. 14. Dagegen *Walker*, Rz. 68 u. 71 f.

(Rz. 10 und 14) sichtbar wurde. Dieses Prinzip ist ein **verfassungsrechtliches Prinzip** und als solches für das gesamte Verfahrensrecht bedeutsam[125]). Für das summarische Verfahren ist es besonders wichtig[126]).

Ob dieses Grundsatzes ist zunächst herauszustellen: Ein summarisches Verfahren ist ein **Eilverfahren.** Daher darf die Entscheidung in diesem Verfahren nicht so lange hinausgeschoben werden, daß ein Eilverfahren als solches denaturiert wird, die Dauer eines normalen Verfahrens bekommt und dem verfassungsrechtlichen Beschleunigungsgebot nicht mehr genügt - sei es, weil zu lange hin und her geschrieben wird, sei es, weil nicht schnell genug terminiert wird, sei es, weil das Verfahren vertagt oder gar ausgesetzt wird.

62

Ergeben sich im Eilverfahren schwierige Sach- und Rechtsfragen, ist z. B. in einem Unterhaltsstreit das schwer zu ermittelnde Einkommen eines Selbständigen strittig oder im Umgangsstreit ein Sachverständigengutachten geboten, folgt flugs Schriftsatz auf Schriftsatz, ohne daß es zu einer vorläufigen Entscheidung kommt. Unter solchen Umständen sollte das Gericht zunächst **wenigstens eine Minimallösung** treffen, z. B. für den Unterhalt wenigstens einen Mindestunterhalt festsetzen oder wenigstens einen eingeschränkten, evtl. nur behüteten Umgang gewähren[127]). Die Verfahrensbeteiligten und ihre Anwälte hingegen sollten darauf drängen, daß es zunächst wenigstens zu einer solchen Minimallösung kommt. Diese Vorweglösung kann später, bei besserem Erkenntnisstand, im Rahmen des summarischen Verfahrens ja durchaus nachgebessert werden.

63

Erachtet das Gericht Terminierung für geboten oder ist eine solche kraft Gesetzes erforderlich, muß **kurzfristig terminiert** werden. Das bei Vergabe von Terminen ohnehin nicht streng eingehaltene und häufig auch gar nicht einhaltbare **Prinzip der Reihenfolge** darf hier, bei vorläufigem Rechtsschutz, **nicht gelten**[128]). **Eilverfahren** sind, zeitlich gesehen, gegenüber normalen Verfahren **vorrangig zu**

64

---

[125]) *van Els*, FamRZ 1994, 735: Right delayed is right denied. *Walker*, Rz. 55 ff., 65 ff. u. 265. S. jetzt BVerfG, FamRZ 2000, 413.

[126]) S. Fn. 125.

[127]) Dabei empfiehlt sich, die Minimallösung als solche zu charakterisieren und die Nachbesserung ausdrücklich vorzubehalten.

[128]) *Walker*, Rz. 276 - 278 - bei Hinweis auf § 61 a ArbGG; *Heilmann*, S. 54 u. 234 f.

40 Allgemeiner Teil

behandeln[129]). Um dem für Eilverfahren geltenden Beschleunigungsgebot zu entsprechen, ist der Richter gehalten, hierfür Terminzeiten freizuhalten, außerhalb der Sitzungstage zu terminieren oder Termine für Eilverfahren "dazwischenzuschieben"[130]). Dabei gilt die **Fristenregelung in § 274 Abs. 3 ZPO** nach allgemeiner Meinung **nicht** für Eilverfahren[131]). Die Ladungsfrist des § 217 ZPO ist jedoch einzuhalten[132]). Allerdings kann diese Frist nach § 226 ZPO verkürzt werden[133]). - Obschon Terminbestimmungen grundsätzlich nicht anfechtbar sind, ist ausnahmsweise analog § 252 ZPO Beschwerde zulässig, wenn allzu weit in die Zukunft terminiert worden ist[134]). Außerdem ist Dienstaufsichtsbeschwerde zulässig[135]). Evtl. ist der Richter aus diesem Grunde als befangen anzusehen[136]).

65 Mit dem Beschleunigungsprinzip ist es **grundsätzlich nicht** vereinbar, einen im summarischen Verfahren anberaumten Termin zu **vertagen**[137]). Das gilt insbesondere für eine Vertagung zwecks Beweisaufnahme - was sich hier unmittelbar aus § 294 II ZPO ergibt[138]). Ausnahmsweise wird eine Vertagung im summarischen Verfahren jedoch für zulässig erachtet[139]). Hierdurch wird zu Recht Fällen Rechnung getragen, in denen eine Partei in ihrer Rechtsverfolgung behindert wird, weil die Gegenseite sie zu "überrumpeln" droht[140]). Wenn es **ausnahmsweise** zur Vertagung kommt, darf sie aber nur **kurzfristig**[141]) sein und keiner Seite nachhaltige Vorteile bringen. Auch

---

[129]) OLG Hamm, FamRZ 1999, 936; *Dose*, Rz. 179.
[130]) A. A. insoweit *Gießler*, Rz. 31.
[131]) Vgl. z. B. *Walker*, Rz. 275 m. w. N.; MK(ZPO)/*Prütting*, § 274 Rz. 12.
[132]) *Walker*, Rz. 275; *Gießler*, Rz. 31.
[133]) S. Fn. 132.
[134]) *Gießler*, Rz. 31; *Baumbach/Lauterbach/Hartmann*, Rz. 28 f., MK(ZPO)/*Feiber*, Rz. 10, *Musielak/Stadler*, Rz. 11, *Zöller/Stöber*, Rz. 21 - je zu § 216.
[135]) S. Fn. 134.
[136]) OLG Hamm, FamRZ 2000, 295 m. Anm. *van Els*; OLG Bamberg, FamRZ 1998, 1443 m. Anm. *Heilmann*; OLG Karlsruhe, FamRZ 1999, 444 (PKH-Verfahren); *Dose*, Rz. 179.
[137]) *Walker*, Rz. 361; *Heilmann*, S. 235; *Baumbach/Lauterbach/Hartmann*, § 922 Rz. 15; OLG Koblenz, NJW-RR 1987, 509.
[138]) BGH, FamRZ 1989, 373; *Walker*, Rz. 361.
[139]) *Walker*, Rz. 361 m. w. N.; *Baumbach/Lauterbach/Hartmann*, § 922 Rz. 15.
[140]) S. Fn. 139.
[141]) *Walker*, Rz. 361.

Beschleunigungsprinzip

§ 227 Abs. 3 ZPO enthält nach Abschaffung der Gerichtsferien im Interesse der Verfahrensbeschleunigung bei summarischen Verfahren eine Ausnahmeregelung: Kein Anspruch auf Verlegung.

Vorschriften, wonach Schriftsätze rechtzeitig einzureichen sind, insbesondere **§ 132 ZPO**, sind bei Eilverfahren **nicht anwendbar**[142]). Folglich kann auch der an solche Vorschriften anknüpfende **§ 283 ZPO nicht** eingreifen, kommt eine Schriftsatzfrist grundsätzlich nicht in Betracht[143]). Auch eine Zurückweisung wegen **verspäteten Vorbringens** ist im summarischen Verfahren grundsätzlich ausgeschlossen[144]). Das Eilverfahren ist "geradezu darauf angelegt, daß jede Partei mit Überraschungen im Termin rechnen und sich darauf einstellen muß" (Walker, Rz. 362). Daher sind § 283 wie **§ 296 ZPO** bei summarischen Verfahren grundsätzlich **nicht** anwendbar. **Ausnahmen** von diesem Grundsatz sind - wie bei der Vertagung - nur sehr zurückhaltend und in **sehr beschränkter Weise** zuzulassen.

66

Wird es, wie in § 148 ZPO, in das **Ermessen des Gerichts** gestellt, das Verfahren auszusetzen, so engt der verfassungsrechtliche Beschleunigungsgrundsatz diese Ermessensentscheidung dahin ein, daß **in aller Regel nicht ausgesetzt werden darf**. Selbst Ausnahmen von dieser Regel werden herrschend nicht zugelassen[145]).

67

Äußerst streitig ist dagegen, ob eine **Aussetzung** auch dann ausscheidet, wenn sie wie in § 153 ZPO **zwingend vorgeschrieben** ist. Hier stoßen zwei gegenläufige Prinzipien hart aufeinander, nämlich das unabdingbare Gebot der Aussetzungsvorschrift sowie das verfassungsrechtliche Beschleunigungsgebot im Eilverfahren[146]). M. E. sprechen die besseren Gründe dafür, grundsätzlich dem **Beschleunigungsgebot** den **Vorrang** zu geben. Es ist ein verfassungsrechtlich verankertes Gebot. Weiterhin würde der Zweck des gesamten summarischen Verfahrens unterlaufen, wenn das Aussetzungsgebot ge-

---

[142]) *Gießler*, Rz. 33; *Walker*, Rz. 362.
[143]) *Walker*, Rz. 362; *Gießler*, Rz. 33: "im allgemeinen".
[144]) OLG Koblenz, NJW-RR 1987, 509; *Gießler*, Rz. 33; *Teplitzky*, JuS 1981, 352; *Walker*, Rz. 362.
[145]) OLG Frankfurt, FamRZ 1985, 409; *Gießler*, Rz. 37; *Baumbach/Lauterbach/Hartmann*, vor § 916 Rz. 13 f.; MK(ZPO)/*Peters*, Rz. 3 f., *Musielak/Stadler*, Rz. 2 u. 11 f., *Stein/Jonas/Schumann*, Rz. 34, *Zöller/Greger*, Rz. 4 - je zu § 148.
[146]) *Gießler*, Rz. 38; *Walker*, Rz. 354.

genüber dem Beschleunigungsgebot sich durchsetzen würde. Im Einzelfall muß bei dem Spannungsverhältnis beider Prinzipien ausnahmsweise aber auch dem Aussetzungsgebot zumindest teilweise Rechnung getragen werden können[147]). Dabei können auch in diesem Zusammenhang später nachbesserbare Minimallösungen (vgl. Rz. 63) eine angemessene Balance zwischen beiden Geboten herstellen.

68 Noch schneller als durch kurzfristige Terminierung kann das Eilverfahren beschleunigt werden, wenn von einer **mündlichen Verhandlung abgesehen** wird[148]). Dies steht bei Erlaß einer e. A. gem. § 620 a I ZPO und bei einem Arrest gem. § 921 I ZPO[149]) im Ermessen des Gerichts. Bei einer v. A. im isolierten FGG-Verfahren ist eine Terminierung grundsätzlich nicht vorgeschrieben, so daß auch hier die Terminierung im Ermessen des Richters steht[150]). Bei einer e. V. kann nach § 937 II ZPO nur ausnahmsweise ohne mündliche Verhandlung entschieden werden, nämlich "in dringenden Fällen" sowie bei Zurückweisung des Antrags[151]). Bei einer e. A. in Kindschaftssachen hingegen ist eine mündliche Verhandlung nach § 641 d II S. 4 ZPO zwingend vorgeschrieben.

Verfassungsrechtlich bestehen keine Bedenken, von einer Terminierung abzusehen[152]). Art. 103 I GG gewährt lediglich Anspruch auf rechtliches Gehör. Dieser Anspruch ist aber bereits dann erfüllt, wenn lediglich schriftlich oder sogar nur telefonisch angehört wird[153]). Das ist bei Entscheidungen im Eilverfahren oft durchaus sinnvoll - sei es, weil bei Terminierung erneut wertvolle Zeit verrinnt, sei es, weil die Sache ausgeschrieben ist, sei es, weil es zuweilen um Stunden geht, z. B. bei drohender Entführung eines Kindes oder dro-

---

[147]) Für einen solchen Mittelweg im Einzelfall auch *Walker*, Rz. 354 ff. sowie *Gießler*, Rz. 38 - beide m. w. N.

[148]) *Walker*, Rz. 279.

[149]) Zur entsprechenden Anwendung des § 937 II ZPO im Arrestverfahren s. *Walker*, Rz. 291 ff.

[150]) *Keidel/Kahl*, vor §§ 8 - 18 Rz. 10 a; *Bassenge/Herbst*, Einl. FGG Rz. 70.

[151]) Bei Zuständigkeit des AG nach § 942 ZPO siehe Abs. IV dieser Vorschrift.

[152]) *Walker*, Rz. 279 f.; *Waldner*, Der Anspruch auf rechtliches Gehör, Rz. 125 ff.; *Stein/Jonas/Leipold*, vor § 128 Rz. 31.

[153]) *Walker*, Rz. 280 m. w. N. - So auch wiederholt das BVerfG, beginnend mit BVerfGE 60, 175 (210).

hender Entfernung eines wichtigen Teils des Hausrats. Dagegen ist rechtliches Gehör nicht ausreichend gewährt, weil eine zuvor eingereichte Schutzschrift (s. hierzu Rz. 97 ff.) berücksichtigt wird. Denn hier wird nicht zwangsläufig auf alle Umstände eingegangen, die in dem später eingereichten Antrag auf Erlaß einer Eilentscheidung enthalten sind[154]).

Am schnellsten kann im summarischen Verfahren entschieden werden, wenn selbst von einer **Anhörung** des Antragsgegners **abgesehen** wird[155]). Dies ist aus zwei Gründen möglich:

- Die Angelegenheit eilt so sehr, daß eine Stellungnahme des Gegners nicht abgewartet werden sollte.
- Es kommt auf den Überraschungseffekt an, d. h. der Gegner soll keine Gelegenheit erhalten, den Vollziehungserfolg vorzeitig zu vereiteln[156]).

Beidemal kollidieren zwei im Rechtsstaatsprinzip wurzelnde Grundrechte miteinander, nämlich das Recht auf rechtliches Gehör und das Recht auf wirksamen Rechtsschutz. Diese Kollision ist nur zu lösen, indem eines der beiden Rechte zurücksteht. Unter diesen Umständen kann das Recht auf rechtliches Gehör somit ausnahmsweise ausgeschlossen werden[157]). Das gebietet allerdings eine sehr sorgfältige Abwägung beider Grundrechte und verlangt weiter, daß die Nachteile des nicht angehörten Gegners so bald und soweit wie möglich ausgeglichen werden. Das kann z. B. durch kurzfristige Terminierung sofort nach Erlaß der Eilmaßnahme geschehen; das ergibt sich teilweise unmittelbar aus dem Gesetz, z. B. aus § 620 a III S. 2 ZPO, §§ 50 a III S. 2 und 50 b III S. 2 FGG.

---

[154]) *Walker*, Rz. 281.
A. A. MK(ZPO)/*Heinze*, § 922 Rz. 1 u. *Zöller/Vollkommer*, § 921 Rz. 1.
[155]) Unzureichend ist die Anhörung z. B., wenn nur eine zuvor eingereichte Schutzschrift berücksichtigt wird, s. *Walker*, Rz. 282 Fn. 69.
[156]) *Gießler*, Rz. 27; *Walker*, Rz. 283; MK(ZPO)/*Heinze*, § 937 Rz. 7.
[157]) So auch die verfestigte Rspr. des BVerfG ab BVerfGE 7, 95 u. 9, 89. Eingehend *Walker*, Rz. 282 f. sowie (zum Beschwerdeverfahren) Rz. 371 ff.

M. Glaubhaftmachung

70 Wie unter Hinweis auf die systematische Grundlegung bei Walker unter Rz. 8 u. 12 schon eingeführt wurde, werden summarische Verfahren entscheidend beschleunigt, indem die Möglichkeit der Glaubhaftmachung an die Stelle der Beweisführung tritt[158]). Glaubhaftmachung ist nämlich regelmäßig leichter und schneller möglich als die in der Regel zeitaufwendige Beweisführung durch Vollbeweis[159]).

71 Eine generelle Vorschrift zur Glaubhaftmachung findet sich in § 294 ZPO. Speziell das summarische Verfahren betreffende Normen zur Glaubhaftmachung enthalten §§ 620 a II S. 3, 641 d II S. 3 und 920 II ZPO. Darüber hinaus ist die Glaubhaftmachung in einer Fülle von Normen der ZPO, des Grundgesetzes, aber auch des BGB bedeutsam. Dennoch wird die Glaubhaftmachung als allgemeines Thema in der Rechtswissenschaft eher vernachlässigt, so daß die 1996 erschienene Monografie von Inge Scherer[160]) als erste geschlossene Darstellung der generellen Thematik gelten kann.

72 Nach dem Wortlaut von § 920 II ZPO sind Anspruch und Arrestgrund, also nicht nur Tatsachen, glaubhaft zu machen. Hieraus kann entgegen Leipold[161]) aber nicht abgeleitet werden, auch die rechtlichen Voraussetzungen des Arrests seien glaubhaft zu machen. § 920 II ZPO verwendet ebenso wie §§ 605 II, 805 IV und 815 II ZPO lediglich eine vereinfachte sprachliche Form, aus der dies nicht herauszulesen ist[162]). Das gilt ebenso für den zu weit gehenden, unscharfen Wortlaut in § 620 a II S. 3 und § 641 d II S. 3 ZPO. Beim Arrest, der einstweiligen Anordnung wie auch anderen summarischen Verfahren bezieht sich die **Glaubhaftmachung lediglich** auf **Tatsachen.**

73 Der Wortlaut von §§ 620 a II S. 3, 641 d II S. 3 und 920 II ZPO legen zumindest nahe, *sämtliche* Tatsachen für den Erlaß einer sum-

---

[158]) *van Els*, FPR 1998, 121; *Gießler*, Rz. 53; *Walker*, Rz. 319; *Stein/Jonas/Grunsky*, § 920 Rz. 15.
[159]) *Walker*, Rz. 321.
[160]) Das Beweismaß der Glaubhaftmachung, 1996, Prozeßrechtliche Abhandlungen, H. 101 - rezensiert von *Feiber*, NJW 1997, 2507 u. *van Els*, FPR 1998, Heft 6, XII.
[161]) *Leipold*, S. 64 ff. u. 97 ff. Zustimmend *Zöller/Vollkommer*, § 922 Rz. 6.
[162]) *Schilken*, S. 118; *Walker*, Rz. 322.

marischen Entscheidung glaubhaft zu machen. Aber auch insoweit ist der Wortlaut dieser Vorschriften nicht sehr aussagekräftig[163]). Tatsachen, die der (gehörte) Gegner nicht bestritten hat, offenkundige Tatsachen (§ 291 ZPO) sowie gesetzlich vermutete Tatsachen (§ 292 ZPO) brauchen nicht glaubhaft gemacht zu werden[164]).

Glaubhaft zu machen sind jedoch entgegen dem insoweit zu engen, auch insoweit unscharfen Wortlaut der §§ 620 a II S. 3, 641 d II S. 3 und 920 II ZPO die **Voraussetzungen für die Zulässigkeit** des Antrags[165]). Dies gebietet der Zweck dieser Vorschriften, vor allem der Beschleunigungszweck[166]). 74

Bei FGG-Familiensachen, in denen von Amts wegen zu ermitteln ist, z. B. Eilverfahren zur elterlichen Sorge, taucht die wenig erörterte Frage auf[167]): **Wieweit** wird **§ 620 a II S. 3 ZPO** hier **durch den Amtsermittlungsgrundsatz verdrängt?** Da § 620 a II S. 3. ZPO nicht nur für zivilprozessuale, sondern für alle e. A. gilt, darf die Vorschrift nicht völlig leerlaufen, wenn von Amts wegen zu ermitteln ist. Sie muß auch hier zumindest noch reduzierte Bedeutung haben. Die gegenüber zivilprozessualen Familiensachen reduzierte Bedeutung kann hier mit Klauser[168]) nur sein: Die Vorschrift bezieht sich dann lediglich auf das Regelungsbedürfnis. Wird nicht einmal das Regelungsbedürfnis glaubhaft gemacht, ist auch nicht von Amts wegen zu ermitteln, ob eine e. A. zum Kindeswohl erforderlich ist. Das gilt allerdings nicht, wenn es Anhaltspunkte für eine **Gefährdung** des Kindes gibt. 75

Nach § 294 I ZPO kann man sich zur Glaubhaftmachung "*aller Beweismittel* bedienen", werden die Beweismittel des normalen Verfahrens also **erweitert.** Neben den gesetzlich vorgesehenen Beweismitteln des Normalverfahrens sind dies zunächst **eidesstattliche schriftliche Versicherungen,** aber auch schriftliche Erklärungen der Parteien wie auch Dritter. Nach dem BGH und allgemeiner Mei- 76

---

[163]) *Walker*, Rz. 324.
[164]) *Bernecke*, Rz. 99 ff.; *Walker*, Rz. 323 f.; *Musielak/Huber*, § 920 Rz. 9.
[165]) Allgemeine Meinung. Vgl. z. B. *Stein/Jonas/Grunsky*, § 920 Rz. 15 sowie *Walker*, Rz. 329 ff.
[166]) *van Els*, FPR 1998, 121; *Walker*, Rz. 329.
[167]) *van Els*, FPR 1998, 121 zu II 2 f.
[168]) MK(ZPO)/*Klauser*, § 620 a Rz. 27.

nung in der Literatur[169]) genügt es aber nicht, entwertet es zumindest eine Erklärung und Versicherung, wenn hierin lediglich auf anwaltliche Schriftsätze Bezug genommen wird - insbesondere wenn hierzu auch noch Formulare verwandt werden. Es ist eine **eigene Sachdarstellung** geboten. Zu den schriftlichen Erklärungen Dritter gehören auch die von Zeugen, schriftliche, insbesondere behördliche Auskünfte sowie anwaltliche Versicherungen[170]). Auch unbeglaubigte Fotokopien von Urkunden, Akten und Aktenteilen sind zugelassen[171]). Ebenso sind **Telefonauskünfte** von Zeugen, Behörden oder Sachverständigen zulässige Mittel der Glaubhaftmachung[172]). Telefonauskünfte, z. B. beim Jugendamt, einzuholen, ist im summarischen Verfahren durchaus sinnvoll. Jedoch muß der Inhalt den Verfahrensbeteiligten in überprüfungsmäßiger Form mitgeteilt werden[173]). Auch rechtmäßig erlangte Tonband- und Schallaufnahmen sind zur Glaubhaftmachung zugelassen[174]). Bei Akten, die dem Gericht vorliegen oder von ihm schnell beigezogen werden können, genügt es, hierauf Bezug zu nehmen[175]).

77   Durch § 294 II ZPO, eine oft übersehene Vorschrift[176]), werden die im vorangegangenen Absatz der Vorschrift erweiterten **Beweismittel** der ZPO allesamt wieder **beschränkt: Es sind nur präsente Beweismittel** zulässig[177]). Folglich ist es keine ausreichende Glaubhaftmachung, einen Zeugen oder Sachverständigen zu benennen oder auf eine nicht sofort beiziehbare Akte oder eine noch einzuholende

---

[169]) BGH, NJW 1988, 2045 zu § 233 ZPO spricht von einer "heute weit verbreiteten Unsitte"; OLG Düsseldorf, MDR 1968, 152; *Gießler*, Rz. 53; *Bernecke*, Rz. 105; *Baumbach/Lauterbach/Hartmann*, § 294 Rz. 8; MK(ZPO)/*Prütting*, § 294 Rz. 18; *Musielak/Huber*, § 294 Rz. 4; *Stein/Jonas/Grunsky*, § 920 Rz. 15; *Zimmermann*, § 294 Rz. 2; *Zöller/Greger*, § 294 Rz. 4.

[170]) *Bernecke*, Rz. 103; *Gießler*, Rz. 53; *Walker*, Rz. 319; MK(ZPO)/*Prütting*, § 294 Rz. 20; *Stein/Jonas/Leipold*, § 294 Rz. 17.

[171]) *van Els*, FPR 1998, 121 (123); *Gießler*, Rz. 53.

[172]) *van Els*, FPR 1998, 121 (123); *Gießler*, Rz. 53.

[173]) *van Els*, FPR 1998, 121 (124). Vgl. hierzu OLG Köln, FamRZ 1999, 314.

[174]) *van Els*, FPR 1998, 121; *Gießler*, Rz. 53; *Baumbach/Lauterbach/Hartmann*, vor § 371 Rz. 11 ff.

[175]) *Walker*, Rz. 320; *Zöller/Greger*, § 294 Rz. 5.

[176]) *Baumbach/Lauterbach/Hartmann*, § 294 Rz. 9.

[177]) *Bernecke*, Rz. 104; *van Els*, FPR 1998, 121 (124); *Walker*, Rz. 320. Siehe ferner die Kommentierungen zu § 294 ZPO.

Auskunft Bezug zu nehmen[178]). Das Gericht kann allerdings, wenn es terminiert, einen benannten Zeugen laden und ihn hierdurch zu einem präsenten Beweismittel machen. Hierzu ist das Gericht aber nicht verpflichtet[179]).

Auch in diesem Zusammenhang stellt sich die schon zu § 620 a II ZPO angesprochene Frage (Rz. 75), ob und ggfs. wie weit eine in der ZPO enthaltene Regelung zur Glaubhaftmachung in FGG-Familiensachen durch den Amtsermittlungsgrundsatz verdrängt wird[180]). Wie zu § 620 a II S. 3 ZPO ist auch zu § 294 II ZPO auszuführen: Die Vorschrift läuft in FGG-Familiensachen, in denen von Amts wegen ermittelt wird, nicht völlig leer, sondern hat auch hier eine, wenn auch reduzierte, Bedeutung: Sie engt das pflichtgemäße Ermessen des Gerichts bei Anwendung des Amtsermittlungsgrundsatzes ein und verbietet zeitraubende und mit dem Charakter des Eilverfahrens nicht vereinbare Ermittlungen[181]).

78

Sind zu einem Termin unangekündigt so viele präsente Zeugen erschienen, daß der Richter sie in der vorgesehenen Terminzeit nicht alle vernehmen kann, und ist dies dem Gericht nicht beizeiten angekündigt worden, so ist das Gericht nicht gehalten, alle erschienenen Zeugen zu vernehmen, noch das Verfahren wegen noch nicht vernommener Zeugen zu vertagen[182]).

79

Die besondere Art der Beweisführung im summarischen Verfahren beinhaltet auch eine **freiere Form der Beweisaufnahme**[183]). Daher gilt für summarische Verfahren weder der Grundsatz der Unmittelbarkeit der Beweisaufnahme, noch der der Parteiöffentlichkeit, der allerdings schon aus anderen Gründen in Familiensachen häufig

80

---

[178]) Allgemeine Meinung. Vgl. Rz. 137.
[179]) OLG Düsseldorf, FamRZ 1995, 182 = DAVorm 1995, 127; OLG München, FamRZ 1978, 54; *van Els*, FPR 1998, 121 (124); *Zöller/Philippi*, § 620 a Rz. 29. A. A. *Schwab/Maurer*, Teil I Rz. 923; MK(ZPO)/*Klauser*, § 620 a Rz. 29. Zur Vertagung zwecks Zeugenladung s. schon Rz. 65.
[180]) *van Els*, FPR 1998, 121 (124); *Gießler*, Rz. 53.
[181]) *van Els*, FPR 1998, 121 (124). A. A. *Gießler*, Rz. 53: § 294 II ZPO gilt nur bei Arrest und e. V.; "in den übrigen familienrechtlichen Rechtsschutzverfahren, vor allem in den FGG-Familiensachen mit Amtsermittlung, ist § 294 II ZPO nicht anwendbar".
[182]) OLG Düsseldorf, FamRZ 1995, 182 = DAVorm 1995, 127; *van Els*, FPR 1998, 121 (124).
[183]) *Gießler*, Rz. 54; MK(ZPO)/*Heinze*, § 920 Rz. 12.

nicht gilt. Folglich kann das Gericht einen Zeugen oder Verfahrensbeteiligten auch in Abwesenheit der Parteien anhören. Allerdings muß - wie bei der Verwertung telefonischer Auskünfte schon erörtert (Rz. 76) - der Inhalt der Anhörung in der Akte vermerkt und den Verfahrensbeteiligten in überprüfbarer Form mitgeteilt werden[184]).

81   Vorschriften zur Glaubhaftmachung gelten - wie vorsorglich hervorgehoben sei - **ebenfalls für den Antragsgegner**. Da der Antragsteller im summarischen Verfahren nur glaubhaft machen muß, kann auch die Gegenseite sich hierauf beschränken[185]). Das ergibt bei § 294 ZPO auch eindeutig der Wortlaut dieser Vorschrift.

82   Zeitlich gesehen, sollten Antragsteller wie Antragsgegner die für sie günstigen Tatsachen **so früh wie möglich** glaubhaft machen[186]). Das Gesetz schreibt dies zwar nicht vor, legt es für den Antragsteller aber zumindest nahe, wenn es Antragstellung und Glaubhaftmachung mehrfach in einer Vorschrift zusammenhängend regelt, z. B. in §§ 620 a, 641 d und 920 ZPO.

83   Der in § 286 I S. 1 ZPO verankerte **Grundsatz der freien Beweiswürdigung** gilt auch im Verfahren mit Glaubhaftmachung[187]). Jedoch kommt es nicht auf die Überzeugung der Wahrheit an, sondern lediglich auf die Überzeugung der **überwiegenden Wahrscheinlichkeit**. Wie bei Erörterung der "goldenen Regeln" schon deutlich wurde (Rz. 13), ist ein zahlenmäßiger Grad der Wahrscheinlichkeit nicht möglich[188]). Vielmehr ist der gebotene Wahrscheinlichkeitsgrad **im Einzelfall zu bestimmen**[189]), wobei die Bedeutung,

---

[184]) OLG Köln, FamRZ 1999, 314; *Gießler*, Rz. 53: Hiervon ist abzusehen, wenn die Sache besonders dringlich ist oder der Überraschungseffekt entscheidend ist.

[185]) *van Els*, FPR 1998, 121 (124); *Walker*, Rz. 428; *Baumbach/Lauterbach/Hartmann*, Rz. 2, MK(ZPO)/*Prütting*, Rz. 22, *Stein/Jonas/Leipold*, Rz. 18, *Thomas/Putzo*, Rz. 3 - jeweils zu § 294.

[186]) *van Els*, FPR 1998, 121 zu IV; *Walker*, Rz. 334.

[187]) *van Els*, FPR 1998, 121; *Walker*, Rz. 335; MK(ZPO)/*Prütting*, § 294 Rz. 24; *Stein/Jonas/Grunsky*, § 920 Rz. 14 (es gilt auch § 287 ZPO); *Zöller/Greger*, § 294 Rz. 6.

[188]) Eingehend hierzu Compensis, S. 181 ff., *Gießler*, Rz. 55 - 57 und MK(ZPO)/*Prütting*, § 294 Rz. 2 und ebenda *Heinze*, § 920 Rz. 14. S. auch *Baumbach/Lauterbach/Hartmann*, § 294 Rz. 1/6, *Stein/Jonas/Leipold*, § 294 Rz. 6 u. *Zöller/Greger*, § 294 Rz. 1; BGH, VersR 73, 186.

[189]) *Gießler*, Rz. 55 - 57; MK(ZPO)/*Prütting*, § 294 Rz. 2 und ebenda *Heinze*, § 920 Rz. 14.

insbesondere die Dringlichkeit der begehrten Eilmaßnahme sowie die Nachteile, insbesondere irreparablen Nachteile, für die Gegenseite ins Gewicht fallen.

Gelingt einer Partei im summarischen Verfahren für eine streitige Tatsache, z. B. durch Vernehmung eines Zeugen, der Vollbeweis, kommt zur Widerlegung nach verbreiteter Meinung nur ein strenges Beweismittel in Betracht[190]. Das mag in der Regel richtig sein[191]. Generell und ausnahmslos ist es aber nicht richtig. Da der Grundsatz freier Beweiswürdigung gilt, kann der Richter im Einzelfall die Glaubhaftmachung einer Tatsache bejahen, obschon dem eine Beweisführung durch Vollbeweis, z. B. die Aussage eines vernommenen Zeugen, entgegensteht. Dennoch ist dem Antragsteller zu empfehlen, durch präsente Zeugen Beweis anzutreten, wenn eine Terminierung in Betracht kommt[192]. Allerdings ist ein solcher Beweisantritt nicht risikolos; die Glaubwürdigkeit eines vernommenen Zeugen und die Glaubhaftigkeit seiner Aussage sind eher zu erschüttern als eine schriftlich erklärte eidesstattliche Versicherung[193]. **84**

Bei Würdigung der Glaubhaftmachungsmittel ist weitgehend Vorsicht geboten. Dies gilt vor allem für die **eidesstattliche Versicherung**[194]. Sie ist letztlich nur eine bekräftigte Parteierklärung, wird oft allzu leichtfertig abgegeben und ist daher zurückhaltend zu bewerten[195]. Das gilt besonders dann, wenn widersprechende eidesstattliche Erklärungen vorliegen[196]. Auch wenn schriftliche **Erklärungen Dritter** vorliegen, ist Vorsicht geboten, selbst wenn die Erklärungen eidesstattlich abgegeben werden[197]. Auch **Privatgutachten** sind vorsichtig zu würdigen[198]. Eine Partei wird ein von ihr bestelltes Gutachten nur vorlegen, wenn die Begutachtung ihren Vorstellungen **85**

---

[190]) OLG Köln, MDR 1981, 765; *Walker*, Rz. 335; MK(ZPO)/*Heinze*, § 920 Rz. 20.
[191]) *Zöller/Herget*, § 294 Rz. 6.
[192]) *Walker*, Rz. 335.
[193]) *Walker*, Rz. 335.
[194]) *Bernecke*, Rz. 105; van Els, FPR 1998, 121; *Walker*, Rz. 336; *Compensis*, S. 184; *Baumbach/Lauterbach/Hartmann*, § 294 Rz. 8: "Oft wertlos".
[195]) So auch BGH, NJW 1988, 2045.
[196]) *Bernecke*, Rz. 105; *van Els*, FPR 1998, 121; *Walker*, Rz. 336.
[197]) *Baumbach/Lauterbach/Hartmann*, § 294 Rz. 8: "Dritte unterschreiben meist, was ihnen vorgelegt wird".
[198]) *Bernecke*, Rz. 106; *van Els*, FPR 1998, 121; *Walker*, Rz. 337.

entspricht. Daher rückt ein solches Gutachten "in die Nähe des übrigen Parteivortrags"[199]). Bei **anwaltlichen Versicherungen** kann es sich regelmäßig nur um Vorgänge handeln, die ein Anwalt als Prozeßbevollmächtigter wahrgenommen hat[200]).

86   Werden im summarischen Verfahren Beweisergebnisse unter **Verstoß** gegen **§ 294 II ZPO** gewonnen, sind sie dem BGH[201]) zufolge **dennoch** zu **verwerten.** Wie der BGH unter Berufung auf die Entstehungsgeschichte ausführt, ist § 294 II ZPO nur eingeführt worden, "um zu verhüten, daß der Prozeß verzögert oder verweitläufigt werde". Daher ist es dem BGH zufolge nicht geboten, tatsächlich gewonnene Unterlagen der Wahrheitsfindung unverwertet zu lassen, wenn der Zweck des § 294 II ZPO einmal verfehlt ist. Dieser Entscheidung ist zuzustimmen. Auch in der Literatur wird sie allgemein gebilligt[202]). § 986 III ZPO, auf den der BGH ausdrücklich verweist, ist ein deutlicher Anhaltspunkt, so zu verfahren.

87   Nach **§ 921 II S. 1 ZPO** kann auf Glaubhaftmachung verzichtet werden, wenn "wegen der dem Gegner drohenden Nachteile" Sicherheit geleistet wird. Die Vorschrift dürfte in familienrechtlichen Angelegenheiten, jedenfalls bei Unterhaltsstreitigkeiten, kaum bedeutsam werden. Obschon sie auf eine lange Tradition zurückgeht[203]), ist sie in der Zivilprozeßordnung schon immer ein **Fremdkörper** gewesen[204]) und ist es erst recht bei der heute gebotenen verfassungsrechtlichen Betrachtungsweise. Daher ist eine einschränkende Auslegung geboten[205]). Zu Recht hat sich die Praxis durchgesetzt, erst die Vollziehung des Arrestbefehls von einer Sicherheitsleistung abhängig zu machen[206]).

---

[199]) *Walker*, Rz. 337.
[200]) Hierzu *Baumbach/Lauterbach/Hartmann*, § 294 Rz. 8 m. w. N. und MK(ZPO)/*Prütting*, § 294 Rz. 20.
[201]) BGH, FamRZ 1989, 373 - zu §§ 233, 294 ZPO.
[202]) *Gießler*, Rz. 53; *Baumbach/Lauterbach/Hartmann*, § 294 Rz. 11; *Musielak/Huber*, § 294 Rz. 5; *Zimmermann*, § 294 Rz. 3. Eingrenzend MK(ZPO)/*Prütting*, § 294 Rz. 21.
[203]) *Walker*, Rz. 347.
[204]) *Walker*, Rz. 342.
[205]) *Walker*, RZ. 342.
[206]) Vgl. z. B. MK(ZPO)/*Heinze*, § 921 Rz. 10.

N. Umfang der rechtlichen Prüfung

Wie unter Rz. 20 schon erörtert, hat die offene Eilentscheidung in familienrechtlichen Angelegenheiten sich nicht durchgesetzt, ergehen Eilentscheidungen regelmäßig als materiell-akzessorische Entscheidungen. Grundsätzlich ist die materielle Rechtslage also eingehend zu prüfen - selbst wenn schwierige Rechtsfragen anstehen oder ausländisches Recht heranzuziehen ist. Diese Frage wird in der Literatur häufig im Rahmen der Glaubhaftmachung erörtert[207]. Das ist durchaus konsequent, wenn mit Leipold auch rechtliche Voraussetzungen glaubhaft zu machen sind. Sind jedoch, wie hier mit der ganz herrschenden Meinung vertreten (Rz. 72), nur Tatsachen glaubhaft zu machen, ist die **Frage**, ob der **Umfang rechtlicher Prüfung** im summarischen Verfahren eingeschränkt ist, eigenständig und nicht bei Würdigung der Glaubhaftmachung zu erörtern[208]. Aber auch wenn man Glaubhaftmachung nur auf Tatsachen bezieht, will die Frage nach dem Ausmaß der rechtlichen Überprüfung beantwortet sein - ganz gleich wie sie dogmatisch einzuordnen ist.

88

Nach Leipold wird im summarischen Verfahren selbst die **Schlüssigkeit nur eingeschränkt geprüft.** Allerdings wird eine Schlüssigkeitsprüfung von Leipold nicht für schlicht entbehrlich angesehen[209]. Vielmehr ist ihm zufolge die materielle Rechtslage stets "anzuprüfen" und bei einem klaren Ergebnis entsprechend der materiellen Rechtslage - also materiell-akzessorisch - zu entscheiden[210]. Ist die Rechtslage hingegen zweifelhaft, ist es Leipold zufolge nicht Aufgabe des Eilverfahrens, die Rechtslage vorweg zu klären. Diese Klärung ist dann dem Hauptverfahren vorzubehalten.

89

Die entgegengesetzte Position hat neuerdings **Walker** vertreten und begründet[211]. Wie er ausführt, sind die Sicherheitsrisiken des Eilverfahrens abschließend geregelt. Folglich kann eine Eilentscheidung

---

[207] *Leipold*, Grundlagen. S. auch *Zöller/Vollkommer*, § 922 Rz. 6.
[208] So konsequenter Weise *Walker*, Rz. 303 ff.
[209] Für diese Auffassung wird er allerdings nicht selten in Anspruch genommen, s. *Walker*, Rz. 306 m. w. N.
[210] *Leipold*, Grundlagen, S. 93 ff.
[211] *Walker*, Rz. 309 ff. S. auch *Schilken*, S. 119, *Wenzel*, MDR 1967, 889 sowie MK(ZPO)/*Heinze*, § 920 Rz. 10 u. § 935 Rz. 15 f.

Walker zufolge nicht dahin ausgedehnt werden, daß die beantragte Anordnung sogar dann ergehen kann, wenn nicht einmal feststeht, daß der Antragsteller nach seinem eigenen Vortrag einen Anspruch darauf hat.

Wieder andere Autoren vertreten einen **vermittelnden Standpunkt**. Grunsky[212]) und auch andere Autoren verlangen bei der Befriedigungsverfügung stets eine am materiellen Recht orientierte Schlüssigkeitsprüfung, halten im übrigen jedoch eine summarische Schlüssigkeitsprüfung für möglich.

90 Auch hier wird ein vermittelnder Standpunkt vertreten[213]). Grundsätzlich ist die materielle Rechtslage, insbesondere die Schlüssigkeit im Vortrag des Antragstellers, sehr wohl und auch eingehend zu prüfen. Dies gebietet die verfassungsrechtlich gebotene sorgfältige Ausbalancierung beider Positionen (Rz. 6 ff.). Sie gebietet aber nicht, die Rechtslage - auch wenn noch so viel Zeit hierdurch verloren geht - bis zum letzten I-Punkt aufzuklären. Das ist mit dem das gesamte Eilverfahren beherrschenden, verfassungsrechtlich verankerten Beschleunigungsgrundsatz nicht zu vereinbaren[214]). Eine abschließende Klärung der Rechtslage korreliert auch nicht mit der eingeschränkten Würdigung glaubhaft gemachter Tatsachen. Entgegen Walker enthält das Gesetz schließlich auch keine abschließende Regelung der Sicherheitsrisiken, die eine verkürzte rechtliche Klärung verbieten würde. Auch aus §§ 916 ff. ZPO, auf die allein Walker seine Ansicht stützt, ist dies nicht herauszulesen. Die Regelungen über e. und v. Anordnungen lassen eine abschließende Regelung der Sicherheitsrisiken ohnehin nicht erkennen. Schließlich führt die Auffassung von Walker im Einzelfall zu Ergebnissen, die praktisch nicht hinnehmbar sind. Bei gerade im Familienrecht hochdringlichen Regelungen, z. B. bei Herausgabe oder Entführung eines Kindes, kann eine Entscheidung nicht für längere Zeit in dann oft irreparabler Weise hinausgeschoben werden, weil die Klärung der Rechtslage verlangt, bei auswärtigen Bibliotheken weitere Literatur und Rechtsprechung heranzuziehen. Auch wird damit der Versuchung Tür und Tor geöffnet, Eilentscheidungen bei Hinweis auf die schwierige Prüfung der Rechtslage hinauszuzögern. In dringenden Fällen muß es daher

---

[212]) *Stein/Jonas/Grunsky*, vor § 935 Rz. 36 u. § 916 Rz. 4.
[213]) Ebenso *Gießler*, Rz. 85.
[214]) Im Ergebnis so auch *Gießler*, Rz. 87.

genügen, wenn der Richter die Rechtslage mit den Entscheidungshilfen klärt, die ihm zur Verfügung stehen[215]).

Schwierige rechtliche Fragen ergeben sich insbesondere bei Fällen mit **Auslandsberührung**. Auch hier gilt: Grundsätzlich muß der Richter prüfen, ob und ggfs. wie ausländisches Recht anzuwenden ist. Gerade hier reicht die dem Familienrichter des Amtsgerichts zur Verfügung stehende Literatur oft nicht aus, die Rechtslage zuverlässig zu klären. Gerade hier muß eine kursorische Prüfung der Rechtslage daher reichen[216]). Notfalls ist auf das inländische Recht als Ersatzrecht zurückzugreifen[217]).

91

O. Der Vergleich im summarischen Verfahren

1) Wie schon erwähnt (s. Rz. 1, 57), werden im summarischen Verfahren häufig die Weichen für die Hauptsache gestellt. Dies wiederum geschieht oft nicht durch richterliche Entscheidung, sondern durch einen Vergleich, der eine vorläufige Regelung trifft - sog. Interimsvergleich. Hierzu sind die Parteien jedoch nur befugt, wenn sie über den Verfahrensgegenstand disponieren können[218]) - wozu sie vor allem dann nicht in der Lage sind, wenn die elterliche Sorge, der Umgang oder die Herausgabe eines Kindes zu regeln ist.

92

2) Hier seien zunächst die **Vergleiche** erörtert, **in denen die Parteien über den Gegenstand disponieren können** und die folglich eine richterliche Entscheidung voll ersetzen können. Dies sind außer Streitigkeiten mit zivilprozessualem Gehalt Verfahren der freiwilligen Gerichtsbarkeit, welche die Ehewohnung, den Hausrat und Güter-

93

---

[215]) So ausdrücklich *Gießler*, Rz. 85/87.
[216]) *Gießler*, Rz. 86; *Baumbach/Lauterbach/Hartmann*, § 293 Rz. 10 zu Arrest u. e. V.; MK(ZPO)/*Heinze*, § 920 Rz. 18; *Musielak/Huber*, § 293 Rz. 12; *Stein/Jonas/Grunsky*, § 920 Rz. 8; *Zöller/Geimer*, § 293 Rz. 19.
[217]) BGH, NJW 1978, 496 = BGHZ 69, 387; *Sommerlad/Schrey*, NJW 1991, 1378 u. NJW 1982, 1215; *Gießler*, Rz. 86; MK(ZPO)/*Prütting*, § 293 Rz. 57 ff.; *Musielak/Huber*, § 293, Rz. 13; *Zimmermann*, § 620 a Rz. 11; *Zöller/Geimer*, § 293 Rz. 27.
[218]) BGH, FamRZ 1988, 277; *Gießler*, Rz. 135 f.; *Baumbach/Lauterbach/Albers*, § 620 a Rz. 10; *Johannsen/Sedemund-Treiber*, § 620 a Rz. 14; *Zöller/Philippi*, § 621 a Rz. 6.

Allgemeiner Teil

rechtsangelegenheiten betreffen[219]). Im summarischen Verfahren **können** die Parteien durch Vergleich aber **auch die Hauptsache selbst abschließend regeln.** Die Parteien können also einen Interimsvergleich wie einen Vergleich zur Hauptsache schließen. Daher ist der *Hinweis* geboten:

> Wird in einem summarischen Verfahren ein Vergleich geschlossen, so ist darin stets und eindeutig klarzustellen, ob der Vergleich ein Interimsvergleich oder ein Vergleich zur Hauptsache ist.

94 Unterbleibt diese Klarstellung und kommt es zu Streitigkeiten über die Abänderung[220]), die Wirksamkeit[221]) oder das Außerkrafttreten[222]) des Vergleichs, muß im Wege der Auslegung ermittelt werden, welcher Art der geschlossene Vergleich ist. Diese Auslegung kann mühsam sein.

Zunächst ist nach Anhaltspunkten für die eine oder andere Auslegung zu suchen. Wird beispielsweise ein Unterhaltsanspruch zeitlich begrenzt oder wird er in sonstiger Weise nur teilweise geregelt, liegt es nahe, daß nur das summarische Verfahren geregelt werden sollte. Ist außer dem summarischen Verfahren auch ein Hauptverfahren anhängig und nimmt der im summarischen Verfahren geschlossene Vergleich nicht auf dieses Hauptverfahren Bezug, so betrifft der Vergleich regelmäßig nur das summarische Verfahren[223]). Fehlen konkrete Anhaltspunkte für eine Interimsregelung und ist auch kein Hauptverfahren anhängig, so ist nach zutreffender, jedoch sehr um-

---

[219]) S. Fn. 218.

[220]) Ist die Hauptsache verglichen worden, ist der Vergleich wie ein abgeschlossenes Hauptsacheverfahren abänderbar, gilt u. a. § 323 ZPO. Ist nur ein Interimsvergleich geschlossen worden, ist der Vergleich wie eine summarische Entscheidung abänderbar, die er ersetzt, gilt z. B. § 620 b ZPO.

[221]) Wird um die Wirksamkeit einer e. A. gestritten, ist der Streit zunächst im e. A.-Verfahren auszutragen - d. h. solange die Ehesache noch rechtshängig ist. S. z. B. *Gießler*, Rz. 135.

[222]) Ersetzt der Vergleich eine e. A., gilt § 620 f ZPO.

[223]) Verfasser in *Göppinger-Wax*, Rz. 2243.

strittener Meinung im Zweifel die Hauptsache als solche geregelt worden[224]).

Vergleiche im summarischen Verfahren können aber auch teils eine Interimsregelung, teils eine endgültige Regelung enthalten[225]). So wird bei Vergleichen zum Hausrat auf diese Weise häufig ein Schritt zur Befriedigung der Parteien erzielt: Sie treffen im e. A.-Verfahren hinsichtlich der meisten Gegenstände eine abschließende Regelung; nur hinsichtlich einiger heiß umstrittener Hausratsgegenstände bleibt die Regelung der Hausratsaufteilung dem Scheidungsurteil vorbehalten.

95

3) **Können die Parteien** über den Verfahrensgegenstand, z. B. die elterliche Sorge, **nicht frei disponieren** (s. Rz. 92), können sie das summarische Verfahren auch nicht durch einen Vergleich abschließend beenden. Vielmehr muß das Gericht, geht es z. B. um Entscheidungen zum Kindeswohl, prüfen und entscheiden, ob die Einigung der Parteien dem Wohl des Kindes entspricht.

96

Billigt das Gericht die Einigung der Eltern zur elterlichen Sorge, wird **erst durch die Bestätigung des Gerichts das summarische Verfahren abgeschlossen.** Das Gericht bestätigt die Einigung noch nicht, indem es sie protokolliert[226]). Ob eine nach Protokollierung der Einigung ausgesprochene und protokollierte Zwangsgeldandrohung eine Billigung enthält, ist zumindest zweifelhaft und in der Rechtsprechung umstritten[227]).

Ist die Einigung der Parteien vor allem im Hinblick auf eine evtl. Vollziehung nicht konkret genug, muß das Gericht in seinem bestätigenden Beschluß diese fehlende Konkretisierung ergänzend nachholen.

Billigt das Gericht die Einigung der Eltern ganz oder teilweise nicht, muß es eine von der Einigung der Eltern ganz oder teilweise abweichende Regelung treffen[228]).

---

[224]) OLG Köln, FamRZ 1983, 1122; *Göppinger-Wax/van Els*, Rz. 2243 m. w. N. in Fn. 15. A. A. BGH, FamRZ 1983, 892; OLG Düsseldorf, FamRZ 1985, 86; *Zöller/Philippi*, § 620 f Rz. 10.

[225]) *Gießler*, Rz. 135.

[226]) OLG Koblenz, FamRZ 1996, 560; *Johannsen/Jaeger*, § 1684 BGB Rz. 11 m. w. N. S. jedoch *Zöller/Philippi*, § 621 Rz. 23 bei Hinweis auf § 52 a IV S. 3 FGG.

[227]) *Johannsen/Jaeger*, § 1684 BGB Rz. 11.

[228]) OLG Düsseldorf, FamRZ 1979, 843; *Gießler*, Rz. 136; *Zöller/Philippi*, § 621 a Rz. 6.

P. Die Schutzschrift im Verfahren vor dem Familiengericht

97 Die Schutzschrift spielt seit langem[229]) im Wettbewerbsrecht eine große Rolle. Hier wurde sie "entdeckt"[230]); hier wird sie in Kommentaren und Lehrbüchern eingehend erörtert[231]). Aber auch auf zahlreichen anderen Gebieten, dem gesamten gewerblichen Rechtsschutz, dem Presserecht, dem Arbeitsrecht und dem Baurecht, hat sie zunehmende Bedeutung erlangt[232]). Schon die weite und zunehmende Verbreitung der Schutzschrift ist ein erstes Argument dafür, daß die Schutzschrift in allen Rechtsgebieten zulässig ist und bedeutsam werden kann.

Schutzschriften werden in den Bereichen, wo sie schon heute eine große Rolle spielen, vor allem dann sinnvoll, wenn Anträge auf vorläufigen Rechtsschutz befürchtet werden, die ohne mündliche Verhandlung erlassen werden sollen und deren Vollziehung - wegen zumindest teilweise befriedigender Wirkung - ganz oder teilweise nicht mehr rückgängig zu machen ist. Solche Auswirkungen drohen insbesondere, wenn im Wege vorläufigen Rechtsschutzes eine Unterlassung begehrt wird. Um solche Sachverhalte geht es aber auch im Familienrecht, wenngleich Unterlassungen hier nur relativ selten begehrt werden. Folglich müssen Schutzschriften auch auf diesem Gebiet sinnvoll sein.

Wie im Anschluß an Walker schon ausgeführt wurde (vgl. Rz. 8, 13), ist die Schutzschrift generell geeignet, im vorläufigen Rechtsschutz die Folgen einer Fehlentscheidung zu verhindern und hierdurch die Ausgewogenheit des Rechtsschutzes im summarischen Verfahren zu gewährleisten. Bei dieser allgemeinen Bedeutung des Instituts ist es zwingend geboten, ihm auch im Familienrecht einen Platz einzuräumen, wann immer es sinnvoll wird.

---

[229]) Einzelheiten und w. N. *van Els*, FamRZ 1996, 651.
[230]) Eine "Erfindung der Praxis" - so *Pastor*, WRP 1972, 229 ff.
[231]) Nähere Einzelheiten *van Els*, FamRZ 1996, 651.
[232]) Nachweis bei *van Els*, FamRZ 1996, 651.

Die familienrechtliche Schutzschrift kann vor allem in folgenden Bereichen sinnvoll werden[233]

- Gefährdung des Kindes nach § 1666 BGB
- Regelung der elterlichen Sorge
- Regelung des Umgangs mit dem Kind
- Herausgabe des Kindes
- Benutzung von Ehewohnung und Hausrat
- Herausgabe und Benutzung zum persönlichen Gebrauch bestimmter Sachen
- Arrestverfahren.

Bei Praktizierung des Instituts "Schutzschrift" hat sich im Wettbewerbsrecht eine Fülle von praktischen Fragen ergeben, die - wenn auch teils strittig - dort eingehend erörtert werden, so daß der Familienrechtler auf die dortige Rechtsprechung und Literatur zurückgreifen kann[234]. Nur einige, besonders wichtige Fragen der täglichen Praxis seien kurz herausgestellt[235].

a) Die Schutzschrift soll als solche überschrieben und bezeichnet werden. Die potentiellen Parteien sind aufzuführen.

b) Hauptantrag sollte sein, das erwartete Eilgesuch abzuweisen. Hilfsweise sollte beantragt werden, nicht ohne mündliche Verhandlung zu entscheiden.

c) Ist bei Eingang der Schutzschrift noch kein Eilverfahren anhängig, ist sie nach § 13 a AktO im FH-Register einzutragen, wobei die Beteiligten und ein Stichwort zu vermerken sind.

d) Wird später ein Eilverfahren anhängig, ist die Schutzschrift nach § 3 I AktO in die Eilakte einzuverleiben.

---

[233] *van Els*, FamRZ 1996, 651 (652 f.).
[234] Allerdings geht es dort fast nur um einstweilige Verfügungen, also nicht um einstweilige und vorläufige Anordnungen.
[235] Eingehende auf das Familienrecht zugeschnittene Darstellung bei *van Els*, FamRZ 1996, 651.

Zugleich ist die Schutzschrift nunmehr der Gegenseite zuzuleiten - wenn sie, wie regelmäßig, einen Antrag enthält, zuzustellen.

e) Geht nach Eingang der Schutzschrift der befürchtete Eilantrag bei Gericht ein, ist dieser Antrag der Gegenseite zuzustellen, die die Schutzschrift verfaßt hat. Die Gegenseite ist bei einer mündlichen Verhandlung in der Eilsache auch zu laden.

f) Im Wettbewerbsrecht mit seinen hohen Streitwerten werden vor allem Kostenfragen eingehend erörtert[236]). Dabei geht es vorwiegend um das Honorar des Anwalts, der die Schutzschrift erstellt hat. Probleme ergeben sich insbesondere, wenn der Antrag zum summarischen Rechtsschutz ohne mündliche Verhandlung durch Beschluß zurückgewiesen wird. Herrschend bejahen Rechtsprechung und Literatur[237]) bei dieser Gestaltung einen Kostenerstattungsanspruch nach § 91 ZPO. Wird der Eilantrag ohne mündliche Verhandlung zurückgenommen, wird eine Kostenerstattungspflicht nach § 269 III S. 2 ZPO bejaht[238]).

---

[236]) Einzelheiten auch insoweit bei *van Els*, FamRZ 1996, 651 (655) m. w. N.
[237]) S. Fn. 236.
[238]) S. Fn. 236.

III. Teil - Besonderer Teil

A. Einleitung

1. Kindliches Zeitempfinden im vorläufigen Rechtsschutz

Erwachsene orientieren ihr Verhalten grundsätzlich nach Uhr und Kalender, also an objektiven Maßstäben. Kinder hingegen sind hierzu noch nicht in der Lage; sie erfassen Zeiträume aufgrund von Versagungs- und Ungeduldsgefühlen lediglich subjektiv[1]). Das gilt umso mehr, je kleiner das Kind ist, je geringer sein Zeitgefühl entwickelt ist[2]), je stärker es eine unmittelbare Befriedigung seiner Triebwünsche begehrt, um so mehr jeder Aufschub dem Kind endlos erscheint.

100

Diesen **Besonderheiten des kindlichen Zeitempfindens** muß das **Verfahrensrecht Rechnung tragen** - insbesondere und gerade bei Ausgestaltung des vorläufigen Rechtsschutzes.

Der **kindliche Zeitbegriff** ist **Dreh- und Angelpunkt vieler Streitfragen** beim vorläufigen Rechtsschutz und zum Kindeswohl. Daher ist er oft zu beachten, um in Schriftsätzen und Entscheidungen in die Problematik substantiiert - und nicht nur - wie häufig - floskelhaft einzusteigen.

101

Das kindliche Zeitgefühl gebietet zunächst: Bei Verfahren zum Kindeswohl **muß der Richter sehr zügig tätig werden** und - wenn nötig - vorweg zumindest umgehend eine vorläufige Entscheidung treffen. Daher müssen Verfahren zum Kindeswohl bei der **richterlichen Terminierung** vorzugsweise berücksichtigt werden. Um dies zu ermöglichen, muß der Familienrichter in seinem Terminkalender für solche eiligen Verfahren **stets Terminzeit freihalten** oder außer-

---

[1]) Zusammenfassend *Heilmann*, S. 18 ff. m. w. N. zur außerjuristischen Literatur.
[2]) Nach h. M. ist es kaum entwickelt bis zum 6./7. Lebensjahr.

60 Besonderer Teil

halb der üblichen Terminzeit, notfalls in seinem Dienstzimmer, terminieren[3]).

102 Andererseits besteht die große **Gefahr:** Das gesamte Verfahren wird durch umgehende vorläufige Entscheidungen zum Kindeswohl - gerade wegen des kindlichen Zeitempfindens allein durch den Zeitablauf - im Sinne der vorläufig getroffenen Entscheidungen **faktisch präjudiziert**[4]). Diese Gefahr ist besonders groß, wenn Kinder aus ihrer Ursprungsfamilie herausgerissen werden, in eine Pflegefamilie kommen und dort "Wurzeln schlagen". Aber auch wenn bei Trennung der Eltern vorläufig ein Elternteil das Aufenthaltsbestimmungsrecht erhält, kann diese Gefahr bestehen.

Wie kann diese Gefahr in Grenzen gehalten werden? Das kann einmal geschehen, indem dem **Grundsatz des geringstmöglichen Eingriffs** entsprochen wird und zur Wahrung des Kindeswohls nur die unbedingt erforderliche Maßnahme getroffen wird[5]). Z. B. ist es in den meisten Fällen angebracht, vorläufig nur das Aufenthaltsbestimmungsrecht und nicht gleich das gesamte Sorgerecht vorläufig zu übertragen. Z. B. kann dem Elternteil, der nicht das Aufenthaltsbestimmungsrecht erhält, ein möglichst großzügiges Umgangsrecht eingeräumt werden. Ebenso kann beiden Eltern ein Umgang gewährt werden, wenn das Kind nach § 1666 BGB beiden weggenommen wird. Allerdings ist ein solcher, insbesondere häufigerer Umgang für Kinder wie Eltern nicht selten problematisch und manchmal nicht zu verantworten.

103 Die wirklich greifende Lösung ist allein: Das Hauptverfahren wird zügig abgewickelt, so daß die vorläufige Entscheidung wirklich nur eine überschaubare Überbrückungsmaßnahme ist. Diese Lösung ist aber oft nur schwer durchzusetzen - je nachdem welche Anträge gestellt werden, wie oft die Situation sich ändert, wie lange ein eingeschalteter Sachverständiger für sein Gutachten benötigt, wie lange das Jugendamt für seinen Bericht braucht und wie entscheidungs-

---

[3]) Zur Frage der Befangenheit bei zu später Terminierung OLG Hamm, FamRZ 1999, 936 u. OLG Bamberg, FamRZ 1998, 1443 m. Anm. *Heilmann*, FamRZ 1999, 445 und Anm. *van Els*, FamRZ 2000, 295.
[4]) *Heilmann*, S. 24 ff. u. 252 ff.
[5]) Vgl. OLG München, FamRZ 1999, 111; OLG Hamm, FamRZ 1999, 393; *Gießler*, Rz. 993; *Walker*, Rz. 66 ff.; *Motzer*, FamRZ 1999, 1101, der auf den Wortlaut des § 1671 II BGB verweist, nämlich das dort verwandte Wort "soweit".

Elterliche Sorge (Inhalt v. Entscheidungen) 61

freudig der Richter ist. Um solche endlosen und angesichts des kindlichen Zeitempfindens mit dem Kindeswohl nicht zu vereinbarende Verfahren zu vermeiden, hilft letztlich nur **eine Befristung der vorläufigen Entscheidung** sowie ein Entscheidungszwang in der Hauptsache nach Ablauf dieser Frist[6]. §§ 70 h II S. 1 und 69 f II FGG wie § 11 I S. 3 FEVG können Vorbild für eine entsprechende gesetzliche Regelung sein[7]. Aber auch ohne gesetzliche Regelung erscheint eine solche Befristung zur Verhinderung "endloser Geschichten" zum Schaden des Kindes möglich[8]. Die Gerichtspraxis hat diesen Weg bishin allerdings kaum beschritten[9].

2. Bedeutung vorläufiger Entscheidungen in Verfahren zum Kindeswohl

Selbst wenn vorläufige Entscheidungen zum Kindeswohl befristet werden und an den Regelungsbedarf einer vorläufigen richterlichen Regelung hohe Anforderungen gestellt werden, kann auf vorläufige bzw. einstweilige Anordnungen zum Kindeswohl in vielen, vor allem problematisch gelagerten Fällen, nicht verzichtet werden. Tatsächlich werden in vielen Verfahren zum Sorgerecht, zum Umgangsrecht und nach § 1666 BGB wie § 1632 IV BGB vorläufige Entscheidungen denn auch erlassen. Vorläufige Entscheidungen haben somit gerade in den Verfahren zum Kindeswohl **"enorme praktische Relevanz"**[10].

104

---

[6] *Heilmann*, S. 257; *Müller*, JR 1954, 54; *Gießler*, Rz. 327.
[7] S. Fn. 6.
[8] *Heilmann*, S. 257 u. 300 - 302 verweist auf das englische Recht und den dort vorgeschriebenen Zeitplan des Gerichts.
[9] Zur tatsächlichen Verfahrensdauer s. *Heilmann*, S. 181 ff.
[10] *Heilmann*, S. 254.

B. Elterliche Sorge

1. Einstweilige und vorläufige Anordnung

105 Ist zwischen den verheirateten Eltern ein Scheidungsverfahren anhängig, kann nach § 620 Nr. 1 ZPO eine **einstweilige Anordnung** zur elterlichen Sorge beantragt werden. Dies gilt selbst dann, wenn die Regelung der elterlichen Sorge nicht als Antragsfolgesache anhängig ist und eine Amtsfolgesache wegen Gefährdung des Kindes nicht in Betracht kommt.

106 Eine **vorläufige Anordnung** in einem selbständigen FGG-Verfahren kann beantragt werden, wenn zwischen verheirateten, getrennt lebenden Eltern kein Scheidungsverfahren anhängig ist oder trotz Scheidungsverfahrens nur in einem isolierten FGG-Verfahren um die elterliche Sorge gestritten wird oder im Scheidungsverfahren ein Antrag zur elterlichen Sorge zuvor gestellt, aber nach § 623 II S. 2 ZPO abgetrennt worden ist und es hierdurch zu einem selbständigen Sorgerechtsverfahren kommt. Eine vorläufige Anordnung kann weiterhin beantragt werden, wenn bei nicht verheirateten, getrennt lebenden Eltern ein Elternteil statt bisher gemeinsamer Sorge das alleinige Sorgerecht begehrt.

2. Inhalt und Umfang vorläufiger Entscheidungen zur elterlichen Sorge

107 Wie unter Rz. 102 schon ausgeführt, ist wegen der Vorläufigkeit der Entscheidung die Regelung zu treffen, die den hierdurch betroffenen Elternteil nur benachteiligt, soweit es zum Wohl des Kindes unbedingt geboten ist.

108 Der schon vor dem KindRG mehr durchbrochene, denn eingehaltene **Grundsatz der Unteilbarkeit** der elterlichen Sorge ist im Bereich des vorläufigen Rechtsschutzes kaum bedeutsam gewesen . Das KindRG hat in § 1671 BGB diesen Grundsatz nunmehr **aus-**

Elterliche Sorge (Inhalt v. Entscheidungen) 63

drücklich aufgegeben[11]). Folglich ist die Flexibilität für eine Aufteilung der elterlichen Sorge im Rahmen vorläufigen Rechtsschutzes noch größer geworden und nur noch durch Gesichtspunkte zum Wohl des Kindes zu begrenzen. So kann eine zu komplizierte Aufsplitterung der elterlichen Sorge zumindest bei dem Kind zu Verwirrungen führen und allein deshalb nicht sinnvoll und kindgerecht sein.

Regelungsfreiheit und Flexibilität erscheinen umso sinnvoller, nachdem das KindRG die Kompetenz für fast alle Sorgerechtsverfahren dem Familiengericht übertragen hat. Grenzen ergeben sich jedoch aus der Herausstellung der verschiedenen Verfahrensgegenstände in § 620 Nr. 1 - 3 ZPO und dem hieraus abzuleitenden Grundsatz: **Elterliche Sorge, Umgang und Kindesherausgabe sind verschiedene Verfahrensgegenstände;** folglich können in Verfahren zur elterlichen Sorge Umgang und Herausgabe des Kindes grundsätzlich nicht mit geregelt werden[12]). Dieser Grundsatz wird jedoch in der Praxis, teils auch in der veröffentlichten Rechtsprechung und Literatur aufgelockert durch das Institut der **dienenden Anordnung**[13]). Hiernach dürfen Regelungen zur elterlichen Sorge den Umgang und die Kindesherausgabe ergänzend mitregeln, soweit dies für die vorläufige Gestaltung der elterlichen Sorge dienlich, ja erforderlich ist, insbesondere die **Gefahr faktischer Präjudizierung** allein **durch Zeitablauf** hierdurch deutlich verringert wird. Da die elterliche Sorge - materiell-rechtlich gesehen - die Bestimmung des Umgangs und die Herausgabe des Kindes miterfaßt, ist eine solche dienende Anordnung sinnvoll. Sie erspart den Parteien, zusätzlich zu einer einstweiligen Anordnung nach § 620 Nr. 1 ZPO, regelmäßig auch einen Antrag nach Nr. 2 und 3 dieser Vorschrift zu stellen. Folglich darf der Richter dem Elternteil, der nicht einstweilig die elterliche Sorge erhält, das "Trostpflaster" mehr oder minder großzügigen Umgangs erteilen - wie dies in der Praxis auch häufig so gehandhabt und von den Sachverständigen gerne empfohlen wird. Ebenso darf der Rich-

109

---

[11]) *Gießler*, Rz. 998.
[12]) OLG Karlsruhe, FamRZ 1988, 1186; OLG Hamburg, FamRZ 1986, 181; *Gerhardt/Oelkers*, 4. Kap. Rz. 275 f.
[13]) OLG Karlsruhe, FamRZ 1992, 978; OLG Frankfurt, FamRZ 1992, 579; OLG Zweibrücken, FamRZ 1989, 1108; *Gießler*, Rz. 1010; *Johannsen/Sedemund-Treiber*, § 620 Rz. 8.

ter für den Elternteil, der die elterliche Sorge erhält, die Herausgabe des Kindes anordnen, wenn der andere Elternteil das Kind nicht herausgeben will.

110   Neben dem für jede Klage, aber auch für jeden Antrag auf vorläufigen Rechtsschutz geforderten **Rechtsschutzinteresse** muß nach nahezu allgemeiner Meinung ein **Regelungsbedürfnis** bestehen. Darunter versteht man "das Bedürfnis nach einer Entscheidung im (summarischen) Eilverfahren oder - kürzer ausgedrückt - die Eilbedürftigkeit der Angelegenheit"[14]).

Wie dieses Regelungsbedürfnis dogmatisch einzuordnen ist, wird wenig erörtert[15]) - ebenso wenig wie die gleichliegende Frage, wie Arrest- und Verfügungsgrund einzuordnen sind[16]). Ist der Regelungsbedarf ein Element der Zulässigkeit oder der materiellen Begründetheit? Wird der Regelungsbedarf als Zulässigkeitsvoraussetzung gewertet, stellt sich die weitere Frage: Ist er ein vom Rechtsschutzbedürfnis verschiedenes zusätzliches Zulässigkeitselement oder sind Rechtsschutzinteresse und Regelungsbedürfnis einheitlich als besonders ausgeprägtes Rechtsschutzinteresse für eine Entscheidung im summarischen Eilverfahren zu erfassen? All diese Fragen sind im Ergebnis jedoch ohne Bedeutung[17]), weil nach allgemeiner Meinung im summarischen Verfahren die Zulässigkeitsvoraussetzungen keinen Vorrang vor der Begründetheit haben[18]). In den kommenden Ausführungen wird das Regelungsbedürfnis indes als zusätzliches prozessuales Element für eine summarische Entscheidung behandelt.

111   Das **Regelungsbedürfnis** für die zahlreichen einstweiligen wie vorläufigen Anordnungen ist jedoch **unterschiedlich, je nachdem, welche Entscheidung ansteht.** So ist Regelungsbedürfnis bei Herausnahme eines Kindes aus der elterlichen Familie nach § 1666 BGB sicher höherschwellig als der Regelungsbedarf bei Regelung eines im Grundsatz nicht umstrittenen Umgangs. Bei einer vorläufigen Anordnung nach § 1666 BGB mag die oft verwandte Formel gelten, es be-

---

[14]) *Gießler*, Rz. 25.
[15]) Siehe jedoch *Gießler*, Rz. 25 u. *Minnerop*, Materielles Recht und einstweiliger Rechtsschutz, Prozeßrechtl. Abhandlungen, Heft 35 (1973), S. 36.
[16]) *Walker*, Rz. 209 ff.
[17]) *Gießler*, Rz. 25; *Walker*, Rz. 211.
[18]) S. Fn. 17.

Elterliche Sorge (Inhalt v. Entscheidungen) 65

stehe ein dringendes Bedürfnis und weiteres Zuwarten sei nicht gestattet[19]. Bei einer Entscheidung zur elterlichen Sorge gem. § 1671 BGB, bei der Kindesgefährdung nicht in Rede steht, reicht es m. E. aus, wenn man lediglich verlangt: Eine Eilentscheidung muß zum Wohle des Kindes notwendig sein[20]. Für ein so interpretiertes, auf das Kindeswohl abstellendes Regelungsbedürfnis spricht eine neuere Tendenz der Rechtsprechung, jedenfalls im Rahmen der v. A. auf das Kindeswohl abzustellen und von einer einstweiligen Regelung der elterlichen Sorge gänzlich abzusehen, wenn die Lage des Kindes hierdurch nicht gebessert oder sogar verschlechtert wird[21].

Hierzu **zwei Beispiele!**

Erstes Beispiel: Haben die Eltern nach Trennung die Fragen der elterlichen Sorge einvernehmlich geregelt und werden sie auch bei neu auftauchenden Fragen voraussichtlich eine Lösung finden, so ist eine einstweilige Regelung für Kind und Eltern unnötig und untunlich. Eine solche Regelung würde nur festhalten, was ohnehin geregelt ist, und allenfalls den Frieden gefährden, der derzeit nicht gefährdet scheint[22]. Hier ist von einer Regelung der elterlichen Sorge zum Wohl des Kindes gänzlich abzusehen. Es fehlt das Regelungsbedürfnis.

Zweites Beispiel: Haben die Eltern sich über den Aufenthalt des Kindes und zahlreiche andere Punkte geeinigt, gibt es, vor allem bei neu auftauchenden Fragen zur elterlichen Sorge, aber dennoch immer wieder auf das Kind ausstrahlende Auseinandersetzungen, dürfte eine klarstellende gerichtliche Regelung, im Zweifel Teilregelung, zwar keine Lösung sein, die fortan jeden Streit ausschaltet, aber

---

[19] Vgl. z. B. BayOLG, FamRZ 1999, 178 u. FamRZ 1995, 502. S. auch Rz. 238.
[20] So im Ergebnis auch MK(ZPO)/*Klauser*, § 620 Rz. 18.
[21] OLG Karlsruhe, FamRZ 1990, 304; OLG Saarbrücken, FamRZ 1989, 530; OLG Zweibrücken, FamRZ 1983, 1162.
Beachtlich in diesem Zusammenhang ist auch die Rspr., wonach in der Beschwerdeinstanz eine e. A. zur elterlichen Sorge zum Wohl des Kindes nur sehr zurückhaltend abzuändern ist, vgl. OLG Köln, FamRZ 1999, 181 u. OLG Brandenburg, FamRZ 1998, 1249 m. Anm. *Luthin*.
[22] S. Fn. 21.

doch eine Lösung, die das Streitpotential der Eltern entscheidend reduziert. Hier ist das Regelungsbedürfnis somit zu bejahen.

112 Leben die Eltern noch nicht getrennt und ist auch kein Scheidungsverfahren anhängig, so können sie zur Beilegung von Streitigkeiten über die elterliche Sorge vor dem Familiengericht nur ein **Verfahren zu § 1628 BGB** einleiten, vgl. Rz. 313 ff. Der Weg über § 1671 BGB ist ihnen mangels Trennung versperrt. Ist jedoch ein Scheidungsverfahren anhängig, so ist nicht einzusehen, warum die Parteien vor dem Familiengericht ein weiteres selbständiges Verfahren oder eine Antragsfolgesache zur elterlichen Sorge beantragen müssen. Das Familiengericht kann vielmehr im Wege einstweiliger Anordnung nach § 620 Nr. 1 ZPO auch Fragen zu § 1628 BGB entscheiden - auch wenn die Zuteilung der elterlichen Sorge kein Streitpunkt ist[23]).

3. Zuständigkeit und Verfahrensvoraussetzungen

113 Zuständigkeitsfragen sind in **§ 620 a ZPO,** der Verfahrensfragen bei Erlaß der e. A. regelt, im **vierten** und damit letzten **Absatz** geregelt. **Satz 1** enthält die Grundregel. Sie ist **am Verfahrensstand in der Ehesache ausgerichtet:**

- Zuständig ist in erster Linie das Gericht der Ehesache 1. Instanz, also das Familiengericht beim AG.

- Ist die Ehesache im Berufungsverfahren anhängig, ist das Berufungsgericht, also das OLG zuständig.

- Wird in der Ehesache Revision eingelegt, ist wieder das Gericht 1. Instanz zuständig, also das AG.

§ 620 a IV S. 2 ZPO durchbricht diese Grundregel und richtet sich nach dem **Verfahrensstand der Folgesache** aus. Dabei setzt die Vorschrift voraus:

---

[23]) *Musielak/Borth*, § 620 Rz. 42; *Zöller/Philippi*, § 620, Rz. 41.
Grundsätzlich zum Verhältnis von § 1671 u. § 1628 BGB *Schwab*, FamRZ 1998, 457 (467 f.).
Die Frage war anders zu beantworten, als für die Entscheidung nach § 1628 BGB das Vormundschaftsgericht zuständig war.

- Im 2. oder 3. Rechtszug ist eine Folgesache anhängig.
- Der Gegenstand der Folgesache muß dem des Anordnungsverfahrens "entsprechen".

Zur erneuten Durchbrechung der Grundregel in § 620 a IV S. 3 ZPO bei Gewährung eines Prozeßkostenvorschusses s. Rz. 430.

Ist das Anordnungsverfahren noch nicht beendet, bevor Berufung oder Beschwerde eingelegt ist, bleibt das Gericht 1. Instanz weiter zuständig, wenn später Berufung oder Beschwerde eingelegt wird. Das folgt aus dem in § 261 III Nr. 2 ZPO verankerten allgemeinen Grundsatz der **perpetuatio fori**[24]). - Die Zuständigkeit des Berufungsgerichts nach der 2. Variante der Grundregel in Satz 1 beginnt erst, wenn die Berufungsanträge präzisiert worden sind, also noch nicht, wenn Berufung nur dem Grunde nach eingelegt worden ist[25]). Auch ein allein gestellter PKH-Antrag für das Berufungsverfahren begründet die Zuständigkeit des Berufungsgerichts nicht[26]). Wer für die e. A. eine Entscheidung des OLG bevorzugt, kann jedoch seinen bisherigen Antrag zurücknehmen und einen neuen Antrag stellen[27]). - Nach h. M. "entspricht" im Sinne von § 620 a IV S. 2 ZPO eine Folgesache nach § 620 Nr. 1 ZPO nicht einer e. A. nach § 620 Nr. 2 u. 3 ZPO[28]). Wer in zweiter Instanz erneut um das ihm zugesprochene Sorgerecht streitet, muß demnach ein neues Verfahren vor dem AG einleiten, wenn er beispielsweise die Herausgabe des ihm nicht zurückgegebenen Kindes durchsetzen will. - Wird die Ehesache verwiesen, wandert auch die Zuständigkeit für ein bereits eingeleitetes Anordnungsverfahren[29]).

114

---

[24]) BGH, FamRZ 1980, 670 (671); *Diederichsen*, NJW 1986, 1462 (1465); *Gießler*, Rz. 111; *Göppinger-Wax/van Els*, Rz. 2250.

[25]) *Gießler*, Rz. 112; *Göppinger-Wax/van Els*, Rz. 2250 m. w. N.; *Johannsen/Sedemund-Treiber*, Rz. 5, MK(ZPO)/*Klauser*, Rz. 19, *Rolland/Roth*, Rz. 3, *Stein/Jonas/Schlosser*, Rz. 6, *Zöller/Philippi*, Rz. 11 - je zu § 620 a.

[26]) *Johannsen/Sedemund-Treiber*, Rz. 5 u. MK(ZPO)/*Klauser*, Rz. 19 - je zu § 620 a.

[27]) MK(ZPO)/*Klauser*, § 620 a Rz. 19.

[28]) OLG Frankfurt, FamRZ 1992, 579; *Gießler*, Rz. 115; *Gerhardt/Oelkers*, 4. Kap. Rz. 270 f.; *Johannsen/Sedemund-Treiber*, § 620 a Rz. 7.
A. A. MK(ZPO)/*Klauser*, § 620 a Rz. 18; *Diederichsen*, NJW 1986, 1462 (1465).

[29]) OLG Hamburg, FamRZ 1983, 612 (614) mit eingehender Begründung; *Johannsen/Sedemund-Treiber*, § 620 a Rz. 4.

115 Ist zwischen den Kindeseltern keine Ehesache anhängig und kommt nur eine **vorläufige Anordnung** in Betracht, ist nach § 621 II S. 2 ZPO i. V. mit §§ 43 I, 36, 64 I und III FGG das **Familiengericht am Wohnsitz oder Aufenthalt des Kindes** zuständig[30]).
Zur *internationalen Zuständigkeit* s. Henrich, FamRZ-Buch 10, Rz. 250 - 276. Ab 1.3.2001 greift Art. 12 der VO (EG) Nr. 1347/2000 des Rates v. 29.5.2000 (abgedr. FamRZ 2000, 1140 ff.).

116 **Verfahrensvoraussetzung** für eine e. A. wie eine v. A. ist ein **bereits eingeleitetes Hauptverfahren**, s. Rz. 22. Dabei genügt für die e. A., wenn für das Hauptverfahren PKH beantragt worden ist, § 620 a II S. 1 ZPO. Die analoge Anwendung dieser Vorschrift für den Erlaß einer v. A. ist strittig, s. Rz. 118. Zu weiteren Fragen, ob und bis wann ein Hauptverfahren anhängig ist, s. Rz. 121 ff.

Verfahrensvoraussetzung ist weiterhin, daß **kein Verfahrenshindernis besteht.**

4. Der Antrag

a) Ist ein Antrag erforderlich?

117 Die Übertragung der elterlichen Sorge war bei Scheidung der Eltern bis zum KindRG eine Amtsfolgesache. Seit dem 01.07.1998 sind Verfahren zur elterlichen Sorge Antragsfolgesachen - es sei denn, das Wohl der Kinder ist gefährdet (s. § 623 III S. 1 ZPO sowie §§ 1671 III, 1666 BGB). Konsequenter Weise können auch **einstweilige Anordnungen** zur Regelung der elterlichen Sorge **nur noch auf Antrag** erlassen werden. § 620 S. 2 ZPO a. F., wonach das Gericht eine e. A. auch von Amts wegen erlassen konnte, hat das KindRG aufgehoben. **Nur bei Gefährdung des Kindeswohls** ist - wie in der Hauptsache, in der insoweit ein Zwangsverbund besteht - eine e. A. weiterhin **von Amts wegen** zulässig[31]), s. auch Rz. 157.

118 **Zum Erlaß einer vorläufigen Anordnung** auf Regelung der elterlichen Sorge ist ein **Antrag nicht erforderlich.** Nach ganz h. M. setzt eine v. A. - als verfahrensunselbständiges Mittel - nur voraus: es ist ein **Hauptverfahren anhängig**[32]) - wobei auch ein Hauptverfah-

---
[30]) *Gießler,* Rz. 1007.
[31]) FamRefK/*Hoffmann,* § 620 Rz. 2 u. 10.
[32]) OLG Zweibrücken, FamRZ 1999, 107; *Gießler,* Rz. 300; *Dose,* Rz. 195 f.

ren in Betracht kommt, das von Amts wegen eingeleitet worden ist. - Grundsätzlich muß das Verfahren auf Erlaß einer v. A. mit der Hauptsache kongruent sein, s. auch Rz. 28. - Ein Verfahren zur Hauptsache ist bereits anhängig, wenn ein Antrag auf Einleitung des Verfahrens gestellt worden ist; der Antrag muß also noch nicht zugestellt worden sein[53]). - Umstritten ist, ob in analoger Anwendung von § 620 a I S. 2 ZPO es bereits ausreicht, wenn in der Hauptsache der PKH-Antrag vorliegt[54]). **Der Anwalt sollte daher, um sicher zu gehen, davon ausgehen, daß als Antrag zur Hauptsache ein bloßes PKH-Gesuch nicht ausreicht.** Der Richter, der § 620 a I S. 1 ZPO nicht analog anwenden will, sollte angesichts des Meinungsstreits zu dieser Frage und wegen der Eilbedürftigkeit der v. A. einen Hauptantrag umgehend - möglichst telefonisch - nachfordern. So kann das Gericht auch verfahren, wenn lediglich ein Antrag auf Erlaß einer v. A. eingereicht wird. Das wird nicht erforderlich, wenn das Gericht den Antrag auf Erlaß einer v. A. als Antrag auffaßt, der zugleich als Antrag auf Einleitung eines korrelierenden Hauptverfahrens aufgefaßt wird[55]). So wird in der Praxis vielfach verfahren; Gießler zufolge[56]) hat sich insoweit ein "Brauch entwickelt". Der Anwalt sollte sich auf einen solchen Brauch indessen nicht verlassen. Er sollte, **wenn noch kein Hauptverfahren anhängig ist, stets auch einen Antrag zur Hauptsache stellen.**

b) Wer ist antragsberechtigt?

Antragsberechtigt nach § 620 ZPO[57]) sind **ausschließlich** die gemeinsamen **sorgeberechtigten Ehegatten**, und zwar jeder von ihnen[58]). **Dritte,** auch das Jugendamt, sind nicht antragsberechtigt; sie können jedoch **anregen,** das Gericht möge **wegen Gefährdung des Kindeswohls** von Amts wegen eine e. A. erlassen, s. Rz. 117.

119

---

[53]) *Gießler,* Rz. 301; *Göppinger,* AcP 169, 520; *Keidel/Kahl,* § 19 Rz. 30; *Dose,* Rz. 195.
[54]) Für Analogie OLG Hamm, FamRZ 1992, 337.
Gegen Analogie *Gießler,* Rz. 302.
[55]) OLG Frankfurt, FamRZ 1994, 835.
[56]) *Gießler,* Rz. 303; *Dose,* Rz. 195.
[57]) Zur Antragsberechtigung bei Aufhebung der Ehe s. *FamRefK/Hoffmann,* § 620 Rz. 4.
[58]) FamRefK/*Hoffmann,* § 620 Rz. 3; *Gerhardt/Oelkers,* 4. Kap. Rz. 265.

120 In diesem Zusammenhang sei miterörtert, ob ein Antrag zum einstweiligen Rechtsschutz zur elterlichen Sorge unzulässig ist, **wenn der Scheidungsantrag offensichtlich unbegründet** ist - ohne hierbei zu vertiefen, ob es sich bei der Frage wirklich um eine solche der Antragsberechtigung handelt. Ein e. A.-Antrag ist jedenfalls zurückzuweisen, wenn ihm das Regelungsbedürfnis fehlt[39]).

121 Weiter sei erörtert, ob ein Antrag unzulässig ist, **wenn die Eltern noch nicht getrennt leben.** Diese Frage kann nicht rundum verneint werden. Soll die begehrte e. A. die Trennung vorbereiten oder ist die Trennung nur im Hinblick auf das Kindeswohl noch nicht vollzogen worden, kann die elterliche Sorge geregelt werden, obschon die Scheidung noch nicht begründet ist[40]). Dabei ist m. E. ein Rückgriff auf § 1671 BGB und nicht auf § 1666 BGB sinnvoll und geboten - schon weil eine Gefährdung im Sinne von § 1666 BGB in aller Regel in diesem Fall nicht gegeben ist[41]).

122 Der e. A.-Antrag wird auch **nicht unzulässig, wenn das Hauptverfahren ruht oder ausgesetzt wird**[42]). Das ergibt bereits § 249 II ZPO[43]), der Prozeßhandlungen "nur in Ansehung der Hauptsache" für wirkungslos erklärt. Aber auch das Kindeswohl gebietet, so zu verfahren. **Unzulässig, weil mißbräuchlich** ist ein Antrag auf Erlaß einer e. A. nur, wenn das Hauptverfahren beispielsweise nicht weiter betrieben werden soll[44]).

123 Ein e. A.-Antrag ist **unzulässig, wenn** er gestellt wird, obwohl das **Hauptverfahren beendigt ist.** Allerdings ist der Antrag dann oft umzudeuten als Antrag auf Erlaß einer v. A.[45]).

Ein e. A.-Antrag, vor Beendigung des Verfahrens rechtzeitig gestellt, kann unzulässig werden durch einen späteren Umstand, z. B. durch Rücknahme des Antrags in der Hauptsache, durch unanfecht-

---

[39]) FamRefK/*Hoffmann*, § 620 Rz. 8 sowie *Schwab/Maurer*, Teil I Rz. 947.
[40]) FamRefK/*Hoffmann*, § 620 Rz. 8; *Johannsen/Sedemund-Treiber*, § 620 Rz. 9.
[41]) Zur Streitfrage FamRefK/*Hoffmann*, § 620 Rz. 8 m. w. N.
[42]) *Gießler*, Rz. 97; *Johannsen/Sedemund-Treiber*, § 620 a Rz. 18; *Stein/Jonas/Schlosser*, § 620 a Rz. 18.
[43]) *Gießler*, Rz. 97.
[44]) *Gießler*, Rz. 97; *Johannsen/Sedemund-Treiber*, § 620 a Rz. 18; *Zöller/Philippi*, § 620 a Rz. 2.
[45]) *Gießler*, Rz. 98.

bare Abweisung des Antrags oder durch den Tod des Antragstellers. Das folgt aus § 620 f ZPO, wonach eine e. A. unter diesen beispielhaft erwähnten Umständen außer Kraft tritt[46]). Auch hier kommt eine Umdeutung des Antrags in einen solchen auf Erlaß einer v. A. in Betracht[47]).

Ist ein **e. A.-Antrag** vor Beendigung des Verfahrens rechtzeitig gestellt worden aber **vor Erlaß der Entscheidung im Hauptverfahren nicht beschieden worden,** so kann über diesen Antrag - auch bei Rechtskraft der Hauptsacheentscheidung - noch entschieden werden[48]). Verzögerungen im Verfahrensgang dürfen sich nicht zu Lasten des Antragstellenden auswirken. Trotz rechtskräftiger Entscheidung in der Hauptsache kann der Antragsteller hieran auch ein Interesse haben.

Ein Antrag auf Erlaß einer e. A. war nach **§ 628 II ZPO a. F.** nicht erforderlich, vielmehr von Amts wegen eine e. A. zu erlassen, wenn das Gericht dem Scheidungsantrag stattgab, bevor es über die elterliche Sorge entschieden hatte. Dieser Absatz II ist durch KindRG aufgehoben worden. Dies geschah und war konsequent, weil die Folgesache elterliche Sorge eine Antragsfolgesache geworden ist. Folglich muß in dieser Verfahrenssituation nunmehr ein Antrag gestellt werden[49]).

124

Nach **§ 626 II ZPO** wird bei Rücknahme des Scheidungsantrags einer Partei, die dies beantragt, durch Beschluß vorbehalten, ein anhängiges Verfahren zur elterlichen Sorge als selbständige Familiensache fortzuführen. Dabei ist nach allerdings umstrittener Ansicht nur der Ehegatte antragsberechtigt, der das Verfahren zur elterlichen Sorge fortführen will[50]). Es fragt sich, ob die Vorbehaltsregelung auch für das Anordnungsverfahren gilt. Dies ist zweifelhaft. Teilweise, z. B.

125

---

[46]) *Gießler*, Rz. 98.
[47]) S. Fn. 46.
[48]) Eingehend *van Els*, ZfJ 1984, 261 ff. u. FamRZ 1985, 617 (Anm.); *Gießler*, Rz. 98; *Baumbach/Lauterbach/Albers*, Rz. 5, *Johannsen/Sedemund-Treiber*, Rz. 17, *Rolland/Roth*, Rz. 45, *Stein/Jonas/Schlosser*, Rz. 1 - je zu § 620 a. S. jetzt OLG Karlsruhe, FamRZ 2000, 431 (zum PKV).
[49]) *FamRefK/Hoffmann*, § 628 Rz. 3 zufolge ist eine Anordnung von Amts wegen nach § 52 III FGG auch nicht ausgeschlossen.
[50]) *Baumbach/Lauterbach/Albers*, Rz. 5, *Johannsen/Sedemund-Treiber*, Rz. 6, MK(ZPO)/*Klauser*, Rz. 15, *Rolland/Roth*, Rz. 15 - je zu § 626 ZPO.

von Oelkers, wird die Frage verneint[51]). Oelkers zufolge muß das Gericht allerdings im Rahmen des fortgeführten Verfahrens eine neue Anordnung erlassen, und zwar nach dem Recht des selbständigen Fortführungsverfahrens. Folglich sollte ein Anwalt in dem fortgeführten Verfahren eine neue Anordnung anregen, hilfsweise und vorsorglich sogar beantragen.

c) Zum Inhalt des Antrags

126 Solange Regelungen zur elterlichen Sorge im Scheidungsverfahren Amtsfolgesachen waren (s. Rz. 117), warf der Inhalt von e. A.-Anträgen zur elterlichen Sorge keine Probleme auf. Da Sorgeregelungen keine echten Streitsachen sind, brauchten e. A.-Anträge - wie v. A.-Anträge, die lediglich Verfahrensanträge sind - keinen bestimmten Inhalt zu haben[52]). Nachdem die Regelung der elterlichen Sorge - mit Ausnahme der Kindesgefährdung - zur Antragsfolgesache herabgestuft worden ist, muß der Inhalt von e. A.-Anträgen jetzt genau bedacht werden - insbesondere soweit nicht das gesamte Sorgerecht übertragen werden soll.

Nunmehr begrenzt der e. A.-Antrag, soweit nicht das Wohl des Kindes gefährdet ist, die richterliche Anordnungsbefugnis.

Beispiel: Der Vater beantragt, ihm im Wege der e. A. das Aufenthaltsbestimmungsrecht alleine zu übertragen.

Das Gericht kann aufgrund dieses Antrags dem Vater nicht durch e. A. das gesamte Sorgerecht übertragen - also nicht mehr, als beantragt ist.

Beispiel: Der Vater beantragt, ihm in schulischen Angelegenheiten durch e. A. das alleinige Sorgerecht zu übertragen.

Das Gericht kann bei diesem Antrag keine e. A. erlassen, die ihm in medizinischen Angelegenheiten das alleinige Sorgerecht gewährt - also ein aliud zu dem, was beantragt ist.

---

[51]) So *Gerhardt/Oelkers*, Kap. 4 Rz. 267.
[52]) *Gießler* (2. Aufl.), Rz. 305 f.

Jede andere Entscheidung widerspricht der durch das KindRG getroffenen Regelung, die nur bei Gefährdung des Kindes eine Initiative von Amts wegen vorsieht. § 12 FGG wird durch diese spezielle Regelung eingeschränkt.

Der **Richter kann lediglich** den gestellten **Antrag unterschreiten.**

Beispiel: Der Vater beantragt im Wege einstweiliger Anordnung, die elterliche Sorge allein auf ihn zu übertragen. Das Gericht kann anordnen, lediglich das Aufenthaltsbestimmungsrecht allein dem Vater zu übertragen.

Voraussetzung für eine e. A. ist jedoch weiterhin nur ein Scheidungsverfahren - also kein Antrag, geschweige denn ein kongruenter Antrag zur elterlichen Sorge in der Hauptsache.

127

Jedoch dürfen e. A. zur elterlichen Sorge nicht Regelungen beinhalten, die nicht mit dem Scheidungsverfahren zusammenhängen[53]).

Beispiel: Der Vater beantragt im Wege e. A., dem Liebhaber seiner 15-jährigen Tochter zu untersagen, mit ihr irgendwelchen Umgang zu haben.

Insoweit ist also doch eine Kongruenz zwischen Hauptverfahren und Eilverfahren erforderlich.

Auch bei Regelung der elterlichen Sorge taucht die Frage auf, wieweit im Antrag - wie später auch in der Entscheidung - die begehrte Regelung zeitlich zu limitieren ist[54]). Soweit es um den **Beginn** der Regelung geht, ist hier, bei der elterlichen Sorge, grundsätzlich auf den *Erlaß der Anordnung* abzustellen. Sollte ein Elternteil in seinem Antrag einen späteren Zeitpunkt wählen, so kann das Gericht über diesen Antrag auch insoweit nicht hinausgehen. Eine zeitliche Begrenzung zum Ende hin, eine sog. **Befristung,** wird der Antragsteller üblicherweise nicht beantragen wollen. Tut er es indes, so muß das Gericht auch insoweit dem Antrag entsprechen. Auch hier kann das Gericht den gestellten Antrag stets unterschreiten - was hin und wieder auch sinnvoll sein kann.

128

---

[53]) *Johannsen/Sedemund-Treiber,* § 620 Rz. 8.
[54]) Grundsätzlich zu diesen Fragen *van Els,* FamRZ 1990, 581 ff.

Besonderer Teil

129 Wie die vorangehenden Ausführungen deutlich machen, ist es häufig angebracht, bei einer e. A. zur elterlichen Sorge nicht nur das Verfahrensziel zu nennen. Da der im Scheidungsverbund jetzt erforderliche Antrag jedoch nur Verfahrensantrag, also kein Sachantrag ist, **muß** er weiterhin **kein bestimmter Antrag sein**[55]).

Achtung: Nach ganz h. M. müssen Prozeßkostenhilfe wie auch die Beiordnung eines Anwalts für das e. A.-Verfahren gesondert beantragt werden. Prozeßkostenhilfebewilligung und Beiordnung in der Hauptsache erstrecken sich nicht auf das Anordnungsverfahren, § 122 III S. 3 Nr. 2 BRAGO.

130 Bei einer **vorläufigen Anordnung** in einem isolierten FGG-Verfahren zur elterlichen Sorge ist der Antrag ein reiner Verfahrensantrag[56]). Der Antrag muß daher **lediglich** das **Verfahrensziel nennen.** Das dürfte hier im allgemeinen auch ausreichen. Denn der Richter ist bei Erlaß einer v. A. nicht durch den Antrag gebunden; er kann über den gestellten Antrag auch hinausgehen.

d) Form des Antrags

131 Der Antrag auf Erlaß einer **einstweiligen Anordnung** kann schriftlich oder - wie in § 620 a II S. 2 ZPO bestimmt - zu Protokoll der Geschäftsstelle erklärt werden. Für den Antrag besteht folglich **kein Anwaltszwang**[57]), s. § 78 III ZPO. **Anwaltsfrei** ist auch das Verfahren, **soweit** es **schriftlich durchgeführt** wird und solange es nicht zur mündlichen Verhandlung kommt[58]). - Anwaltsfrei sind auch die Anträge der Gegenseite. Ebenso ist es bei Rücknahme von Anträgen und Gegenanträgen.

---

[55]) *Gießler*, Rz. 18.
[56]) *Gießler*, Rz. 306.
[57]) *Gießler*, Rz. 109; *Baumbach/Lauterbach/Albers*, Rz. 6, *Johannsen/Sedemund-Treiber*, Rz. 2, MK(ZPO)/*Klauser*, Rz. 9, *Zöller/Philippi*, Rz. 9 - je zu § 620 a.
[58]) *Bergerfurth*, Rz. 353; *Baumbach/Lauterbach/Albers*, Rz. 6, *Johannsen/Sedemund-Treiber*, Rz. 11, *Stein/Jonas/Schlosser*, Rz. 5/7, *Zöller/Philippi*, Rz. 9 - je zu § 620 a. A. A. MK(ZPO)/*Klauser*, § 620 a Rz. 9 ff.: Differenzierung des Anwaltszwangs ist weder zwingend, noch praktikabel.

Elterliche Sorge (Begründung/Glaubhaftmachung)

Im selbständigen **FGG-Verfahren** besteht für das gesamte Verfahren **kein Anwaltszwang**.

132

e) Begründung des Antrags

Wenn die Antragstellerseite die erforderlichen Tatsachen bei Antragstellung nicht zusammentragen und darstellen muß, wird sie ihren Antrag allerdings häufig beschleunigt einreichen können[59]). Jedoch würde das Verfahren bis zum Erlaß der e. A. gerade nicht beschleunigt werden, da dann Anfragen und Ermittlungen des Gerichts erforderlich werden. Der Beschleunigung des gesamten Verfahrens ist also am besten gedient, wenn der Antrag möglichst früh eingehend begründet wird. § 620 a II S. 3 ZPO legt zumindest nahe, daß dies bei Antragstellung auch geboten ist. Diese Vorschrift hat nämlich nur Sinn, wenn Tatsachen, die glaubhaft gemacht sind, auch dargelegt worden sind[60]). Schließlich dürfte auch für die Antragstellung bei einer e. A. - wie bei Antragstellung nach § 920 I ZPO[61]) - § 253 II Nr. 2 ZPO maßgebend sein[62]).

133

Für **Anträge der Gegenseite** gilt dasselbe, sofern auch dieser Seite an einer beschleunigten Erledigung des Verfahrens gelegen ist.

Auch wenn eine **vorläufige Anordnung** begehrt wird, sollte der entsprechende Verfahrensantrag zur Beschleunigung des Verfahrens **so früh wie möglich eingehend begründet werden**. Es ist - wenn nicht gesetzlich geboten - zur Beschleunigung des summarischen Verfahrens jedenfalls zweckmäßig.

134

5. Glaubhaftmachung[63]) bei Antragstellung

Nach § 620 a II S. 3 ZPO soll der Antragsteller "die Voraussetzungen" für eine e. A. glaubhaft machen. Dabei sind mit "Voraussetzun-

135

---

[59]) Siehe die Regelung des Mahnverfahrens in § 690 I S. 3 ZPO. Eingehend hierzu *Walker*, Rz. 303.
[60]) *Walker*, Rz. 305 - jedoch zu § 920 II ZPO.
[61]) *Walker*, Rz. 304 - zu § 920 I ZPO.
[62]) S. Fn. 61.
[63]) Zur Glaubhaftmachung im summarischen Verfahren *van Els*, FPR 1998, 121 und Rz. 70 ff.

gen" nur **Tatsachen**[64]) genannt, welche die Zulässigkeit (s. Rz. 74.) und Begründetheit des Antrags rechtfertigen. Durch die bei Regelung der elterlichen Sorge trotz erforderlichen Antrags geltende Amtsermittlungspflicht, verankert in § 12 FGG, läuft § 620 a II S. 3 ZPO nicht völlig leer. Nach der insoweit reduzierten Funktion von § 620 a II S. 3 ZPO muß der Antragsteller bei Regelung der elterlichen Sorge **zumindest das Regelungsbedürfnis** glaubhaft machen[65]). Wird nicht einmal das Regelungsbedürfnis glaubhaft gemacht, ist also nicht von Amts wegen zu ermitteln, ob eine e. A. erforderlich ist.

136 Nach § 294 I ZPO sind zur Glaubhaftmachung Beweismittel aller Art zugelassen. Ferner gelten insoweit nicht die Grundsätze der Unmittelbarkeit und der Parteiöffentlichkeit[66]). § 294 ZPO nennt als auch zugelassenes Mittel der Glaubhaftmachung nur die eidesstattliche Versicherung. Darüber hinaus sind aber auch schriftliche Erklärungen der Parteien wie auch Dritter zugelassen. Hierbei ist jedoch zu beachten:

> Nach dem BGH und der h. M.[67]) genügt es für eine wirksame Glaubhaftmachung nicht, wenn hierin auf anwaltliche Schriftsätze Bezug genommen wird. Versicherungen, erst recht Erklärungen, müssen eine eigene Darstellung der Tatsachen enthalten (s. Rz. 76).

Zu den schriftlichen **Erklärungen Dritter** gehören auch die von Zeugen, ferner behördliche Auskünfte und **anwaltliche Versicherungen** (bei Berufung auf die Standespflichten) über beruflich wahrgenommene Vorgänge[68]). Zugelassen sind auch solche **Schriftstücke, die im Wege des Urkundenbeweises nicht verwertbar** sind, z. B. unbeglaubigte Fotokopien. Dasselbe gilt für **Akten und**

---

[64]) A. A. *Leipold*, S. 64 ff. Eingehender Rz. 72.
[65]) *van Els*, FPR 1998, 121 zu II 2; MK(ZPO)/*Klauser*, § 620 a Rz. 27.
[66]) *van Els*, FPR 1998, 121 zu III 1 m. w. N.
[67]) BGH, NJW 1988, 2045 zu § 233 ZPO spricht von einer "heute weit verbreiteten Unsitte". Siehe weiter OLG Düsseldorf, MDR 1986, 152; Gießler, Rz. 53; *Baumbach/Lauterbach/Hartmann*, Rz. 8, MK(ZPO)/*Prütting*, Rz. 18, *Musielak/Huber*, Rz. 4, *Zimmermann*, Rz. 2, Zöller/Greger, Rz. 4 - je zu § 294 ZPO.
[68]) Vgl. z. B. *Musielak/Huber*, § 294 Rz. 4.

Elterliche Sorge (Glaubhaftmachung)

Aktenteile. Auch **telefonische Auskünfte,** z. B. des Jugendamtes, taugen zur Glaubhaftmachung. Jedoch:

> Telefonische Auskünfte müssen in der Akte vermerkt und als solche den Parteien zugänglich gemacht werden[69]).

Tonbandaufnahmen sind zugelassen, wenn sie rechtmäßig erlangt wurden[70]).

Nach **§ 294 II ZPO,** einer sehr bedeutsamen aber oft übersehenen Vorschrift, sind jedoch **nur präsente Beweismittel zulässig**[71]), s. auch Rz. 77.

137

Es reicht daher nicht aus, wenn zur Glaubhaftmachung ein Zeuge benannt wird, der vom Gericht zu laden ist, oder ein Sachverständigengutachten gefordert wird, das vom Gericht einzuholen ist.

> Zeugen und Sachverständige müssen, wenn terminiert wird, gestellt werden (s. Rz. 77). Wenn dies nicht möglich ist, sollten zum Termin Erklärungen der Zeugen vorgelegt werden, die möglichst eidesstattlich versichert sein sollten.

Denn das Gericht kann benannte Zeugen zwar zum Termin laden. Es ist hierzu aber nicht verpflichtet[72]), s. auch Rz. 77. Ebensowenig ist das Gericht gehalten, ein in der Regel zeitaufwendiges Gutachten einzuholen, s. Rz. 77, 147. Selbst der **Bezug auf andere Akten** ist nicht ausreichend, wenn die Akten nicht sofort zu erlangen sind. Am problematischsten erscheint, ob das Gericht eine erbetene **Auskunft** einholen muß[73]). Sofern das Gericht eine solche Auskunft, z. B. des Jugendamts, schneller und einfacher erhalten wird als die Parteien,

---

[69]) BayOLG, FamRZ 1990, 1012 (1013); *Gießler*, Rz. 52.
[70]) *Gießler*, Rz. 53; *Baumbach/Lauterbach/Hartmann*, Übers. vor § 371 Rz. 11 ff.; MK(ZPO)/*Prütting*, § 284 Rz. 23; *Musielak/Foerste*, § 284, Rz. 23; *Zöller/Greger*, § 286 Rz. 15 a ff.; *Keidel/Kayser*, § 12 Rz. 180.
[71]) *van Els*, FPR 1998, 1121 zu III 2 m. w. N.
  A. A. teilweise *Zöller/Philippi*, § 620 a Rz. 29.
[72]) OLG Düsseldorf, FamRZ 1995, 182 = DAVorm 1995, 127; BayOLG, FamRZ 1999, 178; *van Els*, FPR 1998, 121 zu III 2; *Gießler*, Rz. 54.
  A. A. MK(ZPO)/*Klauser*, § 620 a Rz. 29 u. *Schwab/Maurer*, Teil I Rz. 923.
[73]) Verneinend BGH, NJW 1958, 172.

ist es m. E. dem Gericht zuzumuten, eine solche Auskunft einzuholen - und sei es telefonisch.

138 Obschon der enge Zusammenhang bei Regelung von Antragstellung und Glaubhaftmachung eine **Glaubhaftmachung schon bei Antragstellung** nahelegt, gebietet das Gesetz eine solche frühzeitige Glaubhaftmachung nicht[74]. Sie ist jedoch im Sinne des gestellten Antrags und einer hiermit gewollten möglichst schnellen Entscheidung höchst zweckmäßig[75]. Verhält sich die Antragstellerseite nicht so, droht ihr voreilige Zurückweisung wegen unzureichender Glaubhaftmachung oder/und wegen Anberaumung eines dann oft erforderlichen Termins[76].

139 Auch bei **vorläufiger Anordnung** ist eine frühzeitige **Glaubhaftmachung,** insbesondere eine solche bei Antragstellung, nicht vorgeschrieben. Aber auch hier ist es sinnvoll, dies **so früh und eingehend wie möglich** zu tun.

6. Der Gang des summarischen Verfahrens bis zum Erlaß einer Entscheidung

a) Entscheidung ohne Anhörung der Gegenseite

140 Das Gericht entspricht einem Antrag am schnellsten, wenn es **ohne Anhörung der Gegenseite** sofort entscheidet. Eine solche Sofortentscheidung kommt, schon aus verfassungsrechtlichen Gründen (vgl. Rz. 69), aber **nur ausnahmsweise** in Betracht[77] - vor allem im Hinblick auf das Grundrecht der Gegenseite nach Art. 103 I GG. Zunächst ist an Fälle zu denken, in denen das Kind akut gefährdet ist und eine e. A. auch von Amts wegen möglich wäre. Weiter geht es um Fälle, in denen es auf den Überraschungseffekt ankommt, s. Rz. 69.

---

[74] *Walker*, Rz. 333.
[75] *Walker*, Rz. 334.
[76] *van Els*, FPR 1998, 121 zu IV.
[77] Eine Sofortentscheidung ist auch zulässig, wenn der Antrag von vorneherein abzuweisen ist - was wegen der richterlichen Aufklärungspflicht aber nur selten in Betracht kommt - z. B. bei einem nicht behebbaren Mangel.

b) Entscheidung sofort nach Eingang der Gegenäußerung

Nicht sofort aber sehr bald wird dem Antrag entsprochen, wenn das Gericht der **Gegenseite lediglich rechtliches Gehör gewährt** und ohne mündliche Verhandlung sofort nach Eingang der Gegenäußerung oder nach Verstreichen einer gesetzten Frist ohne Äußerung der Gegenseite entscheidet. Auch eine solche schnelle Entscheidungsfindung ist bei der gebotenen Ausbalancierung der Grundrechte beider Seiten (vgl. Rz. 6 ff.) nur zu verantworten, wenn zum Wohl des Kindes eine umgehende Entscheidung dringend geboten ist.

141

c) Entscheidung ohne mündliche Verhandlung, aber nach Anhörung von Kind, Jugendamt, Eltern und evtl. Dritter

Wenn ohne mündliche Verhandlung entschieden wird, so muß deshalb noch nicht die Anhörung des Kindes, der Eltern wie des Jugendamtes und auch Dritter unterbleiben. All dies kann auch ohne mündliche Verhandlung geschehen.

142

Die **persönliche Anhörung des Kindes** ist in § 620 a III ZPO ausdrücklich vorgesehen, wobei zur Erforderlichkeit, aber auch zur Art und Weise der Anhörung, § 50 b FGG weitere/ergänzende Vorgaben enthält[78]). Schon wegen der positiv rechtlichen Regelung, aber auch aus verfassungsrechtlichen Gründen, kann von der Kindesanhörung nur ausnahmsweise, nämlich bei besonderer Eilbedürftigkeit[79]), abgesehen werden. Dies ergibt sich aus dem Gesetz selbst, nämlich § 620 a III S. 2 ZPO, wonach allein "wegen der besonderen Eilbedürftigkeit" die Anhörung nachgeholt werden soll[80]). In der Praxis wird gegen § 620 a III S. 1 ZPO leider häufig verstoßen.

143

---

[78]) Die Frage, ob § 50 b FGG auch im summarischen Verfahren voll greift, wird, soweit ich sehe, kaum erörtert. S. jedoch *Gießler*, Rz. 992: Die Anhörungspflicht wird durch § 620 a III ZPO "abgemildert". S. auch OLG Karlsruhe, FamRZ 2000, 511.
[79]) MK(ZPO)/*Klauser*, § 620 a Rz. 25.
[80]) A. A. *Musielak/Borth*, § 620 a Rz. 21, wonach nur bei unmittelbarer Gefahr für das Kindeswohl eine e. A. ohne Anhörung zu erlassen ist.

80 Besonderer Teil

Aus § 620 a III ZPO folgt auch: Die **Kinder** sind **nicht Verfahrensbeteiligte**[81]). Andernfalls wäre diese Vorschrift überflüssig. Das Scheidungsverfahren wickelt sich also ausschließlich zwischen den Scheidungsparteien ab[82]). Folglich müssen Kindern, auch wenn sie über 14 Jahre alt sind, Anträge auf Erlaß einer e. A. nicht mitgeteilt werden[83]). Sie können ihnen lediglich, soweit sie 14 Jahre und älter sind, zugeleitet oder hierüber informiert werden - soweit hierdurch keine Nachteile für ihre Entwicklung oder Erziehung zu befürchten sind, s. § 50 b III FGG. - Die **Anhörung der Kinder** stellt h. M. zufolge **keine Beweisaufnahme** dar[84]) - was bei Berechnung der Anwaltsgebühren bedeutsam wird und zu beachten ist.

144   Die **Anhörung des Jugendamts** ist in § 620 a III S. 1 ZPO ebenfalls vorgesehen. Auch hier ist aus § 620 a III S. 2 ZPO zu folgern: Hiervon kann nur "wegen der besonderen Eilbedürftigkeit" abgesehen werden; die Anhörung muß dann aber "unverzüglich" nachgeholt werden. Eine besondere Eilbedürftigkeit dürfte auch dann zu bejahen sein, wenn das **Jugendamt** trotz Aufforderung des Gerichts seine Äußerung so **lange hinauszögert,** daß ein weiteres Zuwarten zum Wohl des Kindes nicht mehr zu verantworten ist. Dies dürfte zu bejahen sein, wenn seit dem Ersuchen des Gerichts über ein Monat verstrichen ist[85]). Entsprechend ist zu verfahren, wenn das Jugendamt sich zwar äußert, seine Stellungnahme aber so inhaltlos ist, daß man nicht von einer Anhörung sprechen kann. Auch das Jugendamt ist **im summarischen Verfahren nicht Verfahrensbeteiligter**[86]) und seine Anhörung keine Beweisaufnahme[87]). Anträge und sonstige Schriftsätze sind ihm nicht automatisch zuzuleiten[88]). Regelmäßig ist dies aber schon geboten. Denn die vollständige Information des Ju-

---

[81]) Ganz h. M. Vgl. z. B. KG, FamRZ 1979, 740 (741); MK(ZPO)/*Klauser,* § 620 a Rz. 2. A. A. *Schwab/Maurer,* Teil I Rz. 88 ff.
[82]) *Gießler,* Rz. 128.
[83]) *Gießler,* Rz. 128.
[84]) Vgl. z. B. *Zöller/Philippi,* § 620 a Rz. 35 m. w. N.
[85]) Wenn Verzögerungen beim JA oder einzelnen Sachbearbeitern dort sich häufen, sollte das Gericht ankündigen, daß es nach Ablauf einer bestimmten Frist notfalls ohne Äußerung des JA entscheiden wird.
[86]) OLG Karlsruhe, FamRZ 1991, 969 (970) m. w. N. S. Fn. 81 u. 82.
[87]) OLG Stuttgart, FamRZ 1987, 406. S. auch Fn. 84.
[88]) *Gießler,* Rz. 128.

gendamtes wird für das Kind in aller Regel hilfreich sein, ihm also gerade keine Nachteile bringen.

Außer dem Kind und dem Jugendamt kann das Gericht, auch wenn es keine mündliche Verhandlung anberaumt, vor seiner Entscheidung, einzeln oder zusammen, **die Eltern persönlich hören.** Wenn die Eltern - vor allem wenn beiderseits Anwälte eingeschaltet sind - sich schon schriftlich geäußert haben und das Verfahren zum Wohl des Kindes nicht weiter verzögert werden sollte, kann das Gericht hiervon aber auch absehen. Schließlich sind die Eltern dann ja schon gehört worden. - Auch wenn der informierte Antragsgegner sich nicht geäußert hat, der Antragsteller das Eilbedürfnis aber hinreichend dargelegt und glaubhaft gemacht hat, kann auf einer Anhörung des schweigsam gebliebenen Antragsgegners verzichtet werden.   145

Schließlich kann das Gericht, bevor es ohne mündliche Verhandlung entscheidet, noch **sonstige Dritte** hören, z. B. Großeltern, Lehrer oder Nachbarn. Dies kann z. B. sinnvoll sein, wenn die Anhörung eines Dritten wichtig erscheint und das Gericht einen Dritten schneller anhören als eine mündliche Verhandlung durchführen kann.   146

Sehr problematisch ist es, wenn das Gericht ein **Sachverständigengutachten** anfordert, um erst mit dieser Hilfe eine summarische Entscheidung zu treffen. Da der Eingang des Gutachtens in aller Regel monatelang dauert, ist im summarischen Verfahren eine solche Ermittlung in aller Regel nicht angebracht. Sie widerspricht dem Charakter eines summarischen Verfahrens, insbesondere eines solchen zum Wohl des Kindes mit seinem besonderen Zeitempfinden (vgl. Rz. 100). Ein solches Gutachten sollte grundsätzlich im Hauptverfahren eingeholt werden[80]). Wird es dennoch im summarischen Verfahren angefordert, sollte das Gericht bis zur Erstattung des Gutachtens, wenn kein Interimsvergleich möglich ist, eine Vorabentscheidung treffen, s. Rz. 63.   147

---

[80]) OLG Düsseldorf, FamRZ 1995, 182 = DAVorm 1995, 127; *Dose*, Rz. 180.

d) Entscheidung nach mündlicher Verhandlung

148 Wie das Wörtchen "kann" in § 620 a I ZPO klarstellt, steht es im **pflichtgemäßen Ermessen des Gerichts, ob** es eine **mündliche Verhandlung** anberaumt. Wenn das Gericht sich in der Lage sieht, **mündliche Verhandlung** umgehend und kurzfristig anzuberaumen (s. Rz. 64), sollte es **möglichst oft**[90]) so verfahren. Die mündliche Verhandlung erlaubt, Kinder, Eltern und evtl. auch Dritte in einer Verhandlung anzuhören. Sie ermöglicht dem Gericht, von allen, die es anhört, einen persönlichen Eindruck zu gewinnen. Sie ermöglicht auch Verhaltensbeobachtungen, vor allem Beobachtungen zum Kontakt zwischen den Kindern und ihren Eltern und sonstigen Bezugspersonen.

149 Aber nicht nur das Ob, auch das **Wie der mündlichen Verhandlung,** vor allem der Umfang der Beweisaufnahme, steht im **pflichtgemäßen Ermessen des Gerichts.** Daher ist das Gericht nicht gehalten, Zeugen zu laden, welche die Parteien benannt haben (s. Rz. 77, 137). Selbst gestellte Zeugen muß das Gericht nicht vernehmen, soweit sie innerhalb eines kurzfristig angesetzten Termins innerhalb der vorgesehenen Terminzeit nicht vernommen werden können[91]) (s. Rz. 79). Die Parteien können aus diesem Grunde auch keine Vertagung verlangen[92]), s. Rz. 65.

Zur mündlichen Verhandlung muß außer den Parteien und jenen, die das Gericht anhören will, niemand **geladen werden** - auch nicht das Jugendamt. Dennoch ist es zweckmäßig, das nach § 50 KJHG mitwirkungspflichtige Jugendamt in der Regel von einem mündlichen Termin zu informieren; nur dann kann es eigenständig entscheiden, ob es an dem Termin teilnimmt. Die Ladungsfrist beträgt nach § 217 I ZPO mindestens 1 Woche.

150 Nach § 78 II Nr. 1 ZPO gilt, wenn es zur mündlichen Verhandlung kommt, **Anwaltszwang** (s. Rz. 131).

---

[90]) So auch *Gießler*, Rz. 318.
[91]) OLG Düsseldorf, FamRZ 1995, 182 = DAVorm 1995, 127; OLG München, FamRZ 1978, 54; *van Els*, FPR 1998, 121 zu III 2 m. w. N.
S. jedoch MK(ZPO)/*Klauser*, § 620 a Rz. 29.
[92]) S. BGH, FamRZ 1989, 373 (zu § 233 ZPO). S. auch *Baumbach/Lauterbach/Hartmann*, § 294 Rz. 9 u. Zimmermann, § 294 Rz. 3.

Elterliche Sorge (Gang des Verfahrens)

151 Schon weil ein **Verfahrenspfleger** für das Kind nach § 50 FGG möglichst frühzeitig bestellt werden soll, sollte dies schon im summarischen Verfahren geschehen - sobald die Voraussetzungen hierfür nach § 50 FGG gegeben sind[93]).

152 In der mündlichen Verhandlung können ein Interimsvergleich, ein auch das Hauptverfahren erledigender Vergleich oder ein Vergleich geschlossen werden, der eine summarische Entscheidung ersetzt. Die Vergleiche müssen jedoch gerichtlich bestätigt werden, s. Rz. 92, 96.

Die mündliche Verhandlung ist - wie in der Hauptsache auch - **nicht öffentlich**, § 170 S. 1 GVG.

153 Bei dem Verfahrensgang, der zum Erlaß einer **vorläufigen Anordnung** führen soll, ergeben sich gegenüber dem Verfahrensgang bei Erlaß einer e. A. keine Besonderheiten. Auch hier müssen die Eltern, das Kind, das Jugendamt und evtl. Pflegepersonen gehört werden. Das folgt aus §§ 50 a, 50 b, 49 a und 50 c FGG, die grundsätzlich auch im summarischen Verfahren anzuwenden sind[94]) - wobei zwischen Anhörung und persönlicher Anhörung zu unterscheiden ist. Auch hier ist die Anhörung nachzuholen, wenn sie allein wegen Gefahr im Verzug zunächst unterblieben ist. Ebenso wie bei Erlaß einer e. A. kann auch hier ausnahmsweise ohne jede Anhörung oder sofort nach Eingang der Gegenäußerung oder nach dieser oder jener Ermittlung, vor allem Anhörung, ohne mündliche Verhandlung entschieden werden. Die Anberaumung einer mündlichen Verhandlung ist nicht zwingend vorgeschrieben, aber meistens doch sinnvoll[95]). Anwaltszwang besteht hier nicht. Die mündliche Verhandlung ist auch hier nicht öffentlich.

154 Im Verfahren zum Erlaß einer e. A. wie einer v. A. kann nach § 50 FGG für das Kind ein **Verfahrenspfleger** bestellt werden, wenn nach der Auffangklausel dieser Vorschrift in Abs. II Nr. 1 zwischen den Interessen des Kindes und denen der Eltern ein erheblicher Gegensatz besteht. Das gilt allerdings nur, soweit es um **Fragen** geht, die die *Person des Kindes* betreffen. Wie weit die Praxis diese Vorschrift in Ehesachen auch anwenden wird, bleibt abzuwarten[96]).

---

[93]) Vgl. z. B. OLG Frankfurt, FamRZ 1999, 1293.
[94]) BayOLG, FamRZ 1980, 1150; *Gießler*, Rz. 318.
[95]) *Gießler*, Rz. 26 u. 318; *Keidel/Kahl*, vor § 8 Rz. 10 a.
[96]) Eingehend zu diesen Fragen *L. Salgo*, Der Anwalt des Kindes, als Suhrkamp-Taschenbuch/Wissenschaft 1220 1996 erschienen; Salgo zuletzt in FPR 1999, 313 ff.

155 Die **Mediation** kann für den vorläufigen Rechtsschutz erhebliche Probleme erzeugen. Dem Kind wie auch den Eltern können Nachteile erwachsen, wenn der Mediator - wie regelmäßig - verlangt, daß die Rechtsanwälte - solange die Mediation andauert - ihre Tätigkeit einstellen[97]. Dadurch wird dann auch der auf schnelles Eingreifen und schnelle Schadensbegrenzung angelegte vorläufige Rechtsschutz zwangsläufig blockiert. Nachteile können sich insbesondere ergeben, wenn die Mediation - was nicht selten ist - scheitert[98]. Sie können insbesondere entstehen, wenn ein Elternteil bei der vom Mediator verlangten "vollkommenen Offenheit" Eingeständnisse macht, die nach gescheiterter Mediation sich trefflich gegen ihn verwenden lassen[99].

7. Entscheidung im summarischen Verfahren

a) Einstweilige Anordnung

156 Wie aus § 620 d S. 2 ZPO abzuleiten ist, ergeht die Entscheidung **stets durch Beschluß** - also auch wenn sie nach mündlicher Verhandlung erlassen wurde[100].

157 In dem Beschluß sind nacheinander Zulässigkeit und Begründetheit der e. A. sowie die Glaubhaftmachung der erforderlichen Tatsachen zu behandeln. Die (materiell-rechtliche) Begründung richtet sich nach **§ 1671 BGB**. Somit ist es zulässig, die elterliche Sorge durch die e. A. **nur teilweise zu gestalten**, z. B. nur eine Regelung hinsichtlich schulischer Angelegenheiten zu treffen. Jedoch soll eine solche Gestaltung als einstweilige Regelung möglichst keine Verhältnisse schaffen, die später, bei Entscheidung in der Hauptsache, nicht mehr oder kaum noch rückgängig gemacht werden können (s. Rz. 56 ff.). Zulässig sind jedoch **dienende Entscheidungen** (s. Rz. 109), sowie Entscheidungen, die wegen akuter Gefährdung eines Kindes

---

Sehr kritisch gegenüber diesem Institut Maurer in *FamRefK/Maurer* zu § 50 FGG. Abwägend *Büttner*, FamRZ 1998, 585.
[97] *Bergschneider*, FamRZ 2000, 77 zu IV 3.
[98] *Bergschneider*, FamRZ 2000, 77 zu IV 4.
[99] S. Fn. 98.
[100] *Gießler*, Rz. 143; *Baumbach/Lauterbach/Albers*, Rz. 11, MK(ZPO)/*Klauser*, Rz. 32, *Musielak/Borth*, Rz. 23, *Zöller/Philippi*, Rz. 31 - je zu § 620 a.

erforderlich sind und auch von Amts wegen erlassen werden können.

Die in der Entscheidung getroffene Regelung kann zu Beginn und zum Ende hin **befristet** werden; sie kann ferner eine aufschiebende oder auflösende Bedingung enthalten. Fragen der Befristung spielen im Rahmen der elterlichen Sorge aber meist keine Rolle und sollen daher in diesem Zusammenhang nicht näher erörtert werden, vgl. jedoch Rz. 364. **158**

Beim OLG entscheidet über e. A. zur elterlichen Sorge stets der **Senat** - also nicht der vorbereitende Einzelrichter[101]) und auch bei Einzelfällen nicht der Vorsitzende des Senats[102]). **159**

Wie aus § 620 d S. 2 ZPO hergeleitet, muß die e. A. nicht schriftlich begründet werden[103]). In der Tat gibt es bei Entscheidungen zur elterlichen Sorge Umstände, unter denen eine Begründung, zumindest eine ausführliche **Begründung,** psychologisch nicht ratsam ist, so daß der fehlende schriftliche Begründungszwang im Grundsatz schon zu begrüßen ist. Das gilt häufig auch dann, wenn beide Seiten mit der verkündeten e. A. einverstanden sind. **In aller Regel** ist eine **Begründung** jedoch **zweckmäßig** - schon im Hinblick auf einen evtl. Abänderungsantrag nach § 620 b ZPO oder eine evtl. Beschwerde nach § 620 c ZPO. Aber auch die Befriedung und Akzeptanz, die mit einer e. A. zum Wohl des Kindes angestrebt werden, sind in der Regel eher zu erreichen, wenn eine e. A. auch schriftlich begründet wird. Wie eingehend diese Begründung sein sollte, ist ebenfalls nicht nur eine juristische, sondern auch eine psychologische Frage[104]). **160**

Die Vorschriften des GKG und der BRAGO[105]) sowie § 620 g ZPO regeln es: Über die Kosten sämtlicher e. A. ergeht **grundsätzlich in** **161**

---

[101]) MK(ZPO)/*Klauser,* § 620 a Rz. 32 u. § 621 e Rz. 62 u. § 629 a Rz. 54.

[102]) MK(ZPO)/*Klauser,* § 620 a Rz. 32.
A. A. *Rahm/Künkel,* VII/Rz. 159: Analoge Anwendung v. § 944 ZPO.

[103]) KG, FamRZ 1982, 1031; *Gießler,* FamRZ 1999, 695: Bei Entscheidung nach mündlicher Verhandlung Begründung notwendig; *Musielak/Borth,* § 620 a Rz. 23: Schriftliche Begründung jedenfalls geboten bei e. A. nach mündlicher Verhandlung; MK(ZPO)/*Klauser,* Rz. 5, *Zöller/Philippi,* Rz. 4 - je zu § 620 d.

[104]) Eingehend hierzu MK(ZPO)/*Klauser,* § 620 d Rz. 6.
S. auch OLG Stuttgart, FamRZ 1999, 108 m. Anm. *van Els.*

[105]) *Zöller/Philippi,* § 620 g Rz. 1.

Besonderer Teil

jeder Instanz nur eine Kostenentscheidung, und diese Kostenentscheidung ergeht **grundsätzlich in der Kostenentscheidung des Urteils in der Hauptsache.** In den Gründen der e. A. ist ein entsprechender Hinweis auf § 620 g ZPO zwar nicht schädlich, aber überflüssig. In den Gründen des Hauptsacheurteils ist ein entsprechender Hinweis hingegen sinnvoll. Die Parteien können so nachlesen, daß die Kosten des Anordnungsverfahrens nicht übersehen worden sind[106]).

162 **Ausnahmsweise** kann das Gericht nach §§ **620 g, 96 ZPO** über die Kosten des Anordnungsverfahrens **getrennt entscheiden,** z. B. wenn ein e. A.-Antrag offensichtlich und voraussehbar unzulässig oder unbegründet war. Über die Kosten eines solchen e. A.-Verfahrens ist dann im Tenor getrennt zu erkennen. Soll nur bei einem von mehreren e. A.-Verfahren § 96 ZPO greifen, sind die Kosten der Anordnungsverfahren gesondert zu verquoten[107]).

163 **Ausnahmsweise** ist eine **selbständige Kostenentscheidung** für das e. A.-Verfahren geboten und das Verbot einer selbständigen Kostenentscheidung nicht gültig. Das Verbot entfällt, wenn in der Hauptsache eine Kostenentscheidung (nicht mehr) ergeht, z. B. wenn zur Hauptsache lediglich ein PKH-Verfahren anhängig war[108]). Maßstab für die Kostenentscheidung sind dann §§ 93 a, 96 ZPO.

164 Wird der **Anordnungsantrag zurückgenommen oder für erledigt erklärt,** ist ebenfalls § 620 g ZPO anzuwenden. Die Vorschrift ist gegenüber § 269 III S. 2 und § 91 a ZPO als lex specialis anzusehen[109]).

165 Dagegen ist im **Beschwerdeverfahren** in Rspr. und Literatur sehr umstritten, ob § 620 g ZPO als Spezialvorschrift §§ 96 - 97 ZPO

---

[106]) *Zöller/Philippi*, § 620 g Rz. 2.
[107]) *Gießler*, Rz. 238; *Zöller/Philippi*, § 620 g Rz. 5.
[108]) *Gießler*, Rz. 234 ff.; *Baumbach/Lauterbach/Albers*, Rz. 2, *Johannsen/Sedemund-Treiber*, Rz. 4, MK(ZPO)/*Klauser*, Rz. 4/5, *Musielak/Borth*, Rz. 4, *Rolland/Roth*, Rz. 7, *Stein/Jonas/Schlosser*, Rz. 7 - je zu § 620 g.
[109]) Heute ganz h. M. Vgl. z. B. OLG Düsseldorf (3. FamS. unter Aufgabe seiner vorher anderen Rspr.), FamRZ 1994, 1187, *Baumbach/Lauterbach/Albers* (unter Aufgabe seiner früheren Auffassung), Rz. 2, MK(ZPO)/*Klauser*, Rz. 8, *Musielak/Borth*, Rz. 5, *Zöller/Philippi*, Rz. 6 - je zu § 620 g.

bei Erfolglosigkeit, bei Rücknahme §§ 269 III S. 2, 515 III und bei Erledigung § 91 a ZPO überlagert[110]).

Auch bei **Abschluß eines Vergleichs**[111]), der lediglich das einstweilige Verfahren regeln will, gilt **bei fehlender Kostenvereinbarung § 620 g ZPO** und nicht § 98 ZPO. - Nach allerdings umstrittener Auffassung gilt dies auch für Vergleiche, die eine endgültige Regelung enthalten. - Haben die Parteien die Kostenfrage im Vergleich geregelt, ist diese Vereinbarung auch im Hinblick auf Vereinbarungen zur elterlichen Sorge verbindlich und für eine andere Kostenentscheidung kein Raum. **166**

Die Kostenentscheidung ist für sich allein unanfechtbar[112]), § 99 ZPO. Das gilt auch, wenn ausnahmsweise eine selbständige Kostenentscheidung zum e. A.-Verfahren geboten war und getroffen wurde. Wurde sie, obschon geboten, nicht getroffen und nach § 321 ZPO auch nicht ergänzt, ist einfache Beschwerde zulässig. **167**

Zu weiteren Kostenfragen und Fragen des Streitwerts s. Rz. 227 ff.

Ergeht der Beschluß aufgrund **mündlicher Verhandlung,** ist er nach § 329 I S. 2 ZPO *zu verkünden*[113]). Ist der Beschluß nach § 620 c ZPO anfechtbar, ist er darüber hinaus den Parteien von Amts wegen zuzustellen, s. § 329 III ZPO. Ergeht die Entscheidung nicht aufgrund mündlicher Verhandlung[114]), ist sie den Parteien lediglich formlos zuzuleiten, wenn der Antrag zurückgewiesen wird oder keinen vollstreckungsfähigen Inhalt hat[115]). Eine Zustellung an Dritte, die nicht verfahrensbeteiligt sind, z. B. das Jugendamt, ist nicht vorgeschrieben[116]). Der Beschluß ist jedoch dem **Jugendamt,** das anzuhören war, **bekanntzumachen**[117]) - auch weil es ausnahmsweise **168**

---

[110]) S. auch Rz. 199.
[111]) *Gießler,* Rz. 240 f.; MK(ZPO)/*Klauser,* Rz. 11, *Zöller/Philippi,* Rz. 6 - beide zu § 620 g.
[112]) *Baumbach/Lauterbach/Albers,* Rz. 3, *Johannsen/Sedemund-Treiber,* Rz. 6, MK(ZPO)/*Klauser,* Rz. 13, *Musielak/Borth,* Rz. 8, *Zöller/Philippi,* Rz. 11 - je zu § 620 g.
[113]) Einzelheiten zur Verkündung bei *Gießler,* Rz. 143.
[114]) Das gilt auch für e. A., die nach mündlicher Verhandlung, aber nach weiterem schriftlichen Verfahren ergehen; vgl. *Gießler,* Rz. 144.
[115]) *Gießler,* Rz. 144.
[116]) *Baumbach/Lauterbach/Albers,* § 620 a Rz. 11.
[117]) S. Fn. 116.

eben doch beschwerdeberechtigt ist, nämlich wenn es durch eine greifbare Gesetzeswidrigkeit selbst belastet wird.

Zu Entscheidungen bei Gefährdung des Kindeswohls s. Rz. 238 ff.

b) Vorläufige Anordnung

169 Die im isolierten Verfahren zur elterlichen Sorge ergehende vorläufige Anordnung weist im Vergleich zur einstweiligen Anordnung nur wenige Besonderheiten und Abweichungen auf.

Eine weit verbreitete Rspr. fordert: Bei der v. A. muß - anders als bei einer e. A. - ein "unabweisbares Bedürfnis" bestehen, weil eine "nachhaltige Beeinträchtigung des Kindeswohls ernsthaft zu befürchten ist" (vgl. Rz. 110). Die neuere Rspr. zur e. A. hat sich diesen Anforderungen bei der v. A. angenähert, wenn sie heute als erhöhten Regelungsbedarf verlangt: eine e. A. ist nur zu erlassen, wenn hierdurch das Wohl des Kindes verbessert wird. Bei dieser Annäherung der Rspr. zur vorläufigen und einstweiligen Anordnung ist die aufgezeigte Differenzierung für die Voraussetzungen von e. A. und v. A. m. E. aufzugeben. Wie schon ausgeführt (s. Rz. 111), ist der **Regelungsbedarf** bei e. A. und v. A. jedenfalls nach Erlaß des KindRG in gleicher Weise **am Kindeswohl auszurichten** und zu bestimmen.

170 Weiter ist darzulegen, ob im isolierten Verfahren zur Regelung der elterlichen Sorge eine vorläufige, nicht der Sorgerechtsregelung **dienende Anordnung** zulässig ist, wenn das Kind gefährdet ist. Eine stark vertretene Meinung in Rspr.[118]) und Literatur[119]) hat diese Frage, jedenfalls vor Erlaß des KindRG, verneint und gefordert, das Familiengericht müsse beim (damals) zuständigen Vormundschaftsgericht ein Verfahren nach § 1666 BGB anregen. Zur Begründung wurde ausgeführt: Die Grenzen der Zuständigkeit zwischen Familien- und Vormundschaftsgericht dürften nicht verwischt werden. Diese Begründung ist jedoch entfallen, seitdem das Familiengericht auch für Entscheidungen nach § 1666 BGB zuständig ist. Folglich kann nunmehr der schon vor dem 01.07.1998 vertretenen und im Ergebnis praktika-

---

[118]) Vgl. z. B. KG, FamRZ 1984, 1143 u. AG Besigheim, FamRZ 1983, 295.
[119]) *Schlüter/König*, FamRZ 1982, 1159 zu B II; *Gießler* (2. Aufl.), Rz. 1011.

Elterliche Sorge

bleren und prozeßwirtschaftlicheren Mindermeinung[120]) gefolgt werden, wonach das Familiengericht in isolierten Verfahren zur elterlichen Sorge eine Gefährdung des Kindes durch v. A. in eben diesen Verfahren unterbinden kann. Während die Gefährdung des Kindes bei Umwandlung der Sorgerechtsregelung in eine Antragsfolgesache sehr wohl bedacht wurde (s. § 623 III S. 2 ZPO), gibt es für die v. A. insoweit keinen gesetzlichen Anhaltspunkt. Dies ist aber kein Argument, denn die v. A. ist insgesamt nicht im Gesetz geregelt worden, so daß ihre Konturen durch Auslegung und Rechtsschöpfung zu ermitteln sind - was im Zweifel durch Anlehnung an die Regelungen zur e. A. geschehen kann.

Von der akuten Gefährdung des Kindes abgesehen, muß die v. A. sich jedoch stets **im Rahmen des Verfahrensgegenstandes** des Hauptverfahrens halten[121]). Sie muß für das Hauptverfahren dienlich sein, zumindest "einen praktischen Bezug" zum Verfahrensgegenstand der Hauptsache haben[122]).   **171**

Der Beschluß **bedarf keiner Kostenentscheidung**, da vorläufige Anordnungen gerichtsgebühren- und anwaltskostenfrei sind. Eine Vorschrift, die § 41 BRAGO entspricht, fehlt hier[123]).   **172**

Beschlüsse, die eine v. A. enthalten, sind außer den Eltern den nach § 59 FGG beschwerdeberechtigten Kindern ab 14 Jahren sowie dem nach § 64 III S. 3 FGG beschwerdeberechtigten Jugendamt zuzustellen[124]).   **173**

Bei Zustellung an Kinder, die das 14. Lebensjahr vollendet haben, keine Ersatzzustellung an die Eltern, s. § 185 ZPO.

8. Abänderung der summarischen Entscheidung

a) Die Regelung in § 620 b I ZPO

Wie **§ 620 b ZPO** in **Abs. I S. 1** zunächst und grundsätzlich regelt, kann das Gericht "den Beschluß" auf Antrag aufheben oder ändern.   **174**

---

[120]) OLG Stuttgart, FamRZ 1982, 1235.
[121]) OLG Hamm, FamRZ 1992, 337; *Gießler*, Rz. 1010; *Dose*, Rz. 201.
[122]) So *Brehm-Overdick*, FamRZ 1992, 340 (Anm. zu OLG Hamm in Fn. 121).
[123]) OLG Brandenburg, FamRZ 2000, 968 (969); OLG München, Rpfleger 1995, 383; OLG Düsseldorf, FamRZ 1992, 1329 u. FamRZ 1991, 358; *Gießler*, Rz. 346; *Johannsen/Sedemund-Treiber*, § 620 Rz. 42.
[124]) *Gießler*, Rz. 330; *Zöller/Philippi*, § 621 a Rz. 23.

Dies gilt nicht nur für Beschlüsse, die eine e. A. aussprechen, aufheben oder ändern, sondern auch solche, die eine e. A. als unzulässig oder unbegründet ablehnen. Die Vorschrift gilt ferner nicht nur für Beschlüsse des Familiengerichts beim AG, sondern auch für solche, die das OLG erlassen hat.

175 Die **aufgrund mündlicher Verhandlung** zur elterlichen Sorge ergangenen e. A. erster Instanz werden unanfechtbar und damit formell rechtskräftig, wenn die Parteien auf Beschwerde verzichten, die Beschwerdefrist abläuft oder das Beschwerdeverfahren beendet ist (s. Rz. 32). Da sie trotz formeller Rechtskraft aber nicht materiell rechtskräftig werden (Rz. 39), bleiben sie zum Wohl des Kindes **jederzeit abänderbar.** Allerdings gibt es - auch hier zum Wohl des Kindes - eine Grenze: Abänderungsanträge nach § 620 b I ZPO dürfen **nicht ad infinitum** wiederholt werden (vgl. Rz. 39).

176 Sind die Beschlüsse **ohne mündliche Verhandlung** ergangen, werden sie nicht einmal formell rechtskräftig. Aber auch hier ist ein Abänderungsantrag nach § 620 b I ZPO zulässig, mit dem u. a. auch Verfahrensmängel im vorausgegangenen Verfahren gerügt werden können. Der Abänderungsantrag nach § 620 b I ZPO konkurriert mit dem ebenfalls zulässigen Antrag auf mündliche Verhandlung nach § 620 b II ZPO, d. h. der Antragsteller kann diesen oder jenen Antrag stellen - aber nicht beide nebeneinander[125]).

177 Der **Abänderungsantrag** muß jedoch zulässig sein, z. B. es muß ein Rechtsschutzbedürfnis gegeben sein oder es darf mit gleicher Zielrichtung kein Beschwerdeverfahren anhängig sein[126]). Als sog. Verfahrensantrag braucht der Antrag lediglich das **Verfahrensziel** zu **bezeichnen**[127]). Nach § 620 d S. 1 ZPO muß er **begründet** werden. Fehlt eine Begründung, ist dem Antragsteller hierzu eine Frist zu setzen. Wird die Begründung auch dann nicht eingereicht, muß der Antrag als unzulässig zurückgewiesen werden. Aber auch dann kann

---

[125]) *Gießler*, Rz. 167; *Musielak/Borth*, § 621 b Rz. 9.
    A. A. *Johannsen/Sedemund-Treiber*, § 620 b Rz. 2 a: Weg des § 620 b II ZPO ist vorrangig.
    A. A. *Zöller/Philippi*, § 620 b Rz. 2 a: Kein Rechtsschutzbedürfnis für Antrag nach § 620 b I ZPO.
    A. A. MK(ZPO)/*Klauser*, § 620 a Rz. 15: Können miteinander verbunden werden.
[126]) *Gießler*, Rz. 168.
[127]) *Gießler*, Rz. 166.

Elterliche Sorge (Abänderung) 91

der Antrag wiederholt werden. - Der Antrag unterliegt **nicht** dem **Anwaltszwang**[128]. Nach allgemeiner Meinung gilt die Regelung in § 620 a II S. 2 ZPO auch für den Antrag nach § 620 b I ZPO[129]).

Obschon die Folgesache elterliche Sorge durch das KindRG Antragsfolgesache geworden ist und § 620 S. 2 ZPO a. F. gestrichen worden ist, gilt doch weiterhin § 620 b I S. 2 ZPO: Das Gericht kann bei elterlicher Sorge im Abänderungsverfahren stets von Amts wegen entscheiden[130]). Diese Regelung ist auch nicht beschränkt auf Fälle, in denen das Kindeswohl akut gefährdet ist[131]). Eigentlich ist diese Regelung systemwidrig. **178**

Zur **zeitlichen Zulässigkeit** des Abänderungsantrags kann auf Rz. 122 ff. verwiesen werden.

Wie schon unter Rz. 177 bei einer speziellen Fragestellung erörtert, gelten die in § 620 a ZPO aufgestellten Verfahrensregeln (Rz. 140 ff.) auch für das Verfahren nach § 620 b I ZPO[132]). Es sei indes hervorgehoben: **179**

Über einen Antrag nach § 620 b I ZPO muß, wie Abs. II dieser Vorschrift deutlich macht, nicht aufgrund mündlicher Verhandlung entschieden werden, obschon dies in aller Regel zweckmäßig ist.

Ergänzend regelt **§ 620 d S. 2 ZPO**: Der **Abänderungsbeschluß muß** - wie der Abänderungsantrag - **begründet** werden (s. Rz. 177). **§ 620 e ZPO** bestimmt und ergänzt weiterhin: Das Gericht kann vor seiner Entscheidung die Vollziehung einer e. A. **aussetzen.** Dies kann - wie oft übersehen - auch **von Amts wegen** geschehen. Eine

---

[128]) *Baumbach/Lauterbach/Albers*, § 620 b Rz. 5; *Zöller/Philippi*, § 620 b Rz. 12 u. § 620 a Rz. 9.
MK(ZPO)/*Klauser*, § 620 a Rz. 11: Für das gesamte Anordnungsverfahren gilt kein Anwaltszwang.
[129]) S. Fn. 128.
[130]) Vgl. hierzu *Johannsen/Sedemund-Treiber*, § 620 b Rz. 4; hiernach muß die zu ändernde Entscheidung das Sorgerecht insgesamt zum Gegenstand haben. S. auch *Baumbach/Lauterbach/Albers* zu § 620 b Rz. 5, *Musielak/Borth* zu § 620 b Rz. 5 und *Dose*, Rz. 47.
[131]) S. Fn. 130.
[132]) *Gießler*, Rz. 169; *Zöller/Philippi*, § 620 b Rz. 12.

solche Aussetzung ist bei e. A. zur elterlichen Sorge auch sinnvoll: Hierdurch wird der Zustand wiederhergestellt, der vor Erlaß der e. A. bestand, d. h. die Gestaltungswirkung der e. A. entfällt[133]). Der Aussetzungsbeschluß ist nach h. M. nicht anfechtbar[134]). Er besitzt auch keine Innenbindung und kann daher auf Gegenvorstellung wie von Amts wegen abgeändert werden[135]). Für die Kostenentscheidung gilt § 620 e S. 1 ZPO. Sie ist also generell entbehrlich. Ist der Abänderungsantrag unzulässig oder unbegründet, sind die Kosten nach §§ 620 g S. 2, 96 ZPO evtl. dem Antragsteller aufzuerlegen.

b) Die Überprüfung in § 620 b II ZPO

180   Nach § 620 c ZPO ist in den dort genannten Fällen sofortige Beschwerde nur zulässig, wenn aufgrund mündlicher Verhandlung eine e. A. ergangen ist. § 620 b I ZPO gewährt aber keinen Anspruch auf mündliche Verhandlung, so daß der Richter die sofortige Beschwerde verzögern, ja unterlaufen könnte, indem er nicht aufgrund mündlicher Verhandlung entscheidet. Daher ist eine Bestimmung erforderlich, wonach der Antragsteller verlangen kann, daß aufgrund mündlicher Verhandlung entschieden wird. Diese Vorschrift ist § 620 b II ZPO.

181   Nach § 620 b II ZPO muß das Gericht auf Antrag hin, also nicht nur eine mündliche Verhandlung anberaumen, sondern darüber hinaus aufgrund mündlicher Verhandlung entscheiden. Kommt das Gericht dem nicht nach, indem es weitere Ermittlungen anstellt und weiteres Vorbringen zuläßt und ohne erneute mündliche Verhandlung berücksichtigt - durch ein sog. gemischt-mündlich-schriftliches Verfahren - sind die Voraussetzungen für eine Beschwerde nach § 620 c ZPO nach herrschender und zutreffender Auffassung nicht erfüllt[136]). Ebenso wird der prozessuale Anspruch nach § 620 b II ZPO

---

[133]) *Gießler*, Rz. 246; MK(ZPO)/*Klauser*, § 620 e Rz. 2.
[134]) OLG Zweibrücken, FamRZ 1998, 1378; OLG Hamburg, FamRZ 1990, 423; *Dose*, RZ. 186; *Gießler*, Rz. 246; *Baumbach/Lauterbach/Albers*, Rz. 2, *Johannsen/Sedemund-Treiber*, Rz. 4, MK(ZPO)/*Klauser*, Rz. 4, *Musielak/Borth*, Rz. 3, *Stein/Jonas/Schlosser*, Rz. 3, *Zöller/Philippi*, Rz. 4 - je zu § 620 e.
[135]) *Gießler*, Rz. 246; MK(ZPO)/*Klauser*, § 620 e Rz. 4.
[136]) OLG Karlsruhe, FamRZ 1994, 1186 u. FamRZ 1989, 521; OLG Zweibrücken, FamRZ 1984, 916; OLG Bamberg, FamRZ 1981, 294; *Dose*, Rz. 44; *Gießler*, Rz. 176; *Musielak/Borth*, § 620 c Rz. 6.

nicht erfüllt[137]). Ferner werden Beschlüsse auf diese Weise nicht formell rechtskräftig.

Die Frage, ob ein Beschluß im Sinne von § 620 b II ZPO ohne mündliche Verhandlung ergangen ist, wenn zwar mündlich verhandelt, aber aufgrund gemischt-mündlich-schriftlichen Verfahrens entschieden wurde, ist dem Wortlaut nach - "ohne mündliche Verhandlung" - allerdings zu bejahen, zumal § 620 b II wie § 620 c ZPO zugleich mit dem anderslautenden Terminus "aufgrund mündlicher Verhandlung" operieren. Eine am Wortlaut orientierte Auslegung würde jedoch dazu führen, daß der Antragsteller sein Verlangen nach § 620 b II ZPO bei der gemischten Verfahrensweise doch nicht durchsetzen kann. Hinsichtlich des Wortlautes, der für eine andere Auslegung spricht, liegt zudem die Annahme nahe: Der Gesetzgeber hat in § 620 b II ZPO den Ausdruck "ohne mündliche Verhandlung" nur verwandt, um den Terminus "aufgrund mündlicher Verhandlung" nicht zweimal hintereinander benutzen zu müssen, also allein aus stilistischen Gründen. "Ohne mündliche Verhandlung" ist somit korrigierend auszulegen mit "aufgrund mündlicher Verhandlung" ergangen. Aufgrund dieser Auffassung müssen allerdings Beschwerden gegen eine e. A., die im gemischt-mündlich-schriftlichen Verfahren ergangen sind, zur erneuten mündlichen Verhandlung in die erste Instanz zurückverwiesen und das Verfahren vor allem zu Lasten des Kindes verzögert werden[138]). Dies muß jedoch in Kauf genommen werden, weil andernfalls die Konzeption des Gesetzes in §§ 620 c, 620 b II ZPO nicht durchgehalten werden kann[139]).

Johannsen/Sedemund-Treiber, § 620 c Rz. 3 weist zu Recht darauf hin: Bei anderer Auslegung kann die Zulässigkeit der Beschwerde nicht schnell und zuverlässig beurteilt werden.
A. A. OLG Hamburg, FamRZ 1986, 182; *Baumbach/Lauterbach/Albers*, § 620 c Rz. 1; *Zöller/Philippi*, § 620 c Rz. 8.

[137]) Er wird erst recht nicht erfüllt, wenn der Antrag nach § 620 b II ZPO als ein solcher nach Abs. I behandelt wird. Dann einfache Beschwerde gegen die hierdurch ausgesprochene Abweisung des Antrags; so OLG Koblenz, FamRZ 1993, 1100. S. auch OLG Düsseldorf, FamRZ 1992, 1198.

[138]) Gegen die hier vertretene herrschende Meinung ist daher wiederholt "angerannt" worden. S. Fn. 136 zu A. A.

[139]) Probleme ergeben sich auch, wenn in der anberaumten mündlichen Verhandlung die geladenen Parteien und Anwälte nur zum Teil erscheinen. Vgl. hierzu Gießler, Rz. 156/158; *Zöller/Philippi*, § 620 b Rz. 6 u. § 620 c Rz. 7.

182 Der an keine Frist gebundene **Antrag** nach § 620 b II ZPO muß nach § 620 d S. 1 ZPO **begründet** werden. Fehlt die Begründung, ist eine Frist zu setzen (s. Rz. 177). Gießler und Philippi zufolge[140]) kann die Begründung noch in der mündlichen Verhandlung nachgeholt werden. Dann würde § 620 d S. 1 ZPO insoweit jedoch "leer laufen". Für die von Gießler und Philippi vertretene Meinung besteht m. E. auch kein Bedürfnis, da der Antrag ja wiederholt werden kann (s. Rz. 177).

183 Mit der h. M. besteht für den Antrag **Anwaltszwang,** da er die mündliche Verhandlung herbeiführen soll[141]). Obschon diese Frage umstritten ist, sollte der Antragsteller, schon um sicher zu gehen, hiervon ausgehen.

184 Der Antrag nach § 620 b ZPO muß - wie jeder Antrag - indes **zulässig** sein, z. B. muß auch hier ein Rechtsschutzbedürfnis bestehen. Ist ein Antrag unzulässig, kann er ohne mündliche Verhandlung als unzulässig verworfen werden[142]).

Auch die nach § 620 b II ZPO ergehende Neuentscheidung ist zu begründen, § 620 d S. 1 ZPO.

185 Wie bei Anträgen zu § 620 b I ZPO kann die Vollziehung einer erlassenen e. A. nach § 620 e ZPO ausgesetzt werden - auch von Amts wegen. Gegen eine Neuentscheidung nach § 620 b II ZPO kann außer einer Beschwerde nach § 620 c ZPO auch nach § 620 b I ZPO erneut Abänderung beantragt werden. Allerdings sind auch hier die Grenzen zu beachten, die schon unter Rz. 39, 175 aufgezeigt wurden.

c) Die Überprüfung vorläufiger Anordnungen

186 Die Abänderung einer im isolierten FGG-Verfahren erlassenen und nicht schon außer Kraft getretenen v. A. zur elterlichen Sorge ist

---

[140]) *Gießler,* Rz. 153; *Zöller/Philippi,* § 620 b Rz. 15.
[141]) OLG Düsseldorf, FamRZ 1978, 709 (710); *Gießler,* Rz. 153; *Johannsen/Sedemund-Treiber,* § 620 b Rz. 11.
  A. A. *Baumbach/Lauterbach/Albers,* § 620 b Rz. 8 u. § 620 a Rz. 6 sowie MK(ZPO)/*Klauser,* § 620 a Rz. 11.
[142]) *Gießler,* Rz. 157; MK(ZPO)/*Klauser,* § 620 b Rz. 20.

Elterliche Sorge (Abänderung)

nach § 18 I FGG grundsätzlich stets möglich, und zwar auch von Amts wegen[143].

Wenn Entscheidungen zur elterlichen Sorge auch keine materielle Rechtskraft erlangen (s. Rz. 39), ist aber doch zu beachten und zu prüfen, ob eine zur elterlichen Sorge schon ergangene Entscheidung einer neuen Beschlußfassung entgegensteht (s. Rz. 39). Auch ein anhängiges oder schon entschiedenes e. A.-Verfahren kann einer Abänderung nach § 18 I FGG entgegenstehen[144]. **187**

d) Die sofortige Beschwerde nach § 620 c ZPO

Obschon e. A. zwecks zügiger Erledigung des Eheverfahrens grundsätzlich unanfechtbar sind, sind **Regelungen zur elterlichen Sorge** wegen ihrer existentiellen Bedeutung für die Betroffenen ausnahmsweise **mit sofortiger Beschwerde anfechtbar.** Wie schon der Wortlaut des § 620 c ZPO ergibt, gilt das aber nur für Entscheidungen des Gerichts im ersten Rechtszug. Regelungen des OLG zur elterlichen Sorge sind selbst bei Erstentscheidungen nach § 567 IV ZPO nicht anfechtbar. **188**

Das Gericht erster Instanz kann nach § 620 a ZPO (Erstantrag) wie nach § 620 I oder II ZPO entschieden haben. Es muß die elterliche Sorge über ein gemeinsames Kind indes positiv "geregelt" haben. Das ist z. B. nicht der Fall, wenn eine Sorgerechtsregelung abgelehnt[145]) oder eine bereits getroffene Regelung ersatzlos aufgehoben wird[146]). Wird der Abänderungsantrag hinsichtlich einer bereits getroffenen Regelung zurückgewiesen, so ist auch dies keine **positive Regelung** **189**

---

[143]) *Gießler*, Rz. 344/73; MK(ZPO)/*Klauser*, § 620 b Rz. 20.
[144]) *Gießler*, Rz. 988.
[145]) OLG Hamburg, FamRZ 1993, 1337; KG, FamRZ 1993, 720; *Gießler*, Rz. 178; *Baumbach/Lauterbach/Albers*, Rz. 1, *Johannsen/Sedemund-Treiber*, Rz. 2, *Musielak/Borth*, Rz. 4 - je zu § 620 c.
A. A. OLG Frankfurt, FamRZ 1984, 296 u. *Zöller/Philippi*, § 620 c Rz. 11: Wenn Beschluß wie positive Regelung sich auswirkt.
[146]) *Gießler*, Rz. 178; *Musielak/Borth*, § 620 c Rz. 2.
Teilweise A. A. OLG Karlsruhe, FamRZ 1979, 840; *Baumbach/Lauterbach/Albers*, Rz. 1, *Zöller/Philippi*, Rz. 11 - beide zu § 620 c: Wenn positive Regelung zugunsten des anderen sich auswirkt.

Besonderer Teil

- selbst wenn die Verhältnisse seit Erlaß der e. A. sich geändert haben[147]). Auch in diesem Zusammenhang ist auszuführen: Die Statthaftigkeit eines Rechtsmittels sollte schnell und zuverlässig ohne Einstieg in materiell-rechtliche Fragen überprüfbar sein. Das ist aber nur bei der hier vertretenen Auffassung gegeben. Zudem bleibt es der beschwerten Partei unbenommen, eine andere Regelung in einem neuen Verfahren herbeizuführen.

Die elterliche Sorge wird **auch** dann geregelt, wenn sie lediglich einen **Teilbereich** erfaßt[148]). Dies darf aber nicht dazu führen, daß auch Regelungen für Randbereiche der elterlichen Sorge nach § 620 c ZPO anfechtbar sind. Dies widerspräche der ratio der Vorschrift, die nur ausnahmsweise bei sehr bedeutsamen Regelungen eine sofortige Beschwerde zulassen will (s. Rz. 188). Anfechtbar sind **nur Entscheidungen**, die den **Kernbereich** der elterlichen Sorge[149]) betreffen - was ohne tieferes Eindringen in die Sache auch klärbar sein dürfte, beim Aufenthaltsbestimmungsrecht z. B. eindeutig zu bejahen ist.

190   Zur **außerordentlichen Beschwerde** wegen greifbarer Gesetzeswidrigkeit s. Rz. 257 und zur Anfechtbarkeit von **Zwischenentscheidungen** Rz. 261.

Beschwerdeberechtigt sind **nur die Eheleute**. Nicht beschwerdeberechtigt, da nicht verfahrensbeteiligt, sind das Jugendamt[150]), die gemeinsamen Kinder[151]) (auch nicht ab dem 14. Lebensjahr!) sowie Vereine zur Förderung von Kindesinteressen.

---

[147]) *Gießler*, Rz. 178; *Johannsen/Sedemund-Treiber*, Rz. 2, *Musielak/Borth*, Rz. 2 - je zu § 620 c.
A. A. OLG Düsseldorf, FamRZ 1985, 300; *Zöller/Philippi*, § 620 c Rz. 11.

[148]) Allgemeine Meinung. Vgl. z. B. OLG Karlsruhe, FamRZ 1998, 501; OLG Düsseldorf, FamRZ 1985, 300; *Gießler*, Rz. 1000 u. 178; *Baumbach/Lauterbach/Albers*, Rz. 1, *Johannsen/Sedemund-Treiber*, Rz. 2, MK(ZPO)/*Klauser*, Rz. 3, *Musielak/Borth*, Rz. 3, *Zöller/Philippi*, Rz. 4 - je zu § 620 c.

[149]) *Johannsen/Sedemund-Treiber*, Rz. 2 u. *Musielak/Borth*, Rz. 3 - beide zu § 620 c; *Dose*, Rz. 182.
A. A. MK(ZPO)/*Klauser*, Rz. 3 u. *Zöller/Philippi*, Rz. 4 - beide zu § 620 c.

[150]) OLG Karlsruhe, FamRZ 1991, 969 m. w. N.; *Gießler*, Rz. 185; *Baumbach/Lauterbach/Albers*, Rz. 2, MK(ZPO)/*Klauser*, Rz. 18, *Musielak/Borth*, Rz. 7, *Zöller/Philippi*, Rz. 15 - je zu § 620 c. S. jedoch Rz. 168.
A. A. *Schwab/Maurer*, Teil I Rz. 963.

[151]) S. Fn. 150. A. A. auch hier nur *Schwab/Maurer*.

Elterliche Sorge (Abänderung)

Der Beschwerdeberechtigte muß **beschwert** sein. Es ist auch zu bejahen, wenn dem Antrag nur teilweise stattgegeben wurde. Die Beschwerde entfällt auch nicht, wenn der Antragsgegner das Kind aufgrund e. A. zur elterlichen Sorge herausgegeben hat. **191**

Die Beschwerde kann **nur durch Beschwerdeschrift** beim Familiengericht oder dem Senat für Familiensachen eingelegt, also nicht zu Protokoll der Geschäftsstelle erklärt werden. Somit besteht **Anwaltszwang**[152]. Wird die Beschwerde beim Familiengericht erster Instanz eingelegt, muß sie von einem Anwalt unterzeichnet werden, der dort zugelassen ist, § 78 II Nr. 1 ZPO. Wird sie beim OLG eingelegt, kann sie nur von einem dort zugelassenen Anwalt eingelegt werden. Will sich der Beschwerdegegner äußern, so kann er dies - schriftsätzlich - auch durch den Anwalt tun, der ihn in erster Instanz vertreten hat, § 573 II ZPO. **192**

Zum Anwaltszwang in mündlicher Verhandlung s. Rz. 197.

Die sofortige Beschwerde ist **innerhalb** einer Notfrist von **2 Wochen** einzulegen, § 577 II ZPO, **und** nach § 620 d S. 1 ZPO auch zu **begründen.** Wird die Beschwerdeschrift unter Mißachtung der zum Anwaltszwang gerade dargelegten Regeln eingereicht, ist die Beschwerdeschrift zur Fristwahrung unverzüglich an das "richtige" Gericht weiterzuleiten, da der dortige Eingang für den Ablauf der Beschwerdefrist maßgebend ist. Wird die Beschwerde eingelegt, bevor die Ehe rechtskräftig geschieden wurde, ist über die Beschwerde noch zu befinden, s. Rz. 123 m. w. N.[153]). **193**

Nach § 577 III ZPO darf das Gericht der Beschwerde nicht abhelfen. Nach § 572 I ZPO hat die Beschwerde **keine aufschiebende Wirkung.** Nach § 620 e ZPO kann das **Beschwerdegericht** als endgültig entscheidendes Gericht[154]), aber nicht das Familiengericht, die Vollziehung der e. A. **aussetzen** - auch von Amts wegen, s. schon Rz. 179. **194**

---

[152]) A. A. nur OLG Hamm (7. FamS), FamRZ 1985, 1146 u. MK(ZPO)/*Klauser*, § 620 c Rz. 20.

[153]) *van Els*, ZfJ 1984, 261 u. FamRZ 1985, 617; *Gießler*, Rz. 191; *Johannsen/Sedemund-Treiber*, § 620 c Rz. 6; *Zöller/Philippi*, § 620 c Rz. 18.

[154]) Allgemeine Meinung. Vgl. z. B. *Baumbach/Lauterbach/Albers*, Rz. 2, MK(ZPO)/*Klauser*, Rz. 3, *Zöller/Philippi*, Rz. 2 - je zu § 620 e.

Besonderer Teil

195 Da bei Entscheidungen zur elterlichen Sorge nicht das Verbot der reformatio in peius gilt und das Kindeswohl Vorrang hat[155]), gibt es hier **keine Anschlußbeschwerde**[156]).

196 Bis zum Erlaß der Beschwerdeentscheidung **kann** die Beschwerde **zurückgenommen werden,** wobei der Gegner nicht zustimmen muß.

197 Das Gericht **kann** über die sofortige Beschwerde auch **ohne mündliche Verhandlung** entscheiden, § 573 I ZPO. Kind und Jugendamt brauchen nicht erneut gehört zu werden. Wird mündlich verhandelt, können beim OLG nur dort zugelassene Anwälte auftreten[157]). S. jedoch Rz. 192 hinsichtlich schriftsätzlicher Stellungnahmen.

198 Das Gericht entscheidet über die sofortige Beschwerde durch **begründeten Beschluß,** § 620 d ZPO. Das Gericht kann sie als unzulässig oder unbegründet zurückweisen, es kann die angegriffene Regelung aufheben oder ändern, oder es kann an das Familiengericht zurückverweisen. Da eine **Zurückverweisung** das Verfahren zwangsläufig verlängert, sollte dies - bei einer Eilentscheidung zum Kindeswohl - **nur** selten und **ausnahmsweise** geschehen[158]) - s. auch Rz. 61 ff.

199 War ein Hauptverfahren anhängig und hat die Beschwerde Erfolg, gilt nach allgemeiner Meinung **§ 620 g ZPO**[159]). Hat die Beschwerde keinen Erfolg[160])[161]), wird sie zurückgenommen[162]) oder für erledigt er-

---

[155]) Allgemeine Meinung. Vgl. z. B. BGHZ 85, 180 = FamRZ 1983, 44; KG, FamRZ 1986, 1016.

[156]) *Gießler,* Rz. 192; *Zöller/Philippi,* § 620 c Rz. 19.

[157]) Vgl. z. B. *Gießler,* Rz. 195 u. *Zöller/Philippi,* § 620 c Rz. 22.

[158]) *Gießler,* Rz. 197; *Schwab/Maurer,* Teil I Rz. 965; MK(ZPO)/*Klauser,* § 620 c Rz. 23; *Musielak/Borth,* § 620 c Rz. 9.

[159]) Vgl. OLG Bamberg, FamRZ 1996, 884 m. w. N.

[160]) § 97 ZPO dann: *Gießler,* Rz. 236; *Johannsen/Sedemund-Treiber,* § 620 g Rz. 4; *Musielak/Borth,* § 620 g Rz. 7; *Zöller/Philippi,* § 620 g Rz. 8.
A. A. OLG Frankfurt, FamRZ 1984, 720: § 620 g ZPO; *Stein/Jonas/Schlosser,* § 620 g Rz. 5: § 96 ZPO.

[161]) Bei teilweisem Obsiegen soll nur, soweit der Beschwerdeführer unterliegt, § 97 ZPO gelten - so z. B. *Gießler,* Rz. 236.
A. A. hier OLG Frankfurt, FamRZ 1984, 720 u. *Zöller/Philippi,* § 620 g Rz. 8: Insgesamt § 620 g ZPO.

[162]) § 269 III bzw. § 515 III ZPO - so z. B. *Gießler,* Rz. 236, MK(ZPO)/*Klauser,* § 620 g Rz. 9, *Musielak/Borth,* § 620 g Rz. 7, *Zöller/Philippi,* § 620 g Rz. 9.

klärt[163]), ist in Rspr. und Lehre lebhaft umstritten, ob § 620 g ZPO den §§ 97, 269 III S. 2 und § 91 a ZPO vorgeht oder umgekehrt. M. E. ist es nicht konsequent, § 620 g ZPO für das Beschwerdeverfahren zunächst anwendbar zu erachten und ihn dann bei Erfolglosigkeit, Rücknahme und Erledigung für unanwendbar zu erklären. Hierdurch wird die in § 620 g ZPO angestrebte und begrüßenswerte Vereinfachung der Kostenentscheidung teilweise wieder ausgehebelt.

Gegen die Beschwerdeentscheidung des OLG findet nach § 567 III S. 1 ZPO eine weitere Beschwerde nicht statt.

200

e) Die Beschwerde gegen vorläufige Anordnungen

Hat im selbständigen isolierten FGG-Verfahren zur elterlichen Sorge das Familiengericht eine v. A. des Familiengerichts erlassen, so ist dieser Beschluß keine Endentscheidung im Sinne von § 621 e ZPO. Sie kann mit unbefristeter Beschwerde angefochten werden, und zwar nach § 19 FGG i. V. m. § 621 a I ZPO, § 64 III FGG[164]).

201

Die Beschwerde ist auch zulässig, **wenn** die v. A. **ohne mündliche Verhandlung ergangen** ist. § 620 c ZPO ist insoweit nicht analog anzuwenden[165]). Grundgedanke dieser Vorschrift ist es, die Anfechtung zwecks zügigen Fortgangs des Eheverfahrens und zur Vermeidung des Hin- und Hersendens der Akten zwischen Familiengericht und Beschwerdegericht ausnahmsweise einzuschränken. Dieser Grundgedanke greift nicht, wenn eine Eilentscheidung nicht in einem Eheverfahren ergangen ist und darf nicht qua Analogie in anders strukturierte Eilverfahren implantiert werden. - Ebenso ist - anders als bei einer e. A. - **nicht erforderlich,** daß der Beschluß eine **positive Sorgerechtsregelung** enthält. Auch insoweit ist § 620 c ZPO nicht analog anzuwenden[166]).

---

[163]) OLG Bamberg, FamRZ 1996, 884 m. w. N.: § 91 a ZPO. Ebenso MK(ZPO)/*Klauser*, § 620 g Rz. 10.
A. A. OLG Thüringen, FamRZ 1996, 880 u. OLG Frankfurt, FamRZ 1984, 720: § 620 g ZPO.

[164]) Eine v. A. des OLG ist folglich nicht anfechtbar. S. *Gießler*, Rz. 332.

[165]) *Gießler*, Rz. 332; *Zöller/Philippi*, § 620 c Rz. 1.
A. A. OLG Bamberg, FamRZ 1990, 645.

[166]) *Gießler*, Rz. 332: „Allenfalls während anhängiger Ehesache".

202 Nach § 20 I FGG steht die Beschwerde jedem zu, dessen Recht durch v. A. beeinträchtigt ist. Anders als bei der e. A. sind daher **grundsätzlich das Jugendamt** sowie das **Kind ab Vollendung des 14. Lebensjahres** beschwerdebefugt, aber auch hier nicht ein Kinderschutzverein[167]) - §§ 57 I Nr. 9, 59, 64 III FGG. - Die Beschwerde kann nach § 21 I FGG bei dem Gericht, das die Anordnung erlassen hat, oder beim Beschwerdegericht, also dem OLG, eingelegt werden. **Anwaltszwang** besteht nicht, auch nicht bei Einlegung beim OLG. Antrag und Begründung sind nicht vorgeschrieben, in aller Regel jedoch zweckmäßig.

203 Das Familiengericht kann der Beschwerde hier **abhelfen,** s. § 18 FGG. Es kann - ebenso wie das OLG - die Vollziehung der e. A. **aussetzen.** Das **OLG** kann **darüber hinaus** eine **v. A.** erlassen, bevor es regulär über die Beschwerde entscheidet, § 24 III FGG; eine solche v. A. muß jedoch innerhalb des Gegenstands des Beschwerdeverfahrens bleiben[168]). Solange über die Beschwerde nicht entschieden ist, kann sie zurückgenommen werden, ohne daß die übrigen Beteiligten zustimmen müssen[169]).

204 Im Beschwerdeverfahren zur elterlichen Sorge ist eine **reformatio in peius** - zum übergeordneten Wohl des Kindes - ausnahmsweise **zulässig**[170]). Die Entscheidung muß sich aber auch hier in dem Rahmen halten, den der Gegenstand des Beschwerdeverfahrens absteckt. Ist die Beschwerde bei mehreren Kindern z. B. zulässigerweise auf ein Kind beschränkt worden, kann das Beschwerdegericht nicht auch hinsichtlich der anderen Kinder mitentscheiden. - Hat das Familiengericht entschieden, ohne Eltern und Kinder anzuhören, sollte es diese **Anhörung im Rahmen des Abhilfeverfahrens unverzüglich nachholen**[171]). Dann muß das OLG das Verfahren - was gerade bei der elterlichen Sorge tunlichst zu vermeiden ist - nicht an das Familiengericht zurückverweisen. - Nach § 25 FGG ist die Beschwerdeentscheidung mit Gründen zu versehen. Die **Kostenent-**

---

[167]) BGH, FamRZ 1988, 54; OLG Köln, FamRZ 1987, 505.
[168]) OLG Stuttgart, FamRZ 1998, 1128.
[169]) OLG Frankfurt, FamRZ 1996, 420 - auch zu bindenden Vereinbarungen über die Zurücknahme der Beschwerde.
[170]) *Gießler*, Rz. 340; *Keidel/Kahl*, § 19 Rz. 118 m. w. N.
[171]) *Gießler* (2. Aufl.), Rz. 1013.

scheidung ist nach § 13 a I FGG auszurichten[172]). - Anfechtbar ist die Beschwerdeentscheidung nicht, §§ 119 I, 133 Nr. 2 GVG[173]). Zur Rechtskraft der Beschwerdeentscheidung s. Rz. 39.

9. Konkurrenzfragen

a) Verhältnis zur korrelierenden Hauptsache

Wie unter Rz. 50 generell schon ausgeführt, kann eine im summarischen Verfahren ergangene Eilentscheidung gegenüber einem kongruenten Hauptverfahren keine Rechtskraft entfalten. Ein solches Hauptverfahren kann, auch wenn ein summarisches Verfahren anhängig ist, jederzeit betrieben werden[174]). Zur Auswirkung der Entscheidungen im Hauptverfahren auf Verfahren und Entscheidungen im summarischen Verfahren s. Rz. 54 ff. u. 213 ff.

205

b) Verhältnis zwischen Verfahren zur einstweiligen und vorläufigen Anordnung

Wie unter Rz. 51 schon generell ausgeführt, stehen nach h. M. bei Anhängigkeit einer Ehesache **beide Verfahren gleichrangig nebeneinander,** so daß die Ehegatten wählen können, welche prozessuale Möglichkeit für sie sachdienlich ist. Der h. M. ist zuzustimmen. Ein Spezialitäts- oder Subsidiaritätsverhältnis zwischen beiden Verfahren ist nicht gegeben[175]). - Hat ein Ehegatte sich für eine Verfahrensart entschieden, ist es jedoch unzulässig, dasselbe Ziel noch mit einer anderen Verfahrensart zu verfolgen[176]).

206

Sehr umstritten ist, ob eine v. A. durch eine e. A. sowie umgekehrt eine e. A. durch eine v. A. abgeändert werden kann[177]). Angesichts

207

---

[172]) *Gießler,* Rz. 346: U. U. Gebühren nach § 131 KostO u. gesonderte Auslagen.
[173]) *Zöller/Philippi,* § 621 a Rz. 46.
[174]) BGH, FamRZ 1982, 788: Wahl zwischen mehreren prozessualen Möglichkeiten. *Gießler,* Rz. 207 u. 66.
[175]) *Gießler,* Rz. 317 m. w. N.
[176]) OLG Zweibrücken, FamRZ 1984, 405; AG Montabaur, FamRZ 1990, 893.
[177]) *Bejahend: Gießler,* Rz. 317; *Zöller/Philippi,* § 620 Rz. 33.
Verneinend: Maurer, FamRZ 1991, 886; *Johannsen/Sedemund-Treiber,* vor § 620 Rz. 9.

der zahlreichen, hier herausgearbeiteten Unterschiede beider Verfahren, bestehen gegen eine solche **Austauschbarkeit** indes erhebliche Bedenken. Der Praktiker sollte vorsorglich davon ausgehen, daß sie nicht austauschbar sind.

208 Ein Verfahren auf Erlaß einer v. A. kann, wenn eine Ehesache anhängig war, in ein Verfahren nach § 620 ZPO jedenfalls in erster Instanz **übergeleitet** werden[178]). Dasselbe dürfte auch umgekehrt zulässig sein[179]). Häufig wird es genügen, den auf ein bestimmtes Verfahren ausgerichteten Antrag umzudeuten[180]).

c) Konkurrenz zwischen den Rechtsbehelfen

209 Auf diese Konkurrenzfrage ist schon bei Erörterung der verschiedenen Rechtsbehelfe eingegangen worden, s. Rz. 176 zum Verhältnis von § 620 b I und II ZPO, Rz. 185 zu Rechtsbehelfen gegen eine Neuentscheidung nach § 620 b ZPO sowie Rz. 189 zur sofortigen Beschwerde gegen Entscheidungen nach § 620 b wie § 620 a ZPO. Ergänzend sei noch ausgeführt: Statt Rechtsbehelfe gegen die e. A. einzulegen, kann auch eine Entscheidung im Hauptverfahren begehrt werden - sei es als Antragsfolgesache, sei es in einem isolierten FGG-Verfahren, sei es in einem abgetrennten Verfahren nach § 623 III S. 2 ZPO (s. hierzu schon Rz. 205 zu a). In diesem Hauptverfahren kann eine anderslautende Hauptsacheentscheidung begehrt werden, wodurch die e. A. nach § 620 f I S. 1 ZPO dann außer Kraft tritt.

Zu Konkurrenzfragen im Zusammenhang mit § 620 f ZPO s. Rz. 224.

---

[178]) *Brudermüller*, FamRZ 1999, 129 (200) - für das Hausratsverfahren, auch zur Überleitung in zweiter Instanz in Fn. 318.
[179]) S. Fn. 178.
[180]) S. Fn. 178.

Elterliche Sorge 103

d) Konkurrenzen zu Verfahren in Vormundschaftssachen

Solche Konkurrenzen sind erfreulicherweise weniger geworden, nachdem fast alle Vormundschaftssachen für Minderjährige in die Zuständigkeit des Familiengerichts überführt worden sind[181]).

210

10. Vollziehung und Aussetzung

a) der einstweiligen Anordnung

Soweit eine e. A., wie regelmäßig, lediglich die elterliche Sorge einem Elternteil zuteilt, hat sie trotz hiermit verbundener Herausgabeberechtigung nur gestaltenden Charakter und keinen vollstreckungsfähigen Inhalt. Wie unter Rz. 179 und 194 ausgeführt, **kann** die **Vollziehung** einer e. A. zum Sorgerecht dennoch nach § 620 e ZPO **ausgesetzt werden**; hierdurch entfällt die Gestaltungswirkung. Zur Zuständigkeit des aussetzenden Gerichts, zur Kostenentscheidung und zur Anfechtbarkeit der Aussetzung s. Rz. 179 und 194.

211

b) der vorläufigen Anordung

Wie unter Rz. 203 schon dargelegt, kann die Vollziehung einer v. A. zur elterlichen Sorge nach § 24 III FGG **ausgesetzt** werden. Wie dort auch schon erläutert wurde, kann das OLG darüber hinaus nach § 24 III FGG eine **vorläufige Anordnung** erlassen.

212

11. Außerkrafttreten der summarischen Entscheidung

a) der einstweiligen Anordnung

Die Fragen werden für die e. A. weitgehend, wenn auch nicht erschöpfend, in **§ 620 f ZPO** geregelt, s. Rz. 55. Die Vorschrift will verhindern, daß nach Auflösung der Ehe für den durch e. A. gestalteten Bereich ein regelungsloser Zustand eintritt. Denn § 620 f ZPO be-

213

---

[181]) *Johannsen/Sedemund-Treiber*, vor § 620 Rz. 4; *Musielak/Borth*, § 620 Rz. 14. S. jedoch *Coester*, FamRZ 2000, 439 (Anm.).

Besonderer Teil

stimmt, indem er das Außerkrafttreten regelt, eben auch, wie lange eine e. A. noch wirksam ist. Zugleich ermöglicht § 620 f ZPO: manche e. A. bleibt wirksam, wird als solche von den Parteien akzeptiert und bewirkt so eine im Ergebnis definitive Regelung.

214 Die e. A. tritt zunächst außer Kraft, wenn eine **anderweitige Regelung wirksam wird.** Das trifft zunächst zu, wenn im Scheidungsverbund[182]) eine Sorgerechtsentscheidung ergeht und nach § 629 d ZPO mit Rechtskraft der Scheidung wirksam wird. Es trifft weiter zu, wenn im isolierten FGG-Verfahren eine Sorgerechtsentscheidung nach § 16 I FGG wirksam wird. Das kann auch eine Entscheidung nach § 1666 BGB sein[183]). Es kann auch eine Entscheidung in einem nach § 623 II S. 2 ZPO abgetrennten Verfahren sein[184]). Schließen die Eltern einen Vergleich zur elterlichen Sorge, ist dieser nur eine anderweitige Regelung, wenn das Gericht diesen Vergleich bestätigt[185]). Die anderweitige Regelung kann auch eine anderweitige vorläufige Regelung sein[186]). Anders als in § 620 c ZPO (s. Rz. 189) muß die anderweitige Regelung keine positive Regelung sein[187]).

215 Nach § 620 f ZPO tritt die e. A. weiterhin außer Kraft, wenn der Scheidungsantrag[188]) **zurückgenommen** wird[189]). Die Rücknahme muß jedoch wirksam sein; hat sich die Gegenseite auf den Scheidungsantrag in mündlicher Verhandlung sachlich eingelassen, ist die gegnerische Zustimmungserklärung zu der Rücknahme erforderlich[190]). Ist der Partei, die den Scheidungsantrag zurücknimmt, nach **§ 626 II ZPO** vorbehalten worden, das Verfahren zur elterlichen Sorge als selbständige Familiensache fortzuführen, ist strittig, ob § 620

---

[182]) Sonstige Ehesachen werden zur Vereinfachung der Darstellung hier vernachlässigt.
[183]) *Johannsen/Sedemund-Treiber,* § 620 f Rz. 4.
[184]) *Musielak/Borth,* § 620 f Rz. 10.
[185]) *Gießler,* Rz. 1005. S. Rz. 96.
 A. A. *Zöller/Philippi,* § 621 Rz. 23 bei Hinweis auf § 52 a IV S. 3 FGG.
[186]) *Johannsen/Sedemund-Treiber,* § 620 f Rz. 3; *Musielak/Borth,* § 620 f Rz. 6.
[187]) BGH, FamRZ 1991, 180 (182); *Johannsen/Sedemund-Treiber,* § 620 f Rz. 7. Soweit ein Antrag als unzulässig zurückgewiesen wurde, ist dies jedoch keine Regelung, s. OLG München, FamRZ 1987, 610.
[188]) S. Fn. 182.
[189]) Ein Klageverzicht steht der Rücknahme nicht gleich. S. OLG Frankfurt, FamRZ 1982, 809; MK(ZPO)/*Klauser,* § 620 f Rz. 4.
[190]) OLG Frankfurt, FamRZ 1982, 809.

f ZPO - wie Gießler[191]) meint - dahin auszulegen ist, daß zur Vermeidung eines regelungslosen Zustandes die e. A. zur elterlichen Sorge als v. A. in dem neuen Verfahren wirksam bleibt[192]). Obschon § 620 f ZPO das Außerkrafttreten der e. A. nicht erschöpfend regelt, hat er dies für den Fall der Rücknahme getan, und der Gesetzgeber hat diese Regelung trotz umfangreicher Änderungen der §§ 620 ff. ZPO im KindRG bestehen lassen. Da die getroffene Regelung auch keine unerträglichen Konsequenzen hat, sondern nur wenig zweckmäßig erscheint, ist der von Gießler befürworteten Auslegung des § 620 f. ZPO nicht zu folgen. Folgt man Gießler, würde zudem bei der elterlichen Sorge eine e. A. als v. A. aufrechterhalten bleiben, obwohl beide Institute nicht generell austauschbar sind (s. hierzu Rz. 207)[193]). Angesichts der h. M. ist jedenfalls **zu empfehlen:**

Wer einen Antrag nach § 626 II ZPO stellt, sollte zugleich beantragen, eine zu seinen Gunsten erlassene e. A. zur elterlichen Sorge als v. A. neu zu erlassen.

Eine e. A. tritt nach § 620 f ZPO weiterhin außer Kraft, wenn in einer Scheidungssache der **Scheidungsantrag rechtskräftig abgewiesen** wird. - Nach § 629 III S. 1 ZPO ist wegen Gefährdung des Kindeswohls die Folgesache zur elterlichen Sorge wegen Kindesgefährdung stets als selbständige Familiensache fortzuführen, § 629 III S. 2 ZPO. Auch in diesem Zusammenhang taucht die Frage auf, ob eine schon erlassene e. A. als v. A. aufrechterhalten bleibt. Auch in diesem Zusammenhang ist die Frage mit der h. M. zu verneinen[194]). 216

Eine e. A. tritt schließlich außer Kraft, wenn das Eheverfahren durch den **Tod eines Ehegatten** nach § 619 ZPO als erledigt anzusehen ist - was mit der materiell-rechtlichen Regelung in § 1680 I BGB korreliert. 217

---

[191]) *Gießler*, Rz. 202 u. 1004.
[192]) A. A. OLG Karlsruhe, FamRZ 1986, 1120; *Baumbach/Lauterbach/Albers*, Rz. 5, *Johannsen/Sedemund-Treiber*, Rz. 3, MK(ZPO)/*Klauser*, Rz. 4, *Musielak/Borth*, Rz. 3, *Zöller/Philippi*, Rz. 7 - je zu § 620 f ZPO.
[193]) Zur naheliegenden Rechtfertigung der getroffenen Regelung *Zöller/Philippi*, § 620 f Rz. 7.
[194]) *Zöller/Philippi*, § 620 f Rz. 7.

218 Neben den in § 620 f ZPO ausdrücklich geregelten Fällen gibt es solche, die nicht geregelt sind.

aa) Die e. A. ist **befristet** und die Frist abgelaufen, oder die e. A. ist mit einer auflösenden Bedingung versehen und diese Bedingung eingetreten[195]). Solche Befristungen und auflösenden Bedingungen sind grundsätzlich unbedenklich; sie dürfen jedoch nicht automatisch vorgesehen werden, z. B. bei Rechtskraft der Ehesache[196]).

bb) Die e. A. ist ergangen, **ohne daß es zur Rechtshängigkeit der Ehesache gekommen ist** - sei es, weil das PKH-Gesuch zurückgewiesen oder zurückgenommen worden ist oder durch den Tod eines Ehegatten sich erledigt hat, sei es, weil kein Prozeßkostenvorschuß eingezahlt worden ist. In Rspr. und Literatur ist sehr umstritten, ob und wann § 620 f ZPO in diesen Fällen analog anzuwenden ist[197]). Da diese Problematik in § 620 f ZPO nicht geregelt ist, also eine echte Gesetzeslücke besteht, ist m. E. eine analoge Anwendung von § 620 f ZPO hier zulässig. Angesichts des sehr verfächerten, offenen und kontroversen Meinungsstands sei dem Praktiker bei diesen Fallkonstellationen indes empfohlen:

> Wer für den Fortbestand der e. A. streitet, sollte in diesen Fällen vorsorglich beantragen, die e. A. aufrechtzuerhalten.
>
> Wer gegen den Fortbestand der e. A. streitet, sollte vorsorglich ihre Aufhebung beantragen.

cc) Das **Hauptverfahren** hat sich "faktisch erledigt"[198]), z. B. indem es ausgesetzt wird, ruht oder - aus welchen Gründen auch immer - nicht weiter betrieben wird, s. hierzu schon Rz. 122. Diese Fälle sind nicht in § 620 f ZPO geregelt und schon deshalb nicht in

---

[195]) OLG Bamberg, FamRZ 1982, 86; OLG Düsseldorf, FamRZ 1978, 913; *van Els*, FamRZ 1990, 581; *Johannsen/Sedemund-Treiber*, § 620 f Rz. 8.
[196]) S. Fn. 195.
[197]) OLG Düsseldorf, FamRZ 1985, 1271; OLG Stuttgart, FamRZ 1984, 720; *Gießler*, Rz. 204 f.; *Baumbach/Lauterbach/Albers*, Rz. 5, *Johannsen/Sedemund-Treiber*, Rz. 9, MK(ZPO)/*Klauser*, Rz. 7, *Musielak/Borth*, Rz. 3, *Zöller/Philippi*, Rz. 9 ff. - je zu § 620 f.
[198]) Diesen zusammenfassenden terminus verwendet *Klauser*, MK(ZPO), § 620 f Rz. 9.

analoger Anwendung dieser Vorschrift zu lösen, weil gegenüber der e. A. keine negative Regelung erforderlich ist[199]). Die Parteien können jedoch beantragen, die erlassene Anordnung aufzuheben.

Zeitlich gesehen, tritt die e. A. gem. § 620 f ZPO außer Kraft, wenn die Regelung in der Hauptsache "wirksam wird" - also nicht rückwirkend, sondern *nur für die Zukunft*[200]). Das entspricht dem Grundgedanken der Vorschrift, wonach kein regelungsloser Zustand eintreten soll. Wird im Scheidungsverbund entschieden, beginnt die Wirksamkeit mit Rechtskraft des Verbundurteils (§ 629 d ZPO), in selbständigen FGG-Verfahren mit Bekanntgabe an die Beteiligten (§ 621 a I ZPO, § 16 FGG). **219**

Von ihrem Umfang her gesehen, tritt die e. A. nur außer Kraft, soweit ihr Regelungsumfang mit dem der Hauptsacheentscheidung kongruent ist[201]). **220**

Beispiel: Wird in der e. A. die elterliche Sorge voll der Mutter zugesprochen, im Verbundurteil hingegen nur zum Teil, so bleibt die e. A. bestehen, soweit hierüber im Verbundurteil nicht entschieden worden ist. Somit erwächst eine Rechtslage, die teils auf Verbundurteil, teils auf e. A. beruht - bei der elterlichen Sorge ein nicht unproblematisches Ergebnis.

Nach § 620 f ZPO treten e. A. ipso iure außer Kraft, d. h. ohne daß ein gerichtlicher Beschluß ergeht. Wer sich auf ein Außerkrafttreten beruft, kommt daher - auch wenn keine Vollstreckung ansteht - in Beweisnot, wenn er dies nachweisen will. Um dieser Beweisnot abzuhelfen, sieht **§ 620 f I S. 2 ZPO** ein **Beschlußverfahren** vor, in dem das Außerkrafttreten deklaratorisch festgestellt wird. **221**

---

[199]) OLG Düsseldorf, FamRZ 1985, 1271; MK(ZPO)/*Klauser*, Rz. 9, *Musielak/Borth*, Rz. 5, *Zöller/Philippi*, Rz. 9 b - je zu § 620 f.

[200]) *Gießler*, Rz. 202 ff.; *Baumbach/Lauterbach/Albers*, Rz. 4, *Johannsen/Henrich/Sedemund-Treiber*, Rz. 11, MK(ZPO)/*Klauser*, Rz. 10/7, *Musielak/Borth*, Rz. 9/10, *Zöller/Philippi*, Rz. 4 - je zu § 620 f.

[201]) OLG Karlsruhe, FamRZ 1988, 854; *Gießler*, Rz. 219; *Schwab/Maurer*, Teil I Rz. 974 f.; *Stein/Jonas/Schlosser*, § 620 f Rz. 2.

222 Folglich besteht kein Bedarf für ein solches Verfahren, wenn **bereits** eine **Entscheidung** vorliegt, in der die e. A. aufgehoben oder ersetzt worden ist, so daß eine Klarstellung völlig unnötig ist. Unter diesen Umständen ist ein Antrag nach § 620 f I S. 2 ZPO **unzulässig**[202]).

Dagegen ist das Beschlußverfahren nach § 620 f I S. 2 ZPO folgerichtiger Weise **zulässig, soweit § 620 f ZPO** auch in dort nicht geregelten Fällen **analog anzuwenden** ist, s. Rz. 182[203]).

223 Das Beschlußverfahren setzt einen **Antrag** voraus. Er kann, wie ein Antrag auf Erlaß einer e. A., zu Protokoll der Geschäftsstelle erklärt werden; er muß also nicht durch einen Anwalt gestellt werden. Kommt es zur mündlichen Verhandlung, besteht jedoch Anwaltszwang. Entsprechend § 620 a II S. 3 ZPO sollten die Voraussetzungen für den begehrten Beschluß genannt und glaubhaft gemacht werden[204]). Antragsberechtigt sind in Ehesachen nur die Eheleute - wie Rz. 119. Zuständig für den Beschluß ist das Gericht, das die e. A. erlassen hat, d. h. zuletzt darüber entschieden hat[205]). **Mündliche Verhandlung** ist nicht erforderlich, jedoch **in aller Regel empfehlenswert**[206]). - Das Gericht entscheidet durch Beschluß. In der Beschlußformel ist genau auszusprechen, ab wann die e. A. außer Kraft getreten ist. Der Beschluß ist zu begründen[207]), da er nach § 620 f I S. 3 ZPO mit sofortiger Beschwerde[208]) anfechtbar ist - soweit nicht das OLG entschieden hat, weil dann § 567 IV ZPO greift. Eine Kostenentscheidung ist jedenfalls geboten, wenn Kosten anfallen - zumindest wenn die Ehe schon rechtskräftig geschieden ist[209]).

---

[202]) *Gießler*, Rz. 220; MK(ZPO)/*Klauser*, § 620 f Rz. 11 u. 28.

[203]) MK(ZPO)/*Klauser*, § 620 f Rz. 28; wohl auch *Gießler*, Rz. 220. S. jedoch OLG Bamberg, FamRZ 1982, 86.

[204]) *Gießler*, Rz. 221: "Falls nicht aktenkundig".

[205]) MK(ZPO)/*Klauser*, § 620 f Rz. 29: Jedoch nicht, wenn es als Beschwerdegericht entschieden hat, weil es hier die erstinstanzliche Entscheidung nur bestätigt oder ersetzt.

[206]) *Schwab/Maurer*, Teil I Rz. 975; *Zöller/Philippi*, § 620 f Rz. 29.

[207]) *Gießler*, Rz. 226; *Schwab/Maurer*, Teil I Rz. 976; MK(ZPO)/*Klauser*, Rz. 31, *Musielak/Borth*, Rz. 14, *Zöller/Philippi*, Rz. 30 - je zu § 620 f.

[208]) A. A. nur *Wieczorek*, § 620 f zu C II: Einfache Beschwerde bei Zurückweisung des Antrags durch das Familiengericht.

[209]) *Schwab/Maurer*, Teil I Rz. 976; *Zöller/Philippi*, § 620 f Rz. 29; *Dose*, Rz. 190.

Elterliche Sorge (§ 620 f ZPO)

224 Auch hier gibt es **Konkurrenzfragen**. So ist umstritten, ob das Beschlußverfahren nach § 620 I S. 2 ZPO allein zum Zuge kommt, wenn die Ehegatten darüber streiten, ob eine anderweitige Regelung wirksam zustandegekommen ist oder die e. A. wirklich abgeändert hat. M. E. ist dies zu bejahen. Das Verfahren nach § 620 f I S. 2 ZPO ist ein speziell geregeltes Verfahren, das als vereinfachtes und verbilligtes Verfahren sonstige Verfahren, auch eine Fortsetzung des früheren Verfahrens, unzulässig macht[210]). Auch gegenüber einem Verfahren nach § 620 b I ZPO ist das Beschlußverfahren nach § 620 f I S. 2 ZPO das spezieller ausgerichtete und ausgeformte Verfahren[211]).

b) der vorläufigen Anordnung

225 Wie unter Rz. 55 schon ausgeführt, gibt es für das FGG-Verfahren keine Bestimmung, die **§ 620 f ZPO** entspricht. **Teilweise** kann die Vorschrift jedoch **entsprechend** angewandt werden.

Eine v. A. tritt außer Kraft

- wenn in der **Hauptsache** eine **Endentscheidung wirksam wird**[212]) oder ein entsprechender Vergleich geschlossen und gerichtlich bestätigt wird
- wenn sich das **Hauptverfahren faktisch erledigt**
- wenn eine v. A. befristet ist und die **Frist abläuft** oder wenn die v. A. auflösend bedingt ist und diese Bedingung eintritt.

226 Auch hier tritt die v. A. ipso iure außer Kraft. Auch hier kann das Außerkrafttreten - gilt § 620 f I S. 2 ZPO analog - durch Beschluß deklaratorisch festgestellt werden. Anders als bei der e. A., kann dies auch von Amts wegen geschehen. Auch hier tritt die Anordnung nicht rückwirkend, sondern nur für die Zukunft außer Kraft.

---

[210]) So die h. M. bei Erörterung, ob eine Vollstreckungsgegenklage neben oder anstelle des Beschlußverfahrens nach § 620 f I S. 2 ZPO zulässig ist. OLG Düsseldorf, FamRZ 1991, 721; OLG Zweibrücken, FamRZ 1985, 1150; OLG Koblenz, FamRZ 1981, 1092; *Johannsen/Sedemund-Treiber*, Rz. 12, *Musielak/Borth*, Rz. 13, *Zöller/ Philippi*, Rz. 30 - je zu § 620 f. Teils A. A. *Gießler*, Rz. 220; MK(ZPO)/*Klauser*, § 620 f Rz. 34.

[211]) *Gießler*, Rz. 228; MK(ZPO)/*Klauser*, § 620 f Rz. 34.

[212]) Vgl. z. B. KG, FamRZ 1993, 84 (bei vorläufiger Unterbringung); *Maurer*, FamRZ 1991, 886 zu III 1; *Bassenge/Herbst*, § 24 Rz. 18; *Dose*, Rz. 205.

110 Besonderer Teil

12. Gerichtskosten, Rechtsanwaltsgebühren, Gegenstandswerte

a) Gerichtskosten

227   Nach **K 1701** sind Entscheidungen über einen Antrag nach § 620 Nr. 1 ZPO gebührenfrei. Für das Verfahren werden indes Auslagen erhoben.

Bei einer sofortigen Beschwerde nach § 620 c ZPO entsteht nach **K 1951** eine Gebühr, und zwar eine Verfahrensgebühr. Dabei ist unerheblich, ob eine gerichtliche Entscheidung ergangen ist.

Die Feststellung nach § 620 f I S. 2 ZPO ist gebührenfrei.

228   Die **vorläufige Anordnung** zur elterlichen Sorge ist gerichtsgebührenfrei. Die Kostenordnung enthält insoweit keine Gebührenvorschrift.

In zweiter Instanz gilt § 131 I und II KostO. Nach Abs. III ist die Beschwerde gebührenfrei, wenn sie - wie regelmäßig anzunehmen sein wird - im Interesse des Kindes eingelegt ist.

b) Rechtsanwaltsgebühren

229   Sie erwachsen nach § 41 I BRAGO in erster Instanz, da Verfahren nach §§ 620, 620 b I und II ZPO als **besondere Angelegenheit** gelten. Folglich richten sich die Gebühren nach §§ 31 ff. BRAGO. Für mehrere Verfahren erhält der Rechtsanwalt die Gebühr in jedem Rechtszug nur einmal, § 41 I S. 2 BRAGO. Hat das Berufungsgericht die e. A. erlassen, erhöhen sich die Gebühren um 3/10, § 11 I S. 4 BRAGO.

Wird ein **Vergleich geschlossen** und ist ein gegenseitiges Nachgeben feststellbar, fällt nach § 23 BRAGO eine Vergleichsgebühr an. Erstreckt sich der Vergleich auf bisher nicht anhängige Gegenstände - z. B. Umgang - entsteht daneben eine halbe Prozeßgebühr, § 41 II BRAGO[213].

---

[213] *Gerhardt/Müller-Rabe*, Kap. 17 Rz. 162 ff.; *Johannsen/Sedemund-Treiber*, § 620 Rz. 40 ff.; MK(ZPO)/*Klauser*, § 620 g Rz. 15 ff.; *Zöller/Philippi*, § 620 a Rz. 35.

Im **Beschwerdeverfahren** erhält der Anwalt nach § 61 I Nr. 1 BRAGO 5/10 der in § 31 BRAGO bestimmten Gebühren. § 41 I S. 2 BRAGO gilt hier nicht.

Das **Beschlußverfahren** nach § 621 f I S. 2 ZPO ist kein besonderes Verfahren; es "gehört" im Sinne von § 37 BRAGO "zum Rechtszug". Ausnahmsweise können dennoch Anwaltsgebühren anfallen, z. B. wenn in diesen Verfahren erstmals Beweis erhoben wird[214]).

Bei einer **vorläufigen Anordnung** zum Sorgerecht fallen keine Anwaltsgebühren an. Eine Vorschrift, die § 41 I BRAGO entspricht, fehlt. Die Vorschrift ist auch nicht analog anzuwenden[215]). U. U. ist die Gebühr im Rahmen von § 118 BRAGO zu erhöhen.

230

Im **Beschwerdeverfahren** ist bei einer v. A. § 118 BRAGO anzuwenden[216]).

c) Gegenstandswerte

Bei der e. A. zur elterlichen Sorge ist für die Anwaltsgebühren nach **§ 8 II S. 3 BRAGO** von einem Wert von **1.000,00 DM** auszugehen. Dieser Ausgangswert wird als Mindestwert verstanden, darf also nicht unterschritten werden[217]). Ist die elterliche Sorge für mehrere Kinder zu regeln, so ist der Streitwert deshalb nicht automatisch zu erhöhen. Eine Erhöhung kommt jedoch in Betracht, wenn infolge mehrerer Kinder intensiver prozessiert wird[218]). Eine Erhöhung ist weiterhin geboten, wenn aus sonstigen Gründen die Bearbeitung rechtlich und tatsächlich schwierig und umfangreich ist[219]) - z. B. wegen hoher Zerstrittenheit der Eltern, einer umstrittenen Gefährdung des Kindes wegen sexuellen Mißbrauchs, Behinderung von Eltern und Kind oder bei Auslandsberührung. Auch günstige finanziel-

231

---

[214]) MK(ZPO)/*Klauser*, § 620 g Rz. 23; *Zöller/Philippi*, § 620 f Rz. 32.
[215]) OLG Nürnberg, FamRZ 1998, 116; *Gerhardt/Müller-Rabe*, 17. Kap. Rz. 164 m. w. N.; *Musielak/Borth*, § 620 a Rz. 94.
[216]) OLG Saarbrücken, JurBüro 1980, 1686; *Dose*, Rz. 207.
[217]) *Schneider/Herget*, Rz. 1267 f. u. 1271; MK(ZPO)/*Klauser*, § 620 g Rz. 16; *Johannsen/Sedemund-Treiber*, § 620 Rz. 49.
[218]) *Schneider/Herget*, Rz. 1271 u. 1434 m. w. N.
[219]) *Schneider/Herget*, Rz. 1271.

le Verhältnisse gebieten, über den Ausgangswert hinauszugehen. In Ausnahmefällen kann auch der Wert von 2.000,00 DM überschritten werden[220]).

232 Im **Beschwerdeverfahren**, in dem Gerichtsgebühren anfallen können, ist der Streitwert über § 12 I GKG nach § 3 ZPO zu bestimmen, und hierbei ist § 8 II S. 3 ZPO die geeignete Richtschnur[221]).

233 Bei **vorläufigen Anordnungen** ist der Gegenstandswert, hier Geschäftswert genannt, nach § 30 III und II KostO zu bewerten. Als **Mindestwert** erscheinen - da nicht die Hauptsache zu bewerten ist - **2.500,00 DM** angemessen. Auch hier ist aus denselben Gründen wie zu Rz. 231 häufig eine Erhöhung angebracht[222]) - jedoch keine automatische Erhöhung allein wegen der Zahl der Kinder.

---

[220]) *Johannsen/Sedemund-Treiber*, § 620 Rz. 49.
[221]) OLG Bamberg, JurBüro 1981, 735; OLG Braunschweig, FamRZ 1979, 614; *Schneider/Herget*, Rz. 1274; MK(ZPO)/*Klauser*, § 620 g Rz. 16.
[222]) Vgl. *Schneider/Herget*, Rz. 1435 u. 1278.

C. Gefährdung des Kindes

1. Einstweilige Anordnungen bei Gefährdung des Kindes

a) Einleitung

Das KindRG hat bei Umwandlung der e. A. zur Antragsfolgesache in mehrerer Hinsicht darauf geachtet: Das Wohl des Kindes, insbesondere eine Gefährdung des Kindes, darf nicht aus den Augen gelassen werden[223]. So ist in der Antragsschrift nach § 622 II Nr. 2 ZPO anzugeben, ob gemeinsame minderjährige Kinder vorhanden sind. Nach § 17 III KJHG hat das Gericht dann das Jugendamt zu informieren. Das Jugendamt wiederum hat die Eltern über die Leistungsangebote der Jugendhilfe zu unterrichten und, wenn die Eltern es wollen, zu beraten. Ferner hört das Gericht nach § 613 I S. 2 ZPO die Ehegatten zur elterlichen Sorge an und informiert sie über die verschiedenen Beratungsmöglichkeiten. Vor allem sieht § 623 III S. 1 ZPO einen **verbliebenen restlichen Zwangsverbund** vor, wenn eine **Gefährdung der Kinder** in Betracht kommt: Das Gericht muß dann von Amts wegen und beizeiten ein Verfahren einleiten[224], wobei es nach § 623 III S. 2 ZPO anordnen kann, dieses Verfahren von der Scheidungssache abzutrennen. § 626 Abs. I S. 1 und § 629 III S. 1 ZPO haben erneut die Gefährdung des Kindeswohls im Blick, indem sie regeln: Bei Rücknahme und Abweisung des Scheidungsantrags wird die Folgesache "elterliche Sorge" bei Gefährdung des Kindeswohls fortgeführt[225].

234

Sobald das Gericht wegen Gefährdung des Kindeswohls ein Verfahren einleitet, kann es **auch von Amts wegen** insoweit eine **einst-**

235

---

[223] Übersicht hierzu bei *Greßmann*, Rz. 457 ff. Die Ergänzungen wurden überwiegend auf Anregung des Bundesrates eingefügt.
[224] *Greßmann*, Rz. 469; *Büttner*, FamRZ 1998, 585 zu IV 5; FamRefK/*Hoffmann*, § 623 Rz. 9 ff.; *Johannsen/Sedemund-Treiber*, § 623 Rz. 9 f.; *Musielak/Borth*, § 623 Rz. 23.
[225] *Greßmann*, Rz. 476.

weilige Anordnung erlassen - s. schon Rz. 117 und 157[226]). Sobald eine amtswegige e. A. zur elterlichen Sorge erforderlich wird, ist also zugleich geboten, insoweit eine amtswegige Folgesache einzuleiten. Umgekehrt muß es - wie vorsorglich gesagt sei - nicht unbedingt so sein.

b) Zuständigkeit

236   Die **internationale Zuständigkeit** der deutschen Gerichte ergibt sich, wenn die Kinder ihren gewöhnlichen Aufenthalt in der Bundesrepublik haben, aus Art. 1 und 2 MSA. Der in Art. 3 MSA normierte Vorbehalt für bestehende gesetzliche Gewaltverhältnisse wird wohl nie eingreifen, da das Kind bei Erlaß einer solchen e. A. stets in seiner Person oder seinem Vermögen gefährdet sein wird. Art. 9 MSA begründet in dringenden Fällen also gerade für e. A. nach § 1666 BGB eine sog. Eilzuständigkeit deutscher Gerichte für Minderjährige, wenn der Minderjährige oder ihm gehörendes Vermögen sich hier befinden.

Nähere Einzelheiten Henrich, FamRZ-Buch 10, Rz. 250 ff.

c) Verfahren

237   Da gerade bei e. A. wegen Gefährdung des Kindes nicht selten höchste Eile geboten ist, kann und muß **häufig ohne vorherige Anhörung der Eltern und des Kindes** entschieden werden. - Wird das Kind aufgrund der e. A. von den Eltern getrennt, ist jedoch geboten, die Anhörung umgehend nachzuholen.

Nach § 50 II Nr. 2 FGG ist bei Verfahren nach §§ 1666, 1666 a BGB "in der Regel" ein **Verfahrenspfleger** zu bestellen[227]) - m. E. auch soweit nicht die Trennung von den Eltern ansteht. Da der Verfahrenspfleger möglichst frühzeitig zu bestellen ist, sollte dies, zeitlich gesehen, spätestens mit Erlaß der e. A. geschehen.

---

[226]) *Büttner*, FamRZ 1998, 585 zu IV 5; FamRefK/*Rogner*, § 1671 BGB Rz. 44.
[227]) *Greßmann*, Rz. 551; FamRefK/*Rogner*, § 1666 BGB Rz. 16.
   Kritisch und einschränkend *Maurer*, FamRefK § 50 FGG, insbesondere Rz. 21.

Zu weiteren Verfahrensfragen s. Rz. 140 ff., insbesondere 151 und 154. Zur Glaubhaftmachung s. Rz. 135 ff., insbesondere 134.

d) Die Entscheidung

Für eine e. A. wegen Gefährdung des Kindes ist erforderlich: Nach den glaubhaft gemachten Tatsachen ist das Kind konkret so gefährdet, daß bis zur Beendigung der erforderlichen Ermittlungen nicht zugewartet werden kann, sondern ohne erschöpfende Aufklärung des Sachverhalts sofort eingegriffen werden muß[228]). Selbst wenn eine Schädigung, z. B. Mißhandlung, glaubhaft gemacht ist, muß darüber hinaus die **Gefahr von Wiederholungen** bestehen - was indes regelmäßig zu bejahen sein wird, wenn mehrere Mißhandlungen glaubhaft gemacht sind[229]). Auch im Rahmen einer e. A. ist weiterhin darzulegen und ggfs. glaubhaft zu machen: Der Gefährdung kann durch öffentliche Hilfe nach dem KJHG nicht ausreichend begegnet werden[230]) und die Eltern sind nicht gewillt oder in der Lage, die zur Abwehr der Gefahr erforderlichen Maßnahmen zu treffen.

238

In materiell-rechtlicher Hinsicht ist nach dem KindRG[231]) **allein auf § 1666 BGB zurückzugreifen.** Die Vorschrift hat durch das KindRG somit eine neue, zusätzliche Funktion erhalten[232]). § 1666 und § 1671 BGB sind nunmehr zusammen zu lesen, wobei § 1666 BGB gem. § 1671 III BGB die **vorrangige Norm** ist[233]).

239

§ 1666 BGB sieht nicht vor, die elterliche Sorge zu entziehen. Die Vorschrift sieht vielmehr vor, die **einzelnen Bestandteile der elterlichen Sorge** zu entziehen - was bei Entziehung sämtlicher Be-

240

---

[228]) Vgl. BayOLG, FamRZ 1999, 178 u. FamRZ 1995, 502; *Keidel/Kahl*, § 19 Rz. 30 m. w. N.

[229]) BayOLG, FamRZ 1999, 179 (180).

[230]) BayOLG, FamRZ 1999, 179 u. FamRZ 1995, 502.

[231]) Vorher galten § 1671 V und § 1672 S. 2 BGB a. F. Allerdings wurden diese Vorschriften herrschend wie § 1666 BGB ausgelegt, vgl. hierzu *Greßmann*, Rz. 213 u. *Johannsen/Jaeger*, § 1671 BGB Rz. 85 sowie *Johannsen/Jaeger* (2. Aufl.), § 1671 BGB a. F. Rz. 91 ff. u. § 1672 BGB a. F. Rz. 9.

[232]) *Schwab*, FamRZ 1998, 457 zu III 1; *Johannsen/Jaeger*, § 1671 BGB Rz. 85.

[233]) S. Fn. 233.

standteile allerdings auf eine Entziehung der gesamten elterlichen Sorge hinauslaufen kann. Obschon § 1666 I BGB n. F. eine einheitliche Grundlage für Maßnahmen zum Schutz der Person und des Vermögens enthält, müssen daher die Entziehungsvoraussetzungen für die einzelnen Bestandteile der elterlichen Sorge auch im einzelnen begründet werden[234]). Folglich zieht die Entziehung der gesamten Personensorge nicht zwangsläufig auch die Entziehung der Vermögenssorge nach sich[235]). Auch hinsichtlich der Personensorge ist zu beachten: Es ist im einzelnen zu begründen, ob und wie weit die einzelnen Bestandteile der Personensorge zu entziehen sind[236]).

Büttner[237]) hat die Frage aufgeworfen, ob die bishin hohen Eingriffsvoraussetzungen nach § 1666 BGB künftig abzusenken sind, nachdem im Scheidungsverfahren allein § 1666 BGB die Funktion erhalten hat, den notwendigen Schutz der Kinder sicherzustellen. Da die Rspr. § 1671 IV wie § 1671 II S. 1 BGB a. F. nicht als lex specialis zu § 1666 BGB aufgefaßt hat[238]), vielmehr im Sinne von § 1666 BGB ausgelegt hat und hierbei keine Klagen zum fehlenden Schutz des Kindes laut geworden sind, ist auch nach neuem Recht der Schutz des Kindes m. E. ausreichend gewährleistet und nicht erforderlich, die bisherigen Eingriffsvoraussetzungen herabzusetzen.

241 § 1666 I BGB räumt dem Gericht hinsichtlich der gebotenen Maßnahmen ein sog. **Auswahlermessen**[239]) ein. Das gilt auch für e. A. Allerdings muß die Auswahl behutsam sein, weil bei Beachtung des Grundsatzes der Verhältnismäßigkeit eben nur einstweilig zu entscheiden ist. Das Gericht kann den Eltern die verschiedensten Auflagen machen, z. B. das Kind kindgerecht zu ernähren oder die bewohnten Räume sauber und hygienisch zu halten[240]). Ist ein Pfleger oder Vormund zu bestellen, kann dies - trotz des neu eingefügten

---

[234]) BayOLG, FamRZ 1999, 179.
[235]) S. Fn. 234.
[236]) BayOLG, FamRZ 1999, 316.
[237]) *Büttner,* FamRZ 1998, 585 (592). Er weist zusätzlich noch auf die Streichung des § 1631 a II BGB a. F. hin.
[238]) Nur § 1631 a II BGB ist als lex specialis gegenüber § 1666 BGB interpretiert worden, s. BayOLG, FamRZ 1982, 634.
Kritisch zur Streichung von § 1631 a II BGB *FamRefK /Rogner,* § 1631 a BGB Rz. 2.
[239]) BayOLG, FamRZ 1999, 178 (179); *Keidel/Kahl,* § 19 Rz. 31.
[240]) BayOLG, FamRZ 1999, 316.

Gefährdung des Kindes

§ 1697 BGB - nicht im Scheidungsverbund geschehen, sondern nur in einem gesonderten Verfahren[241]). Nach § 1666 V BGB sind **auch Maßnahmen gegen Dritte** möglich - aber nur, wenn die Eltern nicht bereit oder in der Lage sind, das Verhalten des gefährdenden Dritten zu unterbinden, und wenn es weiterhin um Angelegenheiten der Personensorge geht.

Eilige "Maßnahmen" können - wie eilige "Maßregeln" im Sinne von § 1693 BGB (s. Rz. 334 ff.) - auch definitiv, also nicht nur vorläufig, sowie ohne das jedenfalls formale Kleid einer v. A. getroffen werden, z. B. wenn das Gericht einer dringenden und sofort erforderlichen Bluttransfusion auf Anruf des operierenden Arztes hin telefonisch zustimmt. Allerdings kann man darüber streiten, ob so getroffene Maßnahmen, auch wenn sie formal nicht als v. A. gekennzeichnet werden, inhaltlich nicht doch als solche anzusehen sind. **242**

Zur Abänderung der e. A. s. Rz. 174 ff., zu Konkurrenzfragen Rz. 49 ff. und 205 ff., Vollziehung und Aussetzung 211 f., Außerkrafttreten 213 ff., zu Kosten 227 ff.

2. Vorläufige Anordnungen bei Gefährdung des Kindes

Wie bisher können Maßnahmen nach §§ 1666, 1667 BGB auch im Wege v. A. getroffen werden[242]). In der Praxis war dies schon immer der häufigere Weg, um der Gefährdung des Kindes nach § 1666 BGB entgegenzutreten. Geändert hat sich durch das KindRG jedoch: **Zuständig** ist seitdem das **Familiengericht** und nicht mehr das Vormundschaftsgericht. Durch diese Kompetenzverlagerung ist das Familiengericht bei Gefährdung des Kindeswohls umfassend zuständig - gleich ob die Eltern verheiratet sind oder nicht[243]). **243**

Da der Erlaß einer v. A. nach ganz h. M. ein Hauptverfahren voraussetzt, soll der Richter von Amts wegen stets ein solches Hauptverfahren einleiten - auch wenn lediglich eine v. A. angeregt wird[244]). **244**

---

[241]) *FamRefK/Rogner*, § 1697 BGB Rz. 6.
[242]) Vgl. z. B. BayOLG, FamRZ 1999, 178.
[243]) *FamRefK /Rogner*, vor § 1626 BGB Rz. 24 u. ebendort *Hoffmann*, § 621 ZPO Rz. 3 ff.; *Greßmann*, Rz. 417 ff.
[244]) *Gießler*, Rz. 301; *Keidel/Kahl*, § 19 Rz. 30.

Wer eine v. A. nach § 1666 BGB beantragt, sollte, zumindest vorsorglich, aber auch zur Hauptsache einen Antrag stellen bzw. eine Anregung geben.

245 Zur **Inobhutnahme des Kindes durch das Jugendamt** nach § 43 KJHG und der dann oft nachfolgenden und gebotenen v. A. nach § 1666 BGB s. Ollmann, FamRZ 2000, 261 ff. sowie auch die Kommentierungen zu § 43 KJHG. V. A. bei Unterbringung des Kindes[245] s. Rz. 304 ff.

---

[245]) Die Unterbringung wird als Spezialfall von § 1666 BGB angesehen von *Gernhuber/Coester-Waltjen*, § 57 IX 7 u. § 62 III.

D. Umgang mit dem Kind

1. Die einstweilige Anordnung

a) Einleitung

Bei Regelungen zur elterlichen Sorge und Regelungen zum Umgang geht es um verschiedene Verfahrensgegenstände[246]). Folglich muß über den Umgang des Kindes **grundsätzlich** eine **gesonderte e. A.** ergehen, wie § 620 Nr. 2 ZPO deutlich macht. Nur ausnahmsweise können im Rahmen der Sorgerechtsregelung sog. dienende Regelungen des Umgangs getroffen werden[247]), s. Rz. 109 und 157. Auch bei einstweiligen Regelungen im restlichen Zwangsverbund können bei akuter Gefährdung des Kindes Weisungen zum Umgang mit dem Kind ergehen[248]).

246

Seit Inkrafttreten des KindRG ist das **Familiengericht zuständig für alle Verfahren,** die den Umgang des Kindes betreffen und für die das BGB Kompetenzzuweisungen an das Familiengericht enthält, s. §§ 1684, 1685, 1687 II, 1687 a, 1688 III und IV und 1632 BGB[249]). Nach **§ 620 Nr. 2 ZPO** kann jedoch **lediglich "der Umgang eines Elternteils mit dem Kinde"** geregelt werden. Obschon der Wortlaut des § 620 Nr. 2 ZPO wie auch des § 623 II S. 1 Nr. 3 ZPO streng verstanden nicht vom Umgang des Kindes mit einem Elternteil spricht, ist die Vorschrift über ihren streng verstandenen Wortlaut hinaus so auszulegen, daß auch Kinder ihr Umgangsrecht gegenüber ihren Eltern geltend machen können[250]). Der Wortlaut der Vorschrift ist zwar

247

---

[246]) *Gerhardt/Oelkers,* Kap. 4 Rz. 545; MK(ZPO)/*Klauser,* § 621 e Rz. 33.
[247]) *Gießler,* Rz. 1018 u. 997.
[248]) *Gießler,* Rz. 1024.
[249]) *Greßmann,* Rz. 481; FamRefK/*Hoffmann,* § 621 Rz. 5; *Keidel/Kuntze,* vor § 64 Rz. 11 a.
[250]) *Greßmann,* Rz. 483 f. - bei Hinweis auf die dem Wortlaut nach weitergehende Regelung in § 623 II S. 1 Nr. 2 ZPO.
A. A. *Johannsen/Sedemund-Treiber,* § 620 Rz. 13.

unverändert geblieben; er hat im Zweifel der Veränderung des Rechts auf Umgang mit den Eltern jedoch nur versehentlich nicht Rechnung getragen. Da das Recht des Kindes mit einer entsprechenden Pflicht des Elternteils korreliert, ist nach dem Sinn der Neuregelung eine solche extensive Auslegung sinnvoll und geboten. - Eindeutig erfaßt werden ab 01.07.1998 Umgangsregelungen, die aufgrund der Scheidung für gemeinschaftliche voreheliche Kinder anstehen[251]). Auch für Auskunftsverlangen nach § 1686 BGB, die einer Umgangsregelung vorausgehen, dürfte das Familiengericht zuständig sein[252]).

248 Dagegen begründet § 620 Nr. 2 ZPO keine familiengerichtliche Zuständigkeit, wenn über den **Umgang Dritter** mit dem Kind nach § 1685 BGB zu befinden ist. - Auch hier fragt sich, ob der unverändert gebliebene Wortlaut von § 620 Nr. 2 ZPO mit § 623 II S. 1 Nr. 2 ZPO versehentlich nicht korreliert worden ist und daher extensiv auszulegen ist, wenn es um das Umgangsrecht des "anderen Ehegatten" geht. M. E. ist auch hier eine den Wortlaut korrigierende ausdehnende Auslegung gerechtfertigt[253]).

b) Zuständigkeit und Verfahrensvoraussetzungen

249 Durch das KindRG wird die Unterscheidung zwischen ehelichen und nichtehelichen Kindern auch verfahrensrechtlich überwunden, indem das Familiengericht nunmehr für beide nahezu umfassend zuständig ist[254]). Auch das Nebeneinander der Zuständigkeiten und hierdurch bedingte Abgrenzungsprobleme sind weitgehend entfallen[255]).

S. im übrigen schon Rz. 113 ff. zur e. A. zur elterlichen Sorge.

Zur **internationalen Zuständigkeit** s. Henrich, FamRZ-Buch 10, Rz. 250 ff. Ab 1.3.2001 greift Art. 12 der VO (EG) Nr. 1347/2000 des Rates v. 29.5.2000 (abgedr. FamRZ 2000, 1140 ff.) S. hierzu *Gruber*, FamRZ 2000, 1129 ff. sowie *Vogel*, MDR 2000, 1045 ff.

---

[251]) *Johannsen/Sedemund-Treiber*, § 620 Rz. 13.
[252]) *Johannsen/Sedemund-Treiber*, § 620 Rz. 13; *Musielak/Borth*, § 620 Rz. 45.
[253]) Siehe hierzu *Johannsen/Sedemund-Treiber*, § 620 Rz. 13.
[254]) *Rauscher*, FamRZ 1998, 329 (331).
[255]) Zu neuen Abgrenzungsfragen OLG Düsseldorf, FamRZ 1999, 615.

c) Antrag

Grundsätzlich ist nach § 620 S. 1 ZPO ein **Antrag** erforderlich[256]). Er muß als Verfahrensantrag aber nicht bestimmt sein. S. schon Rz. 129. Antragsberechtigt sind keine Dritte, auch nicht das Jugendamt - s. Rz. 119.

250

d) Entscheidung

Muß der Umgang kurzfristig und punktuell geregelt werden, wird z. B. ein vereinbartes Ferienumgangsrecht kurz vor Beginn des festgelegten Zeitpunkts ohne Grund blockiert, muß auch hier ohne vorherige **Anhörung von Eltern und Kind** allein aufgrund der Glaubhaftmachung entschieden werden[257]). Sonst würde die Erkenntnis richtig sein: right delayed is right denied[258]). Meistens wird bei der Regelung des Umgangs eine solche Eil- und Drucksituation aber nicht bestehen und dann sollten Eltern und Kind in der Regel persönlich gehört werden[259]) - s. schon Rz. 143.

251

Die Anforderungen an das **Regelungsbedürfnis** sind bei Regelung des Umgangs als nicht sehr hoch anzusehen. Es genügt, wenn eine Eilentscheidung für das Kind dienlich und notwendig ist, Rz. 111. Ebenso, ja mehr noch als bei Regelung der elterlichen Sorge (Rz. 111), ist beim Umgang des Kindes zu fragen: Wird durch eine einstweilige Regelung die Lage des Kindes effektiv verbessert[260]). Ist dies zu verneinen oder gar eine Verschlechterung der kindlichen Situation naheliegend, ist vom Erlaß einer e. A. abzusehen. Meinungsverschiedenheiten der Eltern über das Ob und Wie des Umgangs[261]) rechtfertigen allein noch kein vorläufiges Einschreiten. Allerdings ist eine Null-Lösung nur zu verantworten, wenn das Hauptverfahren zügig vorangetrieben wird.

252

---

[256]) *Gießler*, Rz. 1018; MK(ZPO)/*Klauser*, § 620 Rz. 29.
[257]) *Gießler*, Rz. 1021.
[258]) *van Els*, FamRZ 1994, 735 ff.
[259]) *Oelkers*, FuR 1999, 419; *Gießler*, Rz. 1021.
[260]) Mit dieser Stoßrichtung *Peschel-Gutzeit*, Rz. 424 sowie *Zöller/Philippi*, § 620 Rz. 5, 38 u. 46.
[261]) So aber *Klauser* in MK(ZPO), § 620 Rz. 26.

253 Hält das Gericht eine einstweilige Regelung jedoch für erforderlich, muß die Regelung **so konkret** sein, **daß** sie nach § 33 FGG auch **vollziehbar** ist und Eltern wie Kind genau wissen, was gilt[262]). Eine solche Konkretisierung ist bei der einstweiligen Regelung ebenso geboten wie bei der Hauptentscheidung. - Bei Entscheidungen zur Hauptsache ist sehr umstritten, ob die bloße Abweisung eines Antrags den Umgang in unzureichender Weise regelt[263]). Diese Frage stellt sich - leicht verändert und reduziert - auch bei Abweisung eines e. A.-Antrags[264]). Die bloße Abweisung eines solchen Antrags ist z. B. unumgänglich, wenn mit der e. A. ein kurzfristig gestellter Antrag auf Gewährung eines zusätzlichen Besuchstages abgelehnt wird. Hingegen gibt der Richter Steine statt Brot, wenn er einen e. A.-Antrag auf generelle Gestaltung des Umgangs schlicht ablehnt. Hierdurch läßt er Kind und Eltern im Ungewissen und verweist den umgangswilligen Elternteil letztlich auf die "willkürliche Gewährung eines Umgangs" durch den (hier nur vorläufigen) Inhaber der elterlichen Sorge. Der Richter darf sich durch **bloße Abweisung** dieses Antrags einer begehrten wie gebotenen Gestaltung des Umgangs also nicht entziehen. Ist ein solches Entziehen auch dann gegeben, wenn die bloße Ablehnung des e. A.-Antrags den zeitweiligen Ausschluß des Umgangs lediglich kaschiert und so eine Stigmatisierung des Antragstellers vermeidet? Auch diese Frage ist umstritten. Sie sollte m. E. von Fall zu Fall beantwortet werden - mehr mit salomonischer Klugheit, mehr psychologisch, denn juristisch-dogmatisch.

254 **Ausschluß** des Umgangs[265]) kann im summarischen Verfahren immer nur ein vorläufiger Ausschluß sein. Ein solcher muß **auch im summarischen Verfahren** indes möglich sein, z. B. in Fällen des

---

[262]) *Peschel-Gutzeit*, Rz. 432 f. u. 218; *Gerhardt/Oelkers*, Kap. 4 Rz. 370 u. 375; *Keidel/Zimmermann*, § 33 Rz. 11.
Wegen fehlender Konkretisierung wurde schon so manche Entscheidung aufgehoben und mancher Vergleich nicht anerkannt. Manchmal "überziehen" die OLG, vgl. *van Els* in ZfJ 1995, 426 (Anmerkung).

[263]) In der Regel zu bejahen; vgl. BGH, FamRZ 1994 = NJW 1994, 312 = DAVorm 1994, 103; OLG Celle, FamRZ 1998, 973 u. FamRZ 1990, 1026; OLG Bamberg, FamRZ 1993, 726; OLG Düsseldorf, FamRZ 1994, 1227; *Johannsen/Jaeger*, § 1684 BGB Rz. 34. Siehe jedoch OLG Frankfurt, FamRZ 1995, 1431; OLG Karlsruhe, FamRZ 1990, 655; BezG Erfurt, FamRZ 1992, 1334; *Peschel-Gutzeit*, Rz. 279.

[264]) OLG Stuttgart, FamRZ 1998, 1321.

[265]) Grundsätzlich und eingehend zum Ausschluß des Umgangs BGH, FamRZ 1984, 1084 u. FamRZ 1980, 131, OLG Köln, FamRZ 1997, 1097 u. *Peschel-Gutzeit*, Rz. 253 ff.

sexuellen Mißbrauchs. Häufig wird er als vorläufige Maßnahme nicht "auf längere Zeit oder auf Dauer"[266]) angelegt sein. Bei einer Einschränkung des Umgangs, die nicht für längere Zeit oder auf Dauer ausgesprochen wird, muß nach § 1684 IV S. 1 BGB die Einschränkung lediglich zum Wohl des Kindes erforderlich sein. Wird der Umgang hingegen für längere Zeit oder auf Dauer ausgeschlossen, so ist nach § 1684 IV S. 2 BGB weitergehend erforderlich: Das Wohl des Kindes ist gefährdet, wenn der Umgang nicht ausgeschlossen wird. - Ein vorübergehender, kurzfristiger Ausschluß muß in der Tat auch möglich sein, wenn eine Gefährdung des Kindes, z. B. wegen sexuellen Mißbrauchs, nicht hinreichend glaubhaft gemacht ist, sondern lediglich Anhaltspunkte in dieser Hinsicht bestehen und insoweit noch ermittelt wird. Denn je höher das Kind gefährdet sein könnte, um so eher muß es möglich sein, den Umgang zum Wohl des Kindes vorsorglich jedenfalls für beschränkte Zeit auszuschließen - wenn sonst kein Mittel ausreicht, die Gefährdung zu bannen. Soll eine solche e. A. über längere Zeit weiterbestehen, müssen die Gründe für die getroffene Regelung im Sinne einer glaubhaft gemachten Kindesgefährdung sich verdichtet haben.

Das Gericht kann im Wege e. A. auch festlegen, daß während des Umgangs bestimmte Dritte, z. B. der neue Lebenspartner des Umgangsberechtigten, nicht anwesend sind. Wie sich aus §§ 1687 a, 1687 I S. 4 und II BGB ergibt, entscheidet über die **Abwesenheit eines Dritten** als eine Angelegenheit der tatsächlichen Betreuung nicht der Sorgeberechtigte, sondern der Umgangsberechtigte[267]). Nur wenn das Gericht die Abwesenheit des Dritten festlegt, muß der Umgangsberechtigte den Dritten fernhalten. Das Gericht kann das aber nur anordnen, wenn die Abwesenheit des Dritten zum Wohl des Kindes erforderlich ist[268]). In der Regel ist dies nicht zu bejahen - auch nicht, wenn in einem Trennungsjahr der sorgeberechtigte Elternteil noch an der Ehe festhält[269]).

255

Wie § 1684 IV S. 3 und 4 BGB klarstellt, kann das Gericht ferner anordnen, daß bei dem Umgang ein **Dritter anwesend** ist. Dies gilt

---

[266]) Zur Erfassung dieser Zeitdimension *Johannsen/Jaeger*, § 1684 BGB Rz. 34.
[267]) *Johannsen/Jaeger*, § 1684 BGB Rz. 31.
[268]) S. Fn. 267.
[269]) OLG Hamm, FamRZ 1982, 93; *Peschel-Gutzeit*, Rz. 62.
 A. A. OLG Köln, FamRZ 1982, 1236.

auch bei einer e. A. zum elterlichen Umgang. Ein begleiteter Umgang ist z. B. geboten, wenn der Umgangsberechtigte eine das Kind gefährdende Krankheit hat oder berechtigtes Mißtrauen in die Loyalität des Umgangsberechtigten glaubhaft gemacht ist[270]).

Zur dienenden Regelung der Auskunftserteilung bei Regelung des Umgangs s. Rz. 247, 330 u. 332.

256 Besser als eine ausgefeilte richterliche Regelung des Umgangs ist in aller Regel eine vergleichsweise erzielte einvernehmliche Lösung, die von den Beteiligten innerlich mitgetragen wird[271]). Eine solche Lösung sollten die Parteien, die Anwälte und der Richter daher in erster Linie anstreben. Kommt es zu einem **Vergleich,** muß er, grundsätzlich jedenfalls, wie ein entsprechender Beschluß konkretisiert und vollziehbar sein[272]). Hierbei ist jedoch zu beachten: Eine erschöpfende und letztlich nie erreichbare Aufzählung aller Einzelheiten und Selbstverständlichkeiten wird von den Parteien oft als unnötiger Formalismus und unnötige Bevormundung empfunden[273]). Daher sehen die Gerichte erster Instanz häufig davon ab, den Vergleich allzu perfekt auszuformulieren. Notfalls muß eben nachgebessert werden, wenn es wider Erwarten zur Vollziehung kommt. Sie ist allerdings nur möglich, wenn das Gericht den Vergleich genehmigt oder den Vergleich in einem anschließenden Beschluß übernimmt[274]). Dies ist erforderlich, weil die Eltern über den Umgang nicht beliebig disponieren können. Als Billigung reicht es nicht aus, wenn das Gericht die Einigung der Eltern lediglich protokolliert. Vielmehr muß das Gericht in dem Verfahren, in dem die Parteien eine Vereinbarung treffen, diese Elternvereinbarung nachweisbar billigen[275]).

S. auch Rz. 140 ff.

---

[270]) *Johannsen/Jaeger*, § 1684 BGB Rz. 32.
[271]) *Luthin*, FamRZ 1984, 114 (117).
[272]) Vgl. z. B. OLG Frankfurt, FamRZ 1996, 876 u. *Oelkers*, FamRZ 1997, 779 (791) sowie *Motzer*, FamRZ 2000, 925.
[273]) S. Fn. 272.
[274]) BGH, FamRZ 1988, 277; OLG Koblenz, FamRZ 1996, 560 u. FamRZ 1995, 1288; *Johannsen/Jaeger*, § 1684 BGB Rz. 11; *Keidel/Kahl*, vor §§ 8 - 18, Rz. 23.
A. A. *Büttner*, FamRZ 1998, 585 (590) u. *Zöller/Philippi*, § 621 Rz. 23: Diese Rspr. ist überholt durch § 52 a IV FGG. M. E. gilt die für das Vermittlungsverfahren getroffene Regelung jedoch nur für das dort speziell geregelte Verfahren.
[275]) BGH, FamRZ 1988, 277; OLG Karlsruhe, FamRZ 1994, 1401; OLG Düsseldorf, FamRZ 1983, 90.

Umgang (e.A.)

e) Rechtsbehelfe

Gegenüber den Ausführungen zur Zuteilung der elterlichen Sorge (Rz. 174 ff.) ist hervorzuheben: § 620 c ZPO sieht bei einer einstweiligen Umgangsregelung **keine sofortige Beschwerde** vor. Daher sei an dieser Stelle erörtert, ob und wie weit trotz dieser Regelung eine **außerordentliche Beschwerde wegen greifbarer Gesetzeswidrigkeit** greifen kann[276]). Dieser außerordentliche Rechtsbehelf wird insbesondere bedeutsam, wenn das Familiengericht seine Regelungskompetenz verkannt oder eine fehlende Verfahrensvoraussetzung nicht gesehen hat. Sie hat keine Erfolgsaussicht, wenn die Sachentscheidung inhaltlich Mängel noch so grober Art enthält. Die - wie die Bezeichnung schon sagt - "außerordentliche" Beschwerde muß auf **krasse Ausnahmefälle** beschränkt werden[277]), da das positive Recht, hier § 620 c ZPO, nicht auf diese Weise ausgehebelt werden darf. Ein solcher Ausnahmefall ist insbesondere nicht anzunehmen, wenn dem Betroffenen noch der Weg des § 620 b ZPO offensteht[278]). Gießler[279]) zufolge müssen bei der außerordentlichen Beschwerde Form und Frist des § 620 c ZPO erfüllt sein. Dieser Auffassung sollte der Betroffene Rechnung tragen. Ist durch eine Entscheidung ein Dritter, z. B. das Jugendamt, in krasser Weise betroffen, ist ein solcher Dritter ausnahmsweise beschwerdeberechtigt[280]).

f) Konkurrenzfragen

S. zunächst Rz. 49 ff. u. 205 ff. S. weiter Rz. 109, 157 u. 272/275 zu Überschneidungen mit Sorgerechtsregelungen nach § 1671 BGB sowie mit Herausgabeanordnungen.

257

258

---

[276]) Grundsätzlich BGH, FamRZ 1986, 150. Speziell zum Umgang OLG Karlsruhe, FamRZ 1991, 969. *Wax*, FS für Lüke (1997), S. 941; *Büttner*, FamRZ 1989, 129 (Glosse); *van Els*, FamRZ 1985, 617 (Anmerkung); *Dose*, Rz. 51; *Gießler*, Rz. 180 ff.; *Baumbach/Lauterbach/Albers*, § 620 c Rz. 5; *Heiß/Born*, 25 Rz. 117 ff.; *Johannsen/Sedemund-Treiber*, § 620 c Rz. 8 ff.; MK(ZPO)/*Klauser*, § 620 c Rz. 10 - 13; *Musielak/Borth*, § 620 c Rz. 11; *Rolland/Roth*, § 620 a Rz. 15; *Stein/Jonas/Schlosser*, § 620 c Rz. 10; *Zöller/Philippi*, § 620 c Rz. 12 f.

[277]) Vgl. OLG Düsseldorf, FamRZ 1992, 1198; *van Els*, FamRZ 1985, 617 (Anm.); *Zöller/Philippi*, § 620 c Rz. 12.

[278]) OLG Zweibrücken, FamRZ 1986, 1120; *Gießler*, Rz. 181.

[279]) *Gießler*, Rz. 182.

[280]) OLG Karlsruhe, FamRZ 1991, 969 (Jugendamt dort).

g) Vollziehung und Aussetzung[281])

259 Das Verfahren zur Vollziehung einer e. A. zum Umgangsrecht ist ein **neues, eigenständiges Verfahren**[282]). Ist die Ehesache noch anhängig, gilt § 621 II ZPO: Zuständig ist das Gericht im ersten Rechtszug. Im übrigen ist das Familiengericht zuständig, in dessen Bezirk das Kind seinen Wohnsitz, wenn er fehlt, seinen Aufenthalt hat.

260 E. A. zum Umgangsrecht sind - wie § 794 I Nr. 3 a ZPO klarstellt - **nach § 33 FGG** zu vollstrecken[283]). In aller Regel hat es bei der Androhung und Festsetzung von **Zwangsgeld** sein Bewenden. Weitergehende Zwangsmittel, Zwangshaft und Anwendung unmittelbarer Gewalt, kommen nur in Betracht, wenn das Kind für den Umgang nicht ohne Gewalt übergeben wird. Nicht zuletzt im Interesse des Kindes ist zunächst Zwangsgeld anzudrohen, danach ist es festzusetzen, und erst dann kommen Androhung und Festsetzung weitergehender Zwangsmittel in Betracht - sog. **graduelle Abstufung der Zwangsmittel**[284]). Gegenüber einem sich weigernden Kind ist unmittelbare Gewalt zur Durchsetzung des Umgangsrechts stets unzulässig. Dies wird in § 33 II S. 2 FGG klargestellt und entspricht den Grundsätzen, die die Rechtsprechung schon vor dem KindRG entwickelt hatte.

Voraussetzung für die Vollziehung ist zunächst die Vollziehbarkeit der Gerichtsentscheidung bzw. der gerichtlich gebilligten Vereinbarung - s. Rz. 253. - Bevor Zwangsgeld festgesetzt wird, muß es nach § 33 III FGG angedroht werden. Für eine **Androhung** wiederum ist nicht Voraussetzung, daß bereits eine Zuwiderhandlung stattgefunden hat oder hiermit zu rechnen ist[285]). Lediglich die **Festsetzung** von Zwangsgeld erfordert eine schuldhafte Zuwiderhandlung oder Unterlassung. In der Androhung muß zumindest die in Aussicht genom-

---

[281]) Lit.: *Klenner*, FamRZ 1995, 1529; *Rauscher*, FamRZ 1988, 329 zu II 6 c; *Gerhardt/Oelkers*, 4. Kap. Rz. 550 ff.; *Peschel-Gutzeit*, Rz. 430 ff.; Kommentierungen zu § 33 FGG.

[282]) BGH, FamRZ 1990, 35; BayOLG, FamRZ 1993, 823; OLG Karlsruhe, FamRZ 1998, 637.

[283]) *Gießler*, Rz. 244.

[284]) OLG Karlsruhe, FamRZ 1998, 637.

[285]) OLG Zweibrücken, FamRZ 1999, 173; OLG Karlsruhe, FF, 2000, 99 u. FamRZ 1998, 637. Die Androhung muß jedoch "veranlaßt" sein, s. *Keidel/Zimmermann*, § 33 Rz. 22a.

mene Höchstsumme beziffert sein[286]). Eine wiederholte Festsetzung setzt auch eine jeweils wiederholte Androhung voraus[287]).

Das Zwangsgeldverfahren hat lediglich die Funktion, den Willen des Pflichtigen zu beugen und hierdurch zu erzwingen, daß er künftig der getroffenen Regelung Folge leistet[288]). Daher sind in diesem Verfahren **Einwendungen unzulässig, die** sich **gegen** die **Umgangsregelung als solche** und ihren Fortbestand richten[289]).

Da § 620 c ZPO die **sofortige Beschwerde** gegen die e. A. ausschließt, ist auch eine sofortige Beschwerde gegen **Zwischenentscheidungen** und Nebenentscheidungen **ausgeschlossen.** Nur dann wird der Zweck des § 620 c ZPO erreicht, Verzögerungen zu verhindern, die durch Hin- und Hersenden der Akten vom Familiengericht und zurück entstehen[290]).

261

Die Vollziehung einer Umgangsregelung bleibt indes problematisch.

262

- Wird der Umgang wirklich auf diese Weise durchgesetzt, dient dies bei der hierdurch gezeugten Atmosphäre, die dem Kind auch selten verborgen bleibt, nur selten dem Kindeswohl.

- Häufig versucht der betreuende Elternteil, das Vollziehungsverfahren mit Erfolg zu unterlaufen - ein relativ "leichtes Spiel". Auf diese Weise wird Obstruktion belohnt, und der Umgangsberechtigte wird - zum Nachteil des Kindes - frustriert. Er "gibt auf".

- Nicht selten folgt eine Auseinandersetzung der anderen - ein endloser Krieg auf dem Rücken des Kindes.

---

[286]) BayOLG, FamRZ 1996, 878; OLG Hamburg, FamRZ 2000, 541 (zum V.A.); *Keidel/Zimmermann*, § 33 Rz. 22 a.

[287]) OLG Hamburg, FamRZ 1996, 879; *Keidel/Zimmermann*, § 33 Rz. 22 b.

[288]) OLG Zweibrücken, FamRZ 1996, 877 (Nr. 552).

[289]) OLG Zweibrücken, FamRZ 1996, 877; OLG Hamm, FamRZ 1996, 363; OLG Düsseldorf, FamRZ 1993, 1349.

[290]) OLG Karlsruhe, FamRZ 1999, 242 u. FamRZ 1996, 1226; *Baumbach/Lauterbach/Albers*, § 620 c Rz. 3; *Thomas/Putzo*, § 620 c Rz. 7.
A. A. OLG Stuttgart, FamRZ 1999, 1094; OLG Bremen, FamRZ 1991, 1080; *Gießler*, Rz. 183; MK(ZPO)/*Klauser*, § 620 c Rz. 15; *Zöller/Philippi*, § 620 c Rz. 14; *Dose*, Rz. 188.
Differenzierend *Johannsen/Sedemund-Treiber*, § 620 c Rz. 10: Nur ausnahmsweise. *Musielak/Borth*, § 620 c Rz. 10: Zu bejahen, wenn - wie hier - anderer Entscheidungsgegenstand.

263 Bei Beratung und Verabschiedung des KindRG ist diese Problematik sehr wohl erkannt worden[291]). Der Gesetzgeber hat zwar keine Patentlösung gefunden[292]). Er hat aber zwei Möglichkeiten eingeführt, um die Problematik zum Wohl des Kindes abzubauen.

1) In § **52 a FGG** wurde ein gerichtsgebührenfreies **Vermittlungsverfahren** eingeführt mit dem Ziel, "selbst in diesem späten Stadium die Chance zur Überzeugung zu nutzen"[293]).

2) Nach § **1684 IV S. 1 BGB** kann das Gericht **lediglich** den **Vollzug** früherer Entscheidungen **einschränken oder ausschließen**. So soll der Umgangsberechtigte nicht um sein Umgangsrecht gebracht werden, und der sorgeberechtigte Elternteil nicht für seine Obstruktion belohnt werden.

Ob die Praxis die erste Möglichkeit nutzen wird, bleibt abzuwarten. Es erscheint fraglich, weil das Verfahren in der Regel sehr zeitaufwendig und zudem nicht gerade einfach strukturiert ist[294]). Bei der zweiten Möglichkeit hingegen fragt man sich, ob sie wirklich mehr als einen Austausch des Etiketts darstellt. Jedenfalls sind die kaum lösbaren Schwierigkeiten bei Vollziehung des Umgangs ein weiteres Argument, den Umgang nicht durch gerichtliche Entscheidung zu regeln, sondern aufgrund einer einvernehmlich erzielten Vereinbarung, s. schon Rz. 256. Eine solche Vereinbarung mit Billigung des Gerichts wird eher befolgt als eine Entscheidung des Gerichts, die die Eltern in diesen Fällen innerlich oft nicht akzeptieren.

Zur Vollziehung, wenn das Kind zur Praktizierung des Umgangs nicht herausgegeben wird, s. noch Rz. 275.

h) Außerkrafttreten

264 Durch eine **vergleichsweise Regelung** der Eltern tritt eine e. A. nur dann außer Kraft, wenn das Gericht die Vereinbarung gebilligt

---

[291]) *Rauscher*, FamRZ 1998, 329 zu III 6 c; *Greßmann*, Rz. 486 u. 487 ff.
[292]) BT-Drucks. 13/4899 S. 133: Auch in rechtsvergleichender Sicht gibt es keine Patentlösung.
[293]) *Rauscher*, FamRZ 1998, 329 zu III 6 c.
[294]) Optimistischer *Jopt*, ZfJ 1996, 203 (209 f.) und *Rauscher*, FamRZ 1998, 329 zu II 6 c. Skeptisch *Büttner*, FamRZ 1998, 585 (590) u. *FamRefK /Maurer*, § 33 FGG Rz. 3 sowie *Motzer*, FamRZ 2000, 925.

hat - s. schon Rz. 256. Eine e. A. tritt auch dann außer Kraft, wenn der Umgangsberechtigte in einer Entscheidung zur Hauptsache die elterliche Sorge erhält. Meistens tritt sie außer Kraft, weil in der Hauptsache - sei es isoliert, sei es im Verbund - eine Umgangsregelung getroffen wurde.

Im übrigen s. Rz. 54 ff. u. 213 ff.

i) Kosten und Gegenstandswerte

Hier kann durchweg auf Rz. 227 ff. verwiesen werden.

Der Gegenstandswert bei Androhung und Festsetzung eines Zwangsgeldes ist nach § 12 II S. 3 GKG zu bestimmen[295]). Wird **Zwangsgeld** bis zu 50.000,00 DM angedroht und mit der h. M. auf die Höhe des Zwangsgeldes abgestellt, ist jedenfalls nicht dieser Höchstbetrag zugrundezulegen, sondern ein Betrag, den das Gericht voraussichtlich als Zwangsgeld verhängt hätte[296]). **265**

2. Die vorläufige Anordnung

a) Es kann verwiesen werden auf die Ausführungen zur elterlichen Sorge, Rz. 105 ff., die regelmäßig am Ende jeden Unterabschnitts zu finden sind. **266**

Wie nochmals hervorgehoben sei, können Umgangsregelungen, ebenso wie Sorgerechtsregelungen, in selbständigen FGG-Verfahren **von Amts wegen** getroffen werden[297]). Fehlt für eine solche v. A. das **stets erforderliche Verfahren zur Hauptsache,** muß das Gericht ein solches spätestens mit Erlaß der e. A. noch einleiten, s. schon Rz. 118.

Der **Geschäftswert** (s. Rz. 233) sollte auch hier mindestens 2.500,00 DM betragen und nicht selten höher angesetzt werden.

---

[295]) *Schneider/Herget*, Rz. 4339.
[296]) BayOLG, FamRZ 1996, 878 f. (Zwangsgeldandrohung beim VA).
[297]) Allgemeine Meinung. Vgl. z. B. OLG Bamberg, FamRZ 1995, 181, *Maurer*, FamRZ 1990, 193 (Anm.). Das zeigt sich auch bei Rücknahme des Antrags, s. OLG Thüringen, FamRZ 1996, 359 u. *Oelkers*, FamRZ 1997, 790.

267 b) Eine v. A. zur Regelung des Umgangs kommt auch in Betracht, wenn ein **Dritter** den **Umgang** des Umgangsberechtigten mit seinem Kind **stört**[298]). Meist wird dann ein Unterlassungsgebot begehrt. Die Entscheidungskompetenz des Familiengerichts ergibt sich aus § 1684 III S. 1 BGB. Aber auch hier ist Voraussetzung für eine v. A. ein ggfs. noch einzuleitendes Hauptverfahren.

268 Eine v. A. zur Regelung des Umgangs kommt weiterhin in Betracht, wenn dem **Kind** der **Umgang mit einem Dritten verboten werden soll**[299]). Dies wird vor allem akut, wenn die Tochter einen festen Freund hat und die Eltern diesen Umgang nicht wünschen, aber auch dann, wenn die Eltern ihre Tochter vor Belästigungen eines Dritten schützen wollen. Das Recht der Eltern[300]), ihrer Tochter den Umgang mit einem Dritten aus triftigen Gründen zu untersagen, folgt aus dem ihnen zustehenden Personensorgerecht, wie § 1632 II BGB klarstellt. Die Eltern können dieses Recht gegenüber dem Dritten auch gerichtlich selbst geltend machen. Nach § 1684 III S. 1 BGB können sie bei dem Familiengericht eine Regelung[301]), folglich auch eine v. A. gegenüber dem Dritten beantragen.

269 c) Wollen die in **§ 1685 BGB** aufgezählten Bezugspersonen des Kindes als materiell Berechtigte ein Umgangsrecht durchsetzen, muß dies stets in einem selbständigen FGG-Verfahren geschehen. Auch wenn ein Scheidungsverfahren anhängig ist, fallen solche Umgangsverfahren nicht in den Verbund - s. § 623 II S. 1 Nr. 2 ZPO. Folglich können **Eilentscheidungen nur als v. A.** ergehen.

Auch dieses Verfahren ist ein Amtsverfahren. Anträge sind daher nur Verfahrensanträge, sollten aber dennoch - schon zur Beschleunigung des Verfahrens - möglichst konkret gefaßt und möglichst früh begründet werden, s. Rz. 139. Eine Begründung ist hier besonders wichtig, weil das Gericht hier positiv feststellen muß, daß der Umgang nach § 1685 BGB dem Wohl des Kindes dient[302]). Die Anregung

---

[298]) *Gießler*, Rz. 1029.
[299]) *Gießler*, Rz. 1032; *Peschel-Gutzeit*, Rz. 184.
[300]) Bei Dissens der Eltern vgl. BayOLG, FamRZ 1984, 1144.
[301]) *Gernhuber/Coester-Waltjen*, § 57 VII 7; *Peschel-Gutzeit*, Rz. 184.
[302]) *Rauscher*, FamRZ 1998, 329. *FamRefK /Rogner*, § 1685 BGB, Rz. 3: Wer den Umgang begehrt, trägt bei Unaufklärbarkeit die Feststellungslast. Eine entsprechende Feststellung erleichtert jedoch die Vermutung in § 1626 III 2 BGB, s. *Greßmann*, S. 337.

über die Zubilligung eines Umgangs kann außer von der Bezugsperson auch von einem Elternteil kommen. Das kommt insbesondere in Betracht, wenn nur ein Elternteil den Umgang mit der Bezugsperson will[303]).

Das Gericht wird prüfen, ob es nach § 50 I oder II S. 1 Nr. 1 FGG einen **Verfahrenspfleger** bestellt. Daran ist vor allem zu denken, wenn das Kind selbst den Umgang mit dem Dritten wünscht und die Eltern oder ein Elternteil diesen Wunsch nicht billigen. **270**

Eine v. A. nach § 1685 BGB wird **nur selten begründet** sein. Denn in diesem Verfahren muß glaubhaft gemacht werden, daß ein dringendes Bedürfnis besteht, noch vor Durchführung der gebotenen Ermittlungen eine Regelung zu treffen. Wie ferner zu beachten ist, soll trotz der Vermutung des § 1626 III S. 2 BGB der Bezugsperson des § 1685 BGB bei fehlendem Einverständnis mit den Eltern der Umgang zum Wohl des Kindes nur äußerst zurückhaltend[304]) gewährt werden. Zurückhaltung ist insbesondere geboten, wenn vor Abklärung drohender Umgangsstreitigkeiten und Belastungen für das Kind vorweg ein Umgang zugebilligt werden soll. Eine v. A. kommt z. B. in Betracht, wenn der betreuende Elternteil das Verfahren in die Länge zieht, um hierdurch einen Umgang der Bezugsperson zu verhindern. **271**

Geschäftswert für eine v. A.: mindestens 2.500,00 DM - bei hoher Konfliktlage deutlich mehr, s. Rz. 233.

---

[303]) Können sich die Eltern nicht einigen, können sie auch den Weg des § 1628 BGB wählen.
[304]) *Rauscher*, FamRZ 1998, 329 (337); *Schulz*, FuR 1996, 275; *Greßmann*, Rz. 336; *Johannsen/Jaeger*, § 1685 BGB Rz. 5.

E. Herausgabe des Kindes

1. Die einstweilige Anordnung

Auch bei der e. A. nach § 620 Nr. 3 ZPO kann auf die Ausführung zu § 620 Nr. 1 ZPO verwiesen werden - s. Rz. 105 ff.

272 Wie insbesondere unter Rz. 109 u. 157 schon dargelegt wurde, können bei einstweiligen Regelungen der elterlichen Sorge auch Maßnahmen getroffen werden, die den Umgang sowie die Herausgabe des Kindes betreffen und für die Sorgerechtsregelung dienlich sind. Obschon Nr. 1, 2 und 3 des § 620 ZPO selbständige Verfahrensgegenstände sind (Rz. 246), gibt es also doch Überschneidungen. Die Übertragung des Aufenthaltsbestimmungsrechts, der Personensorge oder aller Teile der elterlichen Sorge auf einen Elternteil ist noch kein Instrument, die Herausgabe des Kindes notfalls durch Vollziehung der e. A. zu erzwingen[305]).

Es ist darüber hinaus ein besonderer **Herausgabebeschluß** erforderlich - sei es als dienende Maßnahme der Sorgerechtsregelung, sei es als e. A. nach § 620 Nr. 3 ZPO[306]). Bei einer **Regelung nach § 620 Nr. 2 ZPO** hingegen wird ein **besonderer Herausgabebeschluß** für nicht **erforderlich** angesehen, ist eine Herausgabe des Kindes als Vollziehung der einstweiligen Umgangsregelung durchsetzbar[307]).

273 Ein **dienender,** schon in der e. A. **zum Sorgerecht** enthaltener **Herausgabebeschluß** ist jedoch nur begründet, wenn von vornherein mit einer freiwilligen Herausgabe des Kindes nicht zu rechnen ist. Nur dann besteht zu diesem frühen Zeitpunkt ein Regelungsbedarf[308]).

---

[305]) MK(ZPO)/*Klauser,* § 620 Rz. 32.
[306]) MK(ZPO)/*Klauser,* § 620 Rz. 32.
[307]) MK(ZPO)/*Klauser,* § 620 Rz. 32.
[308]) MK(ZPO)/*Klauser,* § 620 Rz. 33.

Es fragt sich, ob ein **dienender Herausgabebeschluß** auch bei einer e. A. nach **§ 620 Nr. 2 ZPO** zulässig ist, wenn auch hier mit freiwilliger Herausgabe nicht zu rechnen ist. M. E. ist eine hinreichend konkrete Umgangsregelung bereits ein ausreichender Titel zur Vollstreckung für eine evtl. erforderliche Herausgabe des Kindes[309]). Bei den geschilderten Schwierigkeiten bei der Vollziehung einer Umgangsregelung (Rz. 262 f.) und dem mehrfach manifestierten Willen des Gesetzgebers, es zu einer solchen Vollstreckung möglichst nicht kommen zu lassen, ist ein frühzeitiger Herausgabebeschluß zur Regelung des Umgangs zumindest in der Regel sehr problematisch.

Der Beschluß kann **grundsätzlich nur auf Antrag** ergehen. Wird der Herausgabebeschluß jedoch als dienende Anordnung oder bei Gefährdung des Kindeswohls erlassen, ist ein Antrag ausnahmsweise nicht erforderlich. Der Antrag sollte - ebenso wie die e. A. selbst - **klarstellen, ob** eine **einmalige oder wiederholte Herausgabe** gewollt ist. Wiederholte Herausgabe kommt z. B. in Betracht, wenn das Kind immer wieder zu dem zurückzukehren droht, der es herausgeben muß.

274

Unter dem Gesichtspunkt des erforderlichen **Regelungsbedarfs** ist sorgfältig zu prüfen, ob eine einstweilig verfügte Herausgabe **nicht** zu einem "hin und her" führen kann, das dem Kindeswohl nicht entspricht. Auch in diesem Zusammenhang ist zu fragen, ob zum Wohl des Kindes von einer vorläufigen Regelung abzusehen ist - s. Rz. 111. Diese Problematik kann nicht erst und lediglich auf der Vollstreckungsebene (Rz. 277 f.) bedacht werden.

275

Ordnet das Gericht die Herausgabe des Kindes an, ist nach § 620 c ZPO wegen der Schwere des Eingriffs die **sofortige Beschwerde** zulässig - nicht aber, wenn es einen entsprechenden Antrag ablehnt. Ist die Herausgabeanordnung nur eine dienende Maßnahme zur Regelung des Umgangs, ist sie nach § 620 c ZPO nicht anfechtbar[310]). Eine Herausgabe, die lediglich der Praktizierung des (vorübergehenden) Umgangs dient, ist nach der ratio legis kein so schwerer Eingriff, daß ausnahmsweise sofortige Beschwerde zulässig

276

---

[309]) *Musielak/Borth*, § 620 Rz. 32.
[310]) OLG Hamburg, FamRZ 1987, 497; OLG Saarbrücken, FamRZ 1986, 182; OLG Düsseldorf, FamRZ 1980, 728; *Gießler*, Rz. 179 u. 1035; MK(ZPO)/*Klauser*, § 620 c Rz. 5; *Musielak/Borth*, § 620 c Rz. 3; *Zöller/Philippi*, § 620 c Rz. 6.

ist. Hat der Sorgeberechtigte das Kind schon herausgegeben oder ist die e. A. schon vollzogen worden, entfällt hierdurch nicht das Rechtsschutzbedürfnis für die sofortige Beschwerde; sie richtet sich dann auf die Rückführung des Kindes[311]).

Zur **Vollziehung** der e. A. s. schon Rz. 259 ff.

277 Nach § **33 II FGG** kann zur Vollziehung der e. A. nach § 620 Nr. 3 ZPO auch **Gewalt** gebraucht werden. Die Gewaltanwendung darf nach § 33 II S. 2 FGG jedoch nicht gegen ein Kind zugelassen werden[312]). Gewalt gegenüber einem Elternteil ist nur als letztes Mittel des Vollzugs zulässig. "Im allgemeinen" - so der BGH[313]) - "ist zunächst mit Androhung und Verhängung von Zwangsgeld vorzugehen, ehe Gewaltanwendung verfügt wird!". Nur ausnahmsweise kann ohne solchen Vorlauf Gewalt angewandt werden, nämlich wenn Gefahr im Verzug ist, z. B. das Kind entführt werden soll, Zwangsgeld uneinbringlich ist[314]) oder Gewaltanwendung aus verfassungsrechtlichen Gründen unbedenklich ist[315]). Nach § 33 III S. 6 FGG soll die Gewaltanwendung vorher angedroht werden[316]). Das kann nach h. M. schon mit der Herausgabeanordnung geschehen[317]).

Die Anordnung der Gewaltanwendung ist nur gerechtfertigt, **wenn** sie **mit dem Kindeswohl,** insbesondere der Wahrung der Grundrechte des Kindes, **zu vereinbaren** ist, s. schon Rz. 274 [318]). Dies ist an dieser Stelle also erneut sorgfältig zu prüfen.

---

[311]) OLG Bamberg, FamRZ 1983, 82; *Gießler,* Rz. 179 u. 1035; *Johannsen/Sedemund-Treiber,* Rz. 6, *Musielak/Borth,* Rz. 4, *Stein/Jonas/Schlosser,* Rz. 2 - je zu § 620 c. A. A. bei Herausgabe OLG Oldenburg, FamRZ 1978, 437; *Palandt/Diederichsen,* § 1632 Rz. 13.
A. A. bei Vollziehung: OLG Düsseldorf, FamRZ 1980, 728; BayOLG, FamRZ 1990, 1379 u. FamRZ 1993, 1356 (Herausgabe vor Einlegung der Beschwerde) sowie FamRZ 1995, 500.

[312]) Die durch das KindRG eingefügte Vorschrift stellt nur klar, was aus Gründen der Verhältnismäßigkeit schon zuvor gefestigter Rspr. entsprach, s. FamRefK/*Maurer,* § 33 FGG Rz. 2.

[313]) BGH, FamRZ 1983, 1008 (1013) u. FamRZ 1977, 126 (128).

[314]) *Keidel/Zimmermann,* § 33 Rz. 43.

[315]) BayOLG, FamRZ 1985, 737: Gewaltsame Rückführung eines fünfzehnjährigen türkischen Mädchens zu seinen Eltern in die Türkei.

[316]) A. A. *Gießler,* Rz. 1036: "außer in Fällen besonderer Eile".

[317]) S. Fn. 316.

[318]) BayOLG, FamRZ 1985, 737; *Vogel,* FPR 1996, 51; *Gerhardt/Oelkers,* 4. Kap. Rz. 574; *Keidel/Zimmermann,* § 33 Rz. 42.

278 Führt die Vollstreckung nicht zum Erfolg, weil das Kind nicht vorgefunden wird, kann das Gericht den Verpflichteten anhalten, über den Verbleib des Kindes eine **eidesstattliche Versicherung** vorzulegen, § 33 II S. 5 u. 6 FGG. - Zwangshaft nach § 33 III FGG kann zuweilen hilfreich sein, z. B. wenn ein nicht sorgeberechtigter Vater ein Kind ins Ausland bringt und ohne das Kind nach Deutschland zurückkehrt[319]). - Den Vollstreckungsauftrag hat das Gericht dem Gerichtsvollzieher zu erteilen - nicht dem begünstigten Elternteil[320]).

2. Die vorläufige Anordnung

S. zunächst die Ausführungen zur v. A. zur elterlichen Sorge, Rz. 105 ff., die regelmäßig am Ende jeden Unterabschnitts zu finden sind, sowie Rz. 266 ff.

279 Ist keine Ehesache anhängig, kommt für die vorläufige Herausgabe eines Kindes nur eine v. A. in Betracht. **Zuständig** ist nach § 1632 III BGB **stets** das **Familiengericht** - auch wenn mindestens ein Elternteil die Herausgabe von einem Dritten verlangt.

Auch hier setzt das summarische Verfahren indes ein kongruentes Hauptverfahren voraus[321]).

Zur v. A. im Rahmen von § 1632 IV BGB s. Rz. 296 ff.

3. Vorläufige Anordnung bei internationaler Kindesentführung

280 Wie unter Rz. 16 schon kurz erwähnt wurde, ist das Verfahren, in dem ein Elternteil nach HKiEntÜ von dem anderen Elternteil sofortige Rückführung des gemeinsamen Kindes verlangen kann, ein reguläres, also kein summarisches Schnellverfahren: Es bezweckt eine vorläufige schnelle Regelung, eine Wiederherstellung des status quo ante.

---

[319]) Vgl. OLG Hamm, FamRZ 1993, 1479; *Keidel/Zimmermann*, § 33 Rz. 52.
[320]) OLG Hamburg, FamRZ 1994, 1128; Kropp, DRiZ 1979, 118; *Keidel/Zimmermann*, § 33 Rz. 48.
A. A. AG Wangen, FamRZ 1989, 527.
[321]) OLG Zweibrücken, FamRZ 1997, 693.

Dieses Schnellverfahren wird in FamRZ-Buch 12 von A. Bach und B. Gildenast[322]) eingehend erläutert. Im Anhang enthält das Buch auch die hier bedeutsamen Vertragstexte sowie den Gesetzestext des SorgeRÜbkAG vom 05.05.1990, Musteranträge an die zentrale Behörde, ein Verzeichnis der nach § 5 SorgeRÜbkAG ausschließlich zuständigen Familiengerichte und Oberlandesgerichte sowie ein Verzeichnis der Vertragsstaaten des HKiEntÜ wie des ESorgeRÜ. Die relativ häufigen Änderungen und Ergänzungen in diesem Feld werden in der FamRZ unter "Dokumentation" laufend mitgeteilt. Im großen Zusammenhang "Internationales Scheidungsrecht" wird das Haager KiEntÜ weiterhin in FamRZ-Buch 10 von D. Henrich erläutert, auch der Anspruch auf Kindesherausgabe, wenn beide Sorgerechtsübereinkommen nicht anwendbar sind (Rz. 303 ff.).

281 Obschon das Verfahren/Hauptverfahren als Schnellverfahren angelegt ist, sieht § 6 II SorgeRÜbkAG eine einstweilige Anordnung vor - eine **Eilentscheidung im Eilverfahren:**

> Das Gericht kann auf Antrag oder von Amts wegen einstweilige Anordnungen treffen, um Gefahren von dem Kind abzuwenden oder eine Beeinträchtigung der Interessen der Beteiligten zu vermeiden. Die Entscheidungen nach S. 1 sind nicht anfechtbar. Im übrigen gelten die §§ 620 a, 620 b und 620 d - g der Zivilprozeßordnung sinngemäß.

Nach § 6 Abs. I des AG entscheidet das Gericht als Familiengericht im Verfahren der freiwilligen Gerichtsbarkeit.

Eine Eilentscheidung wird z. B. erforderlich,

- wenn das Verfahren nicht zügig abgeschlossen werden kann
- wenn Gebote oder Verbote die Herausgabe des Kindes sichern sollen[323]) - z. B. das Gebot, einen Paß herauszugeben, oder das Verbot, mit dem Kind ins Ausland zu fahren[324]).

---

[322]) S. schon *Bach*, FamRZ 1997, 1051 ff. S. auch *Dose*, Rz. 209 ff.
[323]) *Gießler*, Rz. 1040.
[324]) *Gießler*, Rz. 1040.

4. Herausgabe des Kindes und seiner persönlichen Sachen

Ordnet das Familiengericht die Herausgabe eines Kindes an, kann es - auch ohne Antrag, also von Amts wegen - durch "e. A." ergänzend regeln, daß zum persönlichen Gebrauch des Kindes bestimmte Sachen herausgegeben werden, **§ 50 d FGG**. Auf diese Weise sollen für die Versorgung des Kindes erforderliche Gegenstände nicht zurückbehalten und keine neuen Gegenstände hierfür angeschafft werden.

282

Die Anordnung nach § 50 d FGG setzt also stets eine Entscheidung nach § 1632 BGB voraus. Diese Entscheidung zur Herausgabe des Kindes kann auch in einem summarischen Verfahren ergangen sein[325]). Wird die Entscheidung zur Herausgabe des Kindes aufgehoben, wird die nur **ergänzende Anordnung zur Herausgabe der persönlichen Sachen** gegenstandslos[326]).

283

Das **Verfahren** unterliegt den schon dargestellten Grundsätzen zum Erlaß einer v. A. - **Vollstreckt** wird die Anordnung nach § 33 FGG. Keidel/Engelhardt zufolge[327]) kann der Gerichtsvollzieher die persönlichen Sachen auch wegnehmen, wenn keine e. A. nach § 50 d FGG vorliegt; eine solche - so wird dort ausgeführt - habe nur "klärende Bedeutung". Der Antragsteller sollte sich auf die von Engelhardt empfohlene Handhabung nicht verlassen und vorsorglich darauf hinwirken, daß eine e. A. nach § 50 d FGG erlassen wird und die herauszugebenden Gegenstände in der Anordnung genau bezeichnet werden[328]).

284

Die Herausgabe persönlicher Sachen des Kindes kann, wie § 620 Nr. 8 ZPO deutlich macht, **auch** ohne und **unabhängig von einem Kindesherausgabeanspruch** geltend gemacht werden. Wird jedoch Kindesherausgabe verlangt, ist der ergänzende Weg über § 50 d FGG vorzuziehen.

285

---

[325]) OLG Zweibrücken, FamRZ 1983, 1162; *Bassenge/Herbst*, § 50 d Rz. 1; *Johannsen/Brudermüller*, § 50 d FGG Rz. 3; *Keidel/Engelhardt*, § 50 d Rz. 2.

[326]) *Bassenge/Herbst*, § 50 d Rz. 1; *Keidel/Engelhardt*, § 50 d Rz. 2; *Johannsen/Brudermüller*, § 50 d FGG Rz. 3.

[327]) § 50 d Rz. 6. Ebenso *Schüler*, ZfJ 1981, 173.

[328]) Das verlangt OLG Zweibrücken, FamRZ 1983, 1162; *Keidel/Engelhardt*, § 50 d Rz. 2.

F. Weitere vorläufige Anordnungen zum Wohl des Kindes

1. Vorläufiger Rechtsschutz zu § 1672 BGB

286 Nach § 1672 I BGB kann ein Vater, der mit der Kindesmutter nicht verheiratet ist und von ihr dauernd getrennt lebt, mit Zustimmung der nach § 1626 a II BGB sorgeberechtigten Mutter beantragen, ihm, dem Vater, die elterliche Sorge ganz oder teilweise allein zu übertragen. Ist einem solchen Antrag stattgegeben worden, können beide Eltern nach § 1672 II BGB dies erneut korrigieren und im beiderseitigen Einverständnis von der alleinigen Sorge des Vaters zur gemeinsamen elterlichen Sorge überwechseln - wenn das Gericht dem zustimmt, weil die erneute Korrektur dem Wohl des Kindes nicht widerspricht[329]).

Eine v. A. wird aufgrund dieser Regelungen kaum in Betracht kommen, da Wechsel nach § 1672 BGB stets nur möglich sind, wenn beide Eltern hiermit einverstanden sind. Eine v. A. nach § 1672 BGB ist jedoch **zulässig**. Besonderheiten im Vergleich zu § 1671 BGB sind hierbei nicht ersichtlich.

2. Vorläufige Regelungen bei Wegfall des bisherigen Inhabers der elterlichen Sorge

287 Fällt bei gemeinsamer elterlicher Sorge ein Elternteil aus, übernimmt grundsätzlich der andere Elternteil kraft Gesetzes alleine die elterliche Sorge. Fällt hingegen der Elternteil aus, der die elterliche Sorge nach § 1626 a II, § 1671 oder § 1672 I BGB allein innehatte, kann der andere Elternteil die elterliche Sorge nur aufgrund richterlicher Entscheidung erlangen[330]).

---

[329]) *Greßmann*, Rz. 232 ff.; *FamRefK/Rogner*, § 1672 BGB Rz. 1 f. u. 14.
[330]) Wie hier zusammenfassend *Greßmann*, Rz. 276 u. *FamRefK/Rogner*, vor § 1678 BGB, Rz. 1 f. S. auch *Huber*, FamRZ 1999, 1625 ff.

a) § 1678 BGB - tatsächliche Verhinderung und Ruhen der elterlichen Sorge

288 Ruht die elterliche Sorge des Elternteils, dem sie nach § 1626 a II BGB allein zustand, und wird der Grund des Ruhens aller Voraussicht nach nicht wegfallen, hat das **Familiengericht** die elterliche Sorge nach § 1678 II BGB dem anderen Elternteil zu übertragen, **wenn dies dem Wohl des Kindes dient**[331]). Dient die Übertragung nicht dem Kindeswohl, ist vom Vormundschaftsgericht nach § 1773 BGB ein Vormund zu bestellen. Nicht geregelt werden in § 1678 II BGB jene Fälle, in denen die elterliche Sorge ruht, weil sie der andere Elternteil aufgrund von Trennung oder Scheidung erhalten hat. In diesen Fällen greift § 1696 BGB[332]).

b) § 1680 II BGB - Tod eines Elternteils

289 Stirbt der Elternteil, dem die elterliche Sorge gem. § 1671 oder § 1672 I BGB allein zustand, so hat das Familiengericht die elterliche Sorge dem überlebenden Elternteil zu übertragen, **"wenn dies dem Wohl des Kindes nicht widerspricht"**[333]), § 1680 II S. 1 BGB.

Stand die alleinige elterliche Sorge hingegen nach § 1626 a II BGB allein der Mutter zu, hat das Familiengericht die elterliche Sorge dem Vater zu übertragen, **"wenn dies dem Wohl des Kindes dient"**[334]), § 1680 II S. 2 BGB.

Wird ein Elternteil für tot erklärt, gilt die spezielle Regelung in § 1681 BGB.

---

[331]) *Greßmann*, Rz. 279: Zweifel wirken sich zum Nachteil des Vaters aus. *Huber*, FamRZ 1999, 1625: Es sei denn, daß dies dem Wohl des Kindes widerspricht. *Palandt/Diederichsen*, § 1678 Rz. 8: Ggf. ist mit einem Minimum an Dienlichkeit auszukommen.

[332]) *Huber*, FamRZ 1999, 1625; *Greßmann*, Rz. 280; *FamRefK/Rogner*, § 1678 BGB, Rz. 12.

[333]) Begründung für die unterschiedlichen Normierungen zum Wohl des Kindes *Greßmann*, Rz. 279/282.
Kritisch insoweit *Palandt/Diederichsen*, § 1680 Rz. 5.

[334]) S. Fn. 333.

140 Besonderer Teil

c) § 1680 III BGB - Entzug der elterlichen Sorge

290 Wird die elterliche Sorge dem Elternteil entzogen, dem sie mit dem anderen Elternteil gemeinsam oder dem sie nach § 1626 a II BGB allein zustand, hat das Familiengericht die elterliche Sorge dem anderen Elternteil zu übertragen, **wenn es dem Wohl des Kindes dient.**

Nicht geregelt sind auch hier die Fälle, in denen ein Elternteil die elterliche Sorge infolge von Trennung oder Scheidung erhalten hat. Erneut greift § 1696 BGB[335]) - s. schon Rz. 288.

291 In allen hier zusammengefaßten Fällen ist, soweit eine gerichtliche Entscheidung ansteht, im **FGG-Verfahren** auch eine v. A. **zulässig** und in Eilfällen auch durchaus sinnvoll[336]). - Auf die Erörterungen zu § 1671 BGB, insbesondere zur v. A., darf verwiesen werden, s. Rz. 105 ff., insbesondere 106, 115, 118, 139, 153, 169-173, 186 f., 201-204, 206-208, 212, 225 f., 228, 230, 233.

In allen Fällen entscheidet nach § 14 I Nr. 15 RpflG der **Familienrichter.**

Nach § 49 a I Nr. 10 - 12 FGG ist das **Jugendamt** zu hören - grundsätzlich noch vor Erlaß der v. A.

In allen Fällen ist sorgfältig zu prüfen, ob nach § 50 FGG ein **Verfahrenspfleger** zu bestellen ist.

Zur **Kostenentscheidung** s. § 94 I S. 4, III S. 2 KostO.

Zum **Geschäftswert** s. §§ 94 II S. 1, 30 II KostO.

3. Vorläufiger Rechtsschutz bei Änderungen nach § 1696 BGB

292 Im Verfahren nach § 1696 BGB soll eine früher getroffene Sorgerechtsentscheidung[337]) nicht nach Erschöpfung des Rechtsweges er-

---

[335]) *FamRefK/Rogner,* § 1680 BGB Rz. 11; *Palandt/Diederichsen,* § 1680 Rz. 13.
[336]) Zweifelhaft ist, ob das Ruhen der elterlichen Sorge nach § 1674 I BGB auch vorläufig festgestellt werden kann oder eine Feststellung für begrenzte Zeit in Betracht kommt. Angesichts der nach § 1693 BGB möglichen Eilmaßregeln besteht m. E. kein Bedarf für solche Konstruktionen. S. Rz. 334.
[337]) Auch Entscheidungen zu § 1628 BGB und § 1666 BGB (*Schwab,* FamRZ 1998, 457 (471) sowie zum Umgang (BayOLG, FamRZ 1992, 97 u. OLG München, FamRZ 1997, 45).

neut überprüft werden[338]). Wenn es im Interesse des Kindes angezeigt ist, hat das Gericht in einem **neuen selbständigen Verfahren**[339]) aufgrund zwischenzeitlich veränderter oder nachträglich bekannt gewordener Umstände eine Änderungsentscheidung zu treffen[340]).

In diesem neuen selbständigen Verfahren können auch **vorläufige Anordnungen** ergehen[341]). Nach der hier vertretenen Auffassung (Rz. 111) genügt als **Regelungsbedürfnis** für eine solche v. A.: Sie ist zum Wohl des Kindes dienlich und notwendig.

293

Die Vor- und Nachteile einer Abänderung sind sorgfältig abzuwägen - insbesondere das Interesse an der Kontinuität einerseits und das Interesse an einer Änderung andererseits.

Eine solche behutsame Abwägung ist in der Rspr. immer wieder für die Hauptsache selbst gefordert worden[342]). Sie ist erst recht und noch mehr geboten, wenn im summarischen Verfahren vorweg eine Änderung eintreten soll.

294

Geht es im Hauptverfahren nur um eine Änderung zur elterlichen Sorge, kann das Gericht als **dienende Anordnung** auch den Umgang und die Herausgabe des Kindes mitregeln - soweit es zur vorläufigen Gestaltung des Sorgerechts unbedingt erforderlich ist (Rz. 109/157)[343]). Gerade hier ist jedoch geboten, Vor- und Nachteile einer dienenden Anordnung sehr behutsam miteinander abzuwägen.

---

[338]) Die Neufassung ("haben" statt"können"!) betont eine schon vorher in der Rechtsprechung herausgestellte Pflicht zur Abänderung, vgl. *Schwab*, FamRZ 1998, 457 (470). S. auch § 1696 Abs. II u. III BGB! Die Neufassung präzisiert ferner die Voraussetzungen für eine Abänderung - auch hier in Anlehnung an die zuvor h. M. in Literatur und Rechtsprechung, s. *Greßmann*, Rz. 312 ff.

[339]) BGH, FamRZ 1990, 1101; OLG Bamberg, FamRZ 1998, 1130.

[340]) Zur örtlichen Zuständigkeit des Gerichts s. BGH, FamRZ 1992, 170. Zur internationalen Zuständigkeit des Gerichts s. OLG München, FamRZ 1997, 106 u. FamRZ 1981, 389 sowie AG Würzburg, FamRZ 1998, 1319.

[341]) OLG Köln, FamRZ 1997, 386; OLG Karlsruhe, FamRZ 1992, 978 u. FamRZ 1984, 91; *Gießler*, Rz. 125; *Gerhardt/Oelkers*, 4. Kap. Rz. 303; *Zöller/Philippi*, § 620 Rz. 18; *Palandt/Diederichsen*, § 1696, Rz. 32.

[342]) OLG Celle, FamRZ 1998, 1188 - zu § 1666 BGB.
OLG Karlsruhe, FamRZ 1998, 1046 - zu § 1671 BGB a. F.
OLG München, FamRZ 1981, 389 - zu § 1671 BGB a. F.
Zu den Bewertungsmaßstäben im Rahmen von § 1696 BGB eingehend *Huber*, FamRZ 1999, 1625.

[343]) OLG Karlsruhe, FamRZ 1992, 978; *Gerhardt/Oelkers*, 4. Kap. Rz. 303.
A. A. OLG Zweibrücken, FamRZ 1989, 1108 m. krit. Anm. *Maurer*, FamRZ 1990, 193.

295 Ist bereits im nicht summarischen Verfahren eine Entscheidung nach § 1666 oder § 1671 BGB ergangen, so kann eine solche Entscheidung nicht durch eine e. A. außer Kraft gesetzt werden[344]). Das OLG Hamburg[345]) zieht zutreffend aus § 620 f ZPO den Umkehrschluß: Da eine endgültige Regelung eine einstweilige Anordnung außer Kraft setzt, kann eine einstweilige Anordnung nicht umgekehrt die endgültige Regelung beseitigen. Eine vorläufige Regelung kann eine endgültige Regelung nur (vorläufig) abändern oder aufheben, soweit sie in einem neuen selbständigen Abänderungsverfahren (§ 1696 BGB) erlassen wird.

4. Vorläufige Verbleibensanordnungen - nach § 1632 IV und § 1682 BGB

a) Nach § 1632 IV BGB

296 Das KindRG hat § 1632 IV BGB[346]) neu gefaßt:
- Die Bezugnahme auf § 1666 BGB, insbesondere auf die Eingriffsmerkmale der Vorschrift, entfällt.
- Der Hinweis auf "Anlaß oder Dauer der Familienpflege" entfällt.
- Zuständig ist nunmehr das Familiengericht.

Eine **echte Neuerung** ist nur die **Zuständigkeit des Familiengerichts**. Die übrigen Änderungen und Weglassungen entsprechen der Rechtsprechung, die sich zu § 1632 IV BGB entwickelt und verfestigt hatte[347]).

297 Die Verbleibensanordnung kann von Amts wegen oder auf Antrag das Herausgabeverlangen der Eltern **auch im Wege v. A.** zur Unzeit abwehren[348]). Sie kann auch noch ergehen, wenn das Kind schon

---

[344]) OLG Hamburg, FamRZ 1988, 635; OLG Hamm, FamRZ 1988, 411 (LS); KG, FamRZ 1985, 722; *Johannsen/Sedemund-Treiber*, Rz. 12, MK(ZPO)/*Klauser*, Rz. 19, *Musielak/Borth*, Rz. 29, *Stein/Jonas/Schlosser*, Rz. 2 b, *Zöller/Philippi*, Rz. 18 - je zu § 620 ZPO.

[345]) OLG Hamburg, FamRZ 1988, 635.

[346]) Zur dogmatischen Einordnung des Instituts, insbesondere sein Verhältnis zu § 1666 BGB, s. *Gernhuber/Coester-Waltjen*, § 57 V Fn. 18.

[347]) *Greßmann*, Rz. 294 ff.; *FamRefK/Rogner*, § 1632 BGB Rz. 1 ff.

[348]) OLG Brandenburg, FamRZ 2000, 1038; LG Frankenthal, FamRZ 1984, 509. Zustimmend *Palandt/Diederichsen*, § 1632 Rz. 30.

nicht mehr in der Pflegestelle ist; sie ist dann auf Rückführung des Kindes in die Pflegestelle gerichtet[349]), vgl. Rz. 276.

Bei der nicht summarischen Entscheidung nach § 1632 IV BGB sind die verfassungsrechtlich verbrieften Positionen des Kindes, der leiblichen Eltern und der Pflegeeltern[350]) **sorgfältig auszubalancieren** (s. schon Rz. 6/12)[351]). Das gilt erst recht und noch mehr, wenn im summarischen Verfahren vorweg aufgrund dieser Vorschrift zu entscheiden ist - vgl. die parallele Argumentation unter Rz. 293. Einerseits ist zu fragen, ob es höchste Zeit ist, das Kind wieder bei den Eltern zu integrieren, und dies auch das höchstwahrscheinliche Ergebnis ist[352]). Andererseits soll dem Kind ein mehrfacher Aufenthaltswechsel, ein gefährliches "Hin und Her" erspart bleiben und deshalb zu Lasten des Kindes auch nicht vorschnell entschieden werden[353]).

Mit der Verbleibensanordnung kann das Gericht in einer **dienenden Anordnung** zugleich den Umgang der Eltern regeln - als Hilfe für das Kind, aber auch als "Trostpflaster" für die ansonsten unterlegenen Eltern oder für die das Kind verlierenden Pflegeeltern[354]). Für eine solche dienende Anordnung besteht gerade hier nicht selten ein starkes Bedürfnis. Ebenso kann das Gericht zugleich eine Herausgabe oder Rückführung anordnen - wenn ein unmittelbarer, insbesondere zeitlicher Zusammenhang mit der Verbleibensanordnung besteht[355]).

298

Nach § 50 II S. 1 Nr. 3 FGG ist dem Kind grundsätzlich ein **Verfahrenspfleger** zu bestellen. Da ein Verfahrenspfleger möglichst früh zu bestellen ist, sollte das in aller Regel **bereits im summarischen Verfahren** geschehen. Wird hiervon ausnahmsweise abgesehen, ist dies nach § 50 II S. 2 FGG zu begründen[356]).

299

---

[349]) BayOLG, FamRZ 1997, 223; OLG Frankfurt, FamRZ 1983, 1164.
[350]) Art. 6 I GG schützt auch die Pflegefamilie. S. BVerfG, FamRZ 1985, 39, FamRZ 1989, 31, FamRZ 1993, 1045 u. FamRZ 2000, 413 sowie BGH, FamRZ 2000, 219.
[351]) Die v. A. wird laut *Palandt/Diederichsen* (54. Aufl.), § 1632 Rz. 32 "die Ausnahme bleiben".
[352]) LG Frankenthal, FamRZ 1984, 509. S. auch OLG Köln, FamRZ 1999, 314 (ganz am Ende).
[353]) S. Fn. 352.
[354]) BayOLG, FamRZ 2000, 633 u. FamRZ 1997, 223; LG Frankenthal, FamRZ 1984, 509; *Peschel-Gutzeit*, Rz. 141 m. w. N.
[355]) S. Fn. 354.
[356]) OLG Köln, FamRZ 1999, 314 - FamRZ 2000, 635.

Besonderer Teil

300 Zu Kosten und Gegenstandswerten s. Rz. 227 ff. Folgt man dem BayOLG[357]), sind Pflegeeltern in dem Hauptverfahren zu § 1632 IV BGB Interessenschuldner nach § 2 Nr. 2 KostO. Hierauf sollten sie achten, wenn allzu schnell allzu teure Gutachten eingeholt werden.

b) Nach § 1682 BGB

301 § 1632 IV BGB wurde auch deshalb neu gefaßt, weil die Vorschrift gleich lauten sollte wie der neu eingeführte § 1682 BGB[358]). Die neue Vorschrift sieht bei Ausfall des betreuenden Sorgeberechtigten eine Verbleibensanordnung **für die Stiefkindsituation** vor, sowie für weitere Situationen, in denen neben den leiblichen Eltern enge Angehörige (i. S. v. § 1685 BGB!) mit dem Kind zusammenleben.

302 Auch hier entscheidet jetzt das **Familiengericht**. Auch hier kann eine Verbleibensanordnung im Wege **vorläufiger Anordnung** zunächst vorläufig geregelt werden.

Verfahrensrechtliche Besonderheiten gegenüber Verbleibensanordnungen nach § 1632 IV BGB sind bei heutigem Erkenntnisstand nicht darzulegen.

303 Im Hinblick auf die **Kosten** ist allerdings zu erwähnen: § 94 I Nr. 3 KostO nimmt nur auf § 1632 IV BGB Bezug und nicht auf § 1682 BGB. Will man § 94 I Nr. 3 KostO nicht im Sinne eines Redaktionsversehens erweiternd auslegen, dürfte die Auffangvorschrift des § 95 I S. 1 Nr. 3 KostO anzuwenden sein[359]).

5. Vorläufige Unterbringung Minderjähriger nach § 1631 b BGB

304 Die mit Freiheitsentziehung verbundene zivilrechtliche Unterbringung eines Kindes, Mündels oder Pfleglings durch Eltern, Vormund oder Pfleger muß bei der Schwere des Eingriffs schon aus verfassungsrechtlichen Gründen[360]) gerichtlich genehmigt werden. **Zustän-**

---

[357]) BayOLG, FamRZ 1998, 37.
A. A. OLG Hamm, FGPrax 1995, 127.
[358]) *Greßmann*, Rz. 294 u. 301; *FamRefK/Rogner*, § 1632 BGB Rz. 5.
[359]) *FamRefK/Rogner*, § 1682 BGB Rz. 13 und *Meyer-Stolte*, § 97 KostO Rz. 4.
[360]) *Gernhuber/Coester-Waltjen*, § 7 II 2 m. w. N.

Weitere v. Entscheidungen zum Kindeswohl

dig ist seit dem KindRG das **Familiengericht** - s. § 1631 b BGB, § 70 I S. 2 Nr. 3 FGG. Die Zuständigkeit wurde auf Anregung des Bundesrates vom Vormundschaftsgericht auf das Familiengericht verlagert[361]), weil das Familiengericht auch für Entscheidungen nach § 1666 BGB zuständig ist und **umfassend** über elterliche Sorge und Umgang entscheiden soll[362]).

Im KJHG, dem SGB VIII, steht im Vordergrund die freiwillige Hilfe zur Erziehung nach §§ 27 ff. des Gesetzes[363]). Hierdurch bedingt wird § 1631 b BGB in der sog. Praxis nur selten angewandt[364]). 305

Das Verfahren für eine Unterbringung nach § 1631 b BGB ist in §§ 70 ff. FGG geregelt. Vorläufige Unterbringungsmaßnahmen sind in **§ 70 h FGG** vorgesehen, der u. a. auf **§ 69 f I FGG** verweist, der "einstweilige" Anordnungen in Betreuungsverfahren regelt. Glaubhaft zu machende **Voraussetzungen für eine e. A.** sind hiernach: 306

a) Mit erheblicher Wahrscheinlichkeit ist es erforderlich, das Kind unterzubringen, und es ist gefährdet, wenn die Entscheidung hierfür aufgeschoben wird.

b) Ein ärztliches Zeugnis[365]) über den Zustand des Kindes - jedoch nicht die Notwendigkeit der Unterbringung.

c) Für das Verfahren muß, soweit nach § 70 b FGG erforderlich, ein Pfleger bestellt sein - Ausnahmen bei Gefahr im Verzug[366]).

d) Kind und Pfleger wurden persönlich gehört - Ausnahmen bei Gefahr im Verzug[367]).

---

[361]) *Greßmann*, Rz. 419; *FamRefK/Rogner*, vor § 1626 BGB Rz. 24 ff.; *Keidel/Kayser*, vor §§ 70 - 70 n Rz. 2; BT-Drucks. 13/489 S. 159 f. u. 13/8511 S. 79.

[362]) Die Verlagerung ist nicht unproblematisch. Einmal entscheidet bei § 1631 b BGB nicht der auf Unterbringungen spezialisierte Vormundschaftsrichter. Zum anderen erwächst so eine gespaltene Zuständigkeit von Familiengericht und Vormundschaftsgericht.

[363]) *Palandt/Diederichsen*, § 1631 b Rz. 1.

[364]) *Keidel/Kayser*, vor §§ 70 - 70 n Rz. 2. S. jedoch *Wille*, DA Vorm 2000, 449.

[365]) Zur Qualifikation des Gutachters s. *Keidel/Kayser*, § 70 h Rz. 10 sowie *Bassenge/Herbst*, § 70 h Rz. 5. S. auch BayOLG, FamRZ 1998, 1188 u. FamRZ 1997, 1565.

[366]) *Keidel/Kayser*, § 70 h Rz. 7 u. § 69 f Rz. 13.

[367]) *Keidel/Kayser*, § 70 h Rz. 8 u. § 69 f Rz. 13.

146 Besonderer Teil

e) Die in § 70 d FGG genannten Personen und Stellen, z. B. nahe Angehörige, erhielten Gelegenheit, sich zu äußern[368]).

Was Heilmann[369]) generell für den vorläufigen Rechtsschutz fordert, hier ist es geregelt: § 70 h II FGG bestimmt **zeitliche Grenzen.** Die e. A. darf die Dauer von 6 Wochen nicht überschreiten. In Ausnahmefällen darf dieser Zeitraum auf 3 Monate verlängert werden[370]).

Obschon § 70 h FGG nicht auf § 70 f FGG verweist, ist die schon ihrem Wortlaut nach auch die e. A. erfassende Vorschrift des § 70 f II FGG anzuwenden. Folglich ist die **v. A. zu begründen.**

307 Über die **Kosten** des summarischen Verfahrens ist bei Entscheidung der Hauptsache zu befinden. Auch über die Erstattung außergerichtlicher Kosten ist somit bei Erlaß der e. A. nicht zu entscheiden[371]).

308 Entscheidungen über eine vorläufige Unterbringung werden nach § 70 g III FGG, auf den § 70 h FGG verweist, mit Rechtskraft wirksam[372]); daher ist in der Regel geboten, ihre **sofortige Wirksamkeit** anzuordnen.

309 Nach § 70 m I FGG ist die e. A. mit **sofortiger Beschwerde** anfechtbar[373]). Nach § 70 i I FGG ist sie **aufzuheben,** wenn ihre Voraussetzungen wegfallen.

310 Erläßt das Beschwerdegericht, bevor es in der Hauptsache entscheidet, eine e. A., ist eine solche Anordnung mit sofortiger weiterer Beschwerde ausnahmsweise anfechtbar, wenn das Beschwerdegericht anstelle des Amtsgerichts die Unterbringung vorläufig genehmigt und nicht nur bis zum Erlaß der Beschwerdeentscheidung zur Hauptsache eine Regelung bezweckt[374]).

---

[368]) *Keidel/Kayser,* § 70 h Rz. 9.
[369]) *Heilmann,* S. 234 f., 300 ff. u. 319.
[370]) Einzelheiten *Keidel/Kayser,* § 70 h Rz. 12; *Bassenge/Herbst,* § 70 h Rz. 11 - 13.
[371]) OLG Hamm, FamRZ 1995, 1595.
[372]) Zur Bekanntmachung und Wirksamkeit der Entscheidung s. *Keidel/Kayser,* § 70 h Rz. 14.
[373]) Einzelheiten bei *Keidel/Kayser,* § 70 h Rz. 15. S. auch LG München, FamRZ 1999, 670.
[374]) BayOLG, FamRZ 1999, 1594 m. w. N. - auch zur Erledigung der Hauptsache nach Ablauf der vorläufig erteilten Unterbringungsgenehmigung.

Regelmäßig wird schon wegen der Schwere des Eingriffs ein **Verfahrenspfleger** zu bestellen sein, aber nicht nach § 50 FGG, sondern nach §§ 1631 b, 1800, 1915 BGB und §§ 70 b I S. 2 Nr. 1, 70 b FGG[375]).

311

Nach § 70 h III FGG, einer subsidiär greifenden Ausnahmevorschrift, kann das Vormundschaftsgericht und nicht das Familiengericht tätig werden, soweit nach § 1846 BGB Unterbringungsmaßnahmen erforderlich werden.

312

6. Vorläufige Regelungen des Elternstreits - § 1628 BGB

Leben die Eltern nicht oder noch nicht getrennt und kann § 1671 BGB folglich nicht greifen, kann das Gericht, seit dem KindRG das **Familiengericht,** die Entscheidung einem Elternteil übertragen, wenn die Eltern sich nicht einigen "in einer einzelnen Angelegenheit oder in einer bestimmten Art von Angelegenheiten, deren Regelung für das Kind von erheblicher Bedeutung ist". Das Gericht entscheidet **nur auf Antrag eines Elternteils** (nicht des Kindes!), und es entscheidet nicht an Stelle der Eltern, sondern **überträgt** lediglich **einem Elternteil** die **Entscheidungskompetenz**[376]). Der in seinem Kern durch das KindRG unverändert gebliebene § 1628 BGB hat bislang keine praktische Bedeutung erlangt[377]). Durch das KindRG könnte er indes "zu einem munteren Leben erweckt werden"[378]).

313

Da § 1628 BGB in der Praxis schon in der Hauptsache nahezu leergelaufen ist, sind erst recht **v. A.** zu § 1628 BGB bishin nicht zur Veröffentlichung gekommen und in der Literatur nicht näher erörtert worden. V. A. zu § 1628 BGB sind jedoch **zulässig**[379]) und sinnvoll; auch sie könnten künftig zu munterem Leben erwachen. Geht es

314

---

[375]) *Salgo,* FPR 1999, 313 (319) u. in *Staudinger/Salgo,* § 1631 b Rz. 36 ff. S. auch OLG Naumburg, FamRZ 2000, 300.

[376]) Eingehend *Gernhuber/Coester-Waltjen,* § 58 II 3. Zur schwierigen Abgrenzung von § 1628 und § 1671 BGB eingehend *Schwab,* FamRZ 1998, 457 zu IV.

[377]) *Schwab,* FamRZ 1998, 457 zu IV 2.
Allerdings wird die Vorschrift jetzt zunehmend zitiert, soweit für die gemeinschaftliche elterliche Sorge ein Grundkonsens gefordert wird - vgl. z. B. OLG Oldenburg, FamRZ 1998, 1464.

[378]) *Schwab,* FamRZ 1998, 457 zu IV 2.

[379]) *Palandt/Diederichsen,* Einf. vor § 1626 Rz. 6.

nicht um eine bestimmte Art von Angelegenheiten, sondern um **eine einzelne Angelegenheit,** z. B. eine einmalige Impfung des Kindes, ist allerdings sehr darauf zu achten, daß die Hauptsache durch die v. A. nicht vorweggenommen wird - grundsätzlich hierzu Rz. 56 ff. Wird die Kompetenzzuweisung an einen Elternteil gem. § 1628 S. 2 BGB mit **Beschränkungen oder Auflagen** versehen, so ist stets zu überlegen, ob das Gericht über eine allein zulässige Kompetenzzuweisung an einen Elternteil hinausgeht und so an Stelle der streitenden Eltern eine Entscheidung trifft[380]).

315 Wie früher § 1628 II BGB a. F. hervorhob und heute **§ 52 I FGG** regelt, soll das Gericht, bevor es entscheidet, auf eine Einigung der streitenden Eltern hinwirken. Da das Gericht dies so früh wie möglich tun soll, gilt dies auch für das summarische Verfahren. Von ganz dringenden Eilfällen abgesehen, sollte das Gericht daher **nicht ohne mündliche Verhandlung entscheiden,** in der es eine solche Einigung am ehesten erreichen kann. Hierfür gibt es noch weitere Gründe. Der Antrag nach § 1628 BGB kann eine **Gefährdung** des Kindes im Sinne von § 1666 BGB indizieren[381]), und das Gericht kann dann veranlassen, von Amts wegen tätig zu werden. Ein Antrag nach § 1628 BGB kann ferner einen **Konsenszerfall** indizieren[382]); dann ist ein Einschreiten nach § 1696 BGB zu prüfen.

7. Vorläufige Regelungen nach § 1630 BGB

a) § 1630 II BGB

316 Zwischen Eltern und Pflegern kann es zu Konflikten kommen, wenn die Personensorge den Eltern, die Vermögensverwaltung einem Pfleger zusteht[383]) und eine Angelegenheit beide Bereiche betrifft - wenn z. B. für eine Berufswahl das Kindesvermögen herangezogen werden soll[384]). Nach § 1630 II BGB **entscheidet** dann das Fa-

---

[380]) *Palandt/Diederichsen,* § 1628 Rz. 8. S. auch *Gernhuber/Coester-Waltjen,* § 58 II 5.
[381]) *Gernhuber/Coester-Waltjen,* § 58 II 5; *Palandt/Diederichsen,* § 1628 Rz. 11. Das gilt erst recht, wenn ein solcher Antrag schon einmal vorgelegen hat.
[382]) *Gernhuber/Coester-Waltjen,* § 65 V 3.
[383]) oder - was selten sein wird - umgekehrt.
[384]) *Palandt/Diederichsen,* § 1630 Rz. 8 m. w. N.

miliengericht. Anders als in § 1628 BGB wird also nicht nur die Entscheidungskompetenz einer Seite übertragen.

Bei Erlaß einer **vorläufigen Anordnung,** die auch hier **zulässig** ist, droht auch an dieser Stelle eine Vorwegnahme der Hauptsache, zumal es dem Gesetz zufolge stets nur um "eine Angelegenheit" geht.

317

Nach § 49 a I S. 3 FGG, der lediglich § 1630 III BGB zitiert, muß das **Jugendamt** nicht gehört werden.

Nach § 14 I Nr. 5 RpflG ist der **Richter zuständig.**

b) § 1630 III BGB

Geben Eltern ihr Kind für längere Zeit in Familienpflege, können gem. dieser Vorschrift Angelegenheiten der elterlichen Sorge auf die Pflegeperson übertragen werden. Hierüber entscheidet seit dem KindRG das Familiengericht. Eine weitere Neuerung des KindRG: Außer den Eltern können den erforderlichen Antrag auch die Pflegeeltern stellen - jedoch nur mit Zustimmung der leiblichen Eltern. Diese Änderung war geboten, weil die Eltern von ihrem Antragsrecht in der Praxis kaum Gebrauch machten[385].

318

Da Eltern und Pflegepersonen eine Regelung nach § 1630 III BGB gemeinsam billigen müssen, wird eine **v. A.** nur selten in Betracht kommen.

§ 49 a I S. 3 FGG bestimmt ausdrücklich, vor einer Entscheidung, also auch einer vorläufigen Entscheidung, das **Jugendamt zu hören.**

Nach § 14 I Nr. 6 a RpflG entscheidet der **Richter.**

8. Einschränkungen oder Ausschluß elterlicher Befugnisse - § 1687 II BGB

Die gemeinsame Sorge nach Trennung der Eltern ist "ein juristisches Konstrukt"[386]. Der Gesetzgeber hat sie in § 1687 BGB in drei Bereiche aufgespalten[387]:

319

---

[385] *FamRefK/Rogner,* § 1630 BGB Rz. 2.
[386] *Schwab,* FamRZ 1998, 457 zu V 1 - "und ein aliud gegenüber der eigentlichen gemeinsamen Elternsorge".
[387] Die Abgrenzung dieser Bereiche wird sicher noch Schwierigkeiten bereiten, s. *Schwab* a. a. O.

Besonderer Teil

1) Die elterliche Sorge wird gemeinsam ausgeübt in Angelegenheiten von erheblicher Bedeutung - § 1687 I S. 1 BGB.

2) Der Elternteil, bei dem sich das Kind gewöhnlich aufhält, entscheidet allein in Angelegenheiten des täglichen Lebens - § 1687 I S. 2 BGB.

3) Der Elternteil, bei dem sich das Kind zwar nicht gewöhnlich, aber legitimerweise aufhält, entscheidet allein in Angelegenheiten der tatsächlichen Betreuung - § 1687 I S. 4 BGB.

Die Befugnisse des zweiten und dritten Bereichs kann das Familiengericht nach § 1687 II BGB einschränken oder ausschließen. Dabei ist die Eingriffsschwelle des Gerichts deutlich niedriger als in § 1666 BGB: Einschränkungen oder Ausschluß müssen lediglich zum Wohl des Kindes erforderlich sein[388].

320 Die Entscheidung nach § 1687 II BGB kann zunächst **im Wege vorläufiger Anordnung** ergehen und kann, wenn Eile geboten ist, sehr wohl erforderlich sein. Eine entsprechende v. A. kann - wie die Hauptentscheidung - von Amts wegen, also auch ohne Antrag eines Elternteils erlassen werden.

Besonders wenn es um eine einzelne Angelegenheit geht, ist darauf zu achten, daß die Hauptsache nicht vorweggenommen wird - s. schon Rz. 56 ff. u. 314. Auf § 1629 I S. 4 BGB, der nach § 1687 I S. 5 BGB entsprechend gilt, wird in § 1687 II BGB nicht verwiesen[389]. Die Befugnis der Eltern, wenn für das Kind Gefahr im Verzug ist, die sog. **Notentscheidungsbefugnis,** ist somit nach § 1687 II BGB nicht einschränkbar oder ausschließbar[390].

Eine Anhörung des Jugendamts ist in § 49 a I FGG nicht vorgesehen. Andererseits ist eine solche Anhörung auch nicht ausgeschlossen. In aller Regel dürfte sie sinnvoll sein.

---

[388]) Vgl. hierzu *Johannsen/Jaeger*, § 1687 BGB Rz. 12.
[389]) *Schwab*, FamRZ 1998, 457 zu V 6.
[390]) A. A. *FamRefK/Rogner*, § 1687 BGB Rz. 22 u. 24.
Zweifelnd *Schwab*, FamRZ 1998, 457 zu V 6.

9. Vorläufige Regelungen nach § 1687 a und § 1688 BGB

a) § 1687 a BGB

§ 1687 BGB betrifft nur gemeinsam sorgeberechtigte Eltern. Der durch KindRG eingefügte § 1687 a BGB dehnt § 1687 II BGB auf Elternteile aus, die nicht die elterliche Sorge mit inne haben, bei denen sich das Kind, z. B. infolge Umgangs, jedoch legitimer Weise, aufhält. Auch hier ist eine **v. A. zulässig** und in Eilfällen erforderlich.

321

b) § 1688 BGB

Die ebenfalls durch das KindRG eingefügte Vorschrift dehnt § 1687 a BGB weiter aus auf Personen, die als sog. **Pflegepersonen, Stiefeltern** oder als **umgangsberechtigte Verwandte** mit dem Kind zusammenleben[391]).

322

Entscheidungen nach § 1688 BGB sind in § 14 I Nr. 16 RpflG nicht als Angelegenheiten genannt, die dem Richter vorbehalten sind. Folglich ist nach § 3 Nr. 2 a RpflG der **Rechtspfleger zuständig**[392]). Rechtsmittel gegen die Entscheidung ist somit die Rechtspflegererinnerung nach § 11 I RpflG.

10. Vorläufige Regelungen nach §§ 1629 II S. 3/1796 BGB

Nach §§ 1629 II S. 3, 1796 BGB kann das Gericht, seit dem KindRG das Familiengericht, "dem Vater und der Mutter" "für eine einzelne Angelegenheit oder für einen bestimmten Kreis von Angelegenheiten" zeitweise oder dauernd die Vertretung entziehen, wenn zwischen den Interessen des Minderjährigen sowie den Eltern ein erheblicher Gegensatz besteht[393]). Dabei ist "Vertretung" nicht wie im

323

---

[391]) *Greßmann*, Rz. 263; *FamRefK/Rogner*, § 1688 BGB Rz. 2.
[392]) *Klüsener*, Rpfleger 1998, 225 (231); *Bassenge/Herbst*, § 14 RpflG Rz. 64; *FamRefK/ Rogner*, § 1688 BGB Rz. 13.
[393]) Eingehend *Gernhuber/Coester-Waltjen*, § 61 IV 5 u. 6; *FamRefK/Rogner*, vor § 1626 BGB Rz. 5.

152 *Besonderer Teil*

allgemeinen Recht zu verstehen[394]). "Vater und Mutter" ist nicht so zu verstehen, daß stets beiden Eltern die Vertretung zu entziehen ist[395]).

324 Auch diese Entscheidung kann im Wege v. A. vorweg im summarischen Verfahren ergehen. Bei einzelnen Angelegenheiten ist auch hier darauf zu achten, daß die Hauptsache nicht vorweggenommen wird, vgl. Rz. 56 ff. u. 314/320.

Eine Anhörung des Jugendamts ist in § 49 a FGG nicht vorgeschrieben, jedoch häufig sinnvoll, s. Rz. 320.

Da § 1629 II S. 3 BGB im Katalog des § 14 RpflG nicht erwähnt wird, ist nach § 3 Nr. 2 a RpflG auch hier der **Rechtspfleger zuständig**.

11. Vorläufige Regelungen nach § 1612 II 2 BGB

325 Nach § 1612 II S. 1 BGB können die unterhaltspflichtigen Eltern bestimmen, in welcher Art und für welche Zeit im voraus der Unterhalt gewährt werden soll. Aus besonderen Gründen kann das Familiengericht **auf Antrag des Kindes** die Bestimmung der Eltern jedoch ändern. Vor dem 01.07.1998 war für diese Entscheidung der Rechtspfleger beim Vormundschaftsgericht zuständig. Nunmehr ist der **Rechtspfleger beim Familiengericht** zuständig - wodurch die oft kritisierte gespaltene[396]) Zuständigkeit leider nur teilweise beseitigt worden ist[397]). Wieweit der enger gewordene Zusammenhang beider Verfahren nach § 5 I S. 2 und § 6 RpflG in der Praxis doch zu einer einheitlichen Zuständigkeit des Familienrichters führt, bleibt abzuwarten[398]).

326 Im Verfahren nach § 1612 II S. 2 BGB kann der Rechtspfleger - als Familiengericht - **grundsätzlich** auch eine **vorläufige Anordnung** erlassen[399]). Ist zugleich - wie regelmäßig - auch ein Verfahren auf

---

[394]) *Gernhuber/Coester-Waltjen*, § 61 IV 5: In § 1796 BGB greift der Begriff weiter aus.
[395]) *Gernhuber/Coester-Waltjen*, § 61 IV 5.
[396]) Vgl. z. B. MK/*Köhler*, § 1612 Rz. 32; *Palandt/Diederichsen* (55. Aufl.), § 1612 Rz. 20.
[397]) Erörtert in *FamRefK/Häußermann*, § 1612 BGB Rz. 7.
[398]) KG, FamRZ 2000, 256; OLG Hamburg, FamRZ 2000, 246; *FamRefK/Häußermann*, § 1612 BGB Rz. 7; *Palandt/Diederichsen*, § 1612 Rz. 21.
[399]) KG, FamRZ 1970, 415; OLG Bremen, Rpfleger 1985, 439; LG Karlsruhe, Rpfleger 1984, 100; MK/*Köhler*, § 1612 Rz. 20.

Zahlung von Unterhalt anhängig, besteht für eine vorläufige Regelung nach § 1612 II S. 2 BGB jedenfalls ein Rechtsschutzinteresse, wenn auch in dem Unterhaltsverfahren vor dem Familienrichter eine einstweilige Regelung getroffen werden soll. Steht eine Eilentscheidung des Familienrichters im Unterhaltsverfahren jedoch nicht an, ist ein Rechtsschutzinteresse für den Erlaß einer v. A. nach § 1612 II S. 2 BGB richtiger Weise zu verneinen[100]). Denn für die endgültige Entscheidung im Unterhaltsverfahren vor dem Familienrichter kann eine vorläufige Entscheidung nach § 1612 II S. 2 BGB keine ausreichende Grundlage sein[101]).

Wird eine v. A. erlassen, so ist genau **festzulegen, ab wann** die Unterhaltsbestimmung der Eltern **geändert wird.** Dabei ist auch in diesem Zusammenhang[102]) zu fragen, ob eine solche Änderung auch rückwirkend, also vor Bekanntmachung an die betroffenen Eltern wirksam werden kann. **Wenn besondere Gründe** dies rechtfertigen, ist eine solche **Rückwirkung** zu bejahen. Sie kann allerdings nicht für die Zeit vor Antragstellung zurückwirken, d. h. vor Zugang des Antrags an die Gegenseite[103]).

327

Da in diesen Verfahren die Interessen des Kindes und die seiner Eltern fast immer erheblich kollidieren, ist nach § 50 II S. 1 Nr. 1 FGG in der Regel für das Kind ein **Verfahrenspfleger** zu bestellen. Auch eine Mediation kann sinnvoll sein.

328

12. Auskunft im Wege vorläufiger Anordnung - § 1686 BGB

Der durch KindRG eingefügte § 1686 BGB trat an die Stelle des früheren § 1634 III BGB. Die neue Vorschrift soll, jedenfalls dem Gesetzgeber zufolge[104]), nur zwei wesentliche Neuerungen bringen:

329

---

[100]) So ausdrücklich OLG Bremen, Rpfleger 1985, 439.
[101]) S. Fn. 400.
[102]) Die Frage wird erörtert bei Erlaß der regulären, also nicht summarischen Entscheidung nach § 1612 II S. 2 BGB, vgl. z. B. OLG Düsseldorf, FamRZ 1996, 235.
[103]) OLG Düsseldorf, FamRZ 1996, 235 u. FamRZ 1994, 460 u. FamRZ 1987, 194; OLG Hamburg, FamRZ 1986, 833; OLG Hamm, FamRZ 1986, 386.
[104]) BT-Drucks. 13/4899 S. 107; *Greßmann,* Rz. 341; *FamRefK/Rogner,* § 1686 BGB Rz. 2. Die Schaffung einer eigenständigen Norm hat jedoch keine inhaltliche Auswirkung.

- Der Auskunftsanspruch steht jedem Elternteil zu - nicht nur dem, der sorgeberechtigt ist.

- Bei Streitigkeiten zu diesem Auskunftsbegehren ist das Familiengericht zuständig.

330 Der Auskunftsanspruch nach § 1686 BGB kann auf eine einmalige konkrete Auskunft gerichtet sein - z. B. die Mitteilung eines Schulzeugnisses. Er kann auch auf laufende Auskunft zielen - z. B. den Fortgang einer langwierigen Krankheit des Kindes. Begehren nach § 1686 BGB können Surrogat für ganz oder teilweise verwehrten Umgang sein[405]. Mit dem gewährten Umgang kann das Auskunftsbegehren indirekt im Zusammenhang stehen[406], wenn ohne solche Auskünfte der Umgang nicht oder nicht angemessen praktiziert werden kann - z. B. wenn während des Umgangs gesundheitliche Maßnahmen in Betracht kommen.

331 Wird im Wege v. A. eine Auskunft begehrt, taucht die auch im Unterhaltsprozeß[407] und vielen anderen Rechtsgebieten[408] eingehend erörterte Frage auf: Wird hierdurch die Hauptsache zwangsläufig vorweggenommen? Die Frage ist gerade hier berechtigt, weil eine erteilte Auskunft nicht rückgängig zu machen ist. Denn niemand kann verpflichtet werden, eine vorläufig erteilte Auskunft wieder zu vergessen. Dem ist jedoch entgegenzuhalten: Eine Auskunft ist kein unspaltbarer Monolith; eine Teilauskunft nimmt die Hauptsache nicht voll vorweg, und ein hierauf gerichteter Antrag kann daher zulässig sein. Dafür spricht weiterhin die positive Regelung in dem Gesetz zur Stärkung des Schutzes geistigen Eigentums und zur Bekämpfung der Produktpiraterie. Durch dieses Gesetz, ein Artikelgesetz, ist in vielen Gesetzen, z. B. § 24 b III GebMG, bei offensichtlicher Rechtsverletzung Auskunftserteilung im summarischen Verfahren ausdrücklich vorgesehen. - An den Erlaß einer v. A. auf Auskunftserteilung sind **grundsätzlich hohe Anforderungen zu stellen**[409]. Hierbei sind Bedeutung und Eilbedürftigkeit der Auskunft sorgfältig abzuwägen

---

[405] Zum grundsätzlichen Zusammenhang zwischen Umgang und Auskunft *Peschel-Gutzeit*, Rz. 82 ff.; *Johannsen/Jaeger*, § 1686 BGB Rz. 2.
[406] S. Fn. 405.
[407] *van Els*, FamRZ 1995, 650 m. eingehenden w. N.
[408] S. Fn. 407.
[409] *van Els*, FamRZ 1995, 650 (653).

gegenüber der Schwere und Irreparabilität des Eingriffs bei Erteilung der Auskunft. Zurückhaltung ist insbesondere geboten, wenn es um Auskunft hinsichtlich eines einmaligen konkreten Vorgangs geht. Dagegen sind nicht so hohe Anforderungen zu stellen, wenn die Auskunft erforderlich ist, um den Umgang überhaupt erst möglich zu machen, s. Rz. 330.

Beispiel: Der nicht sorgeberechtigte Vater möchte wissen, ob und, wenn ja, mit welchem Zeugnis sein Sohn die mittlere Reife erhalten hat. Im Wege v. A. kann dem Vater zunächst und umgehend mitgeteilt werden, ob der Sohn die mittlere Reife erhalten hat.

Beantragt der nicht sorgeberechtigte Elternteil lediglich Umgang mit seinem Kind, kann dem sorgeberechtigten Elternteil - auch ohne ausdrücklichen Antrag - **statt Umgangsgewährung** aufgegeben werden, wenigstens regelmäßig (näher festzulegende) Auskunft über die Entwicklung des Kindes zu geben. Für eine solche gegenüber dem Hauptantrag zurückstehende Anordnung, die gegenüber einer Umgangsregelung dienenden Zuschnitt hat, wurde unter Rz. 109 schon plädiert, soweit bei Regelung der elterlichen Sorge ansteht, den Umgang als eine Art "Trostpflaster" mitzuregeln. Im hiesigen Zusammenhang bestehen gegen eine solche "Trostpflaster-Anordnung" noch weniger Bedenken, da Umgang und Auskunft, wenn auch in zwei materiell-rechtlichen Vorschriften, so doch nicht als verschiedene Verfahrensgegenstände geregelt sind. **332**

Die Anhörung des **Jugendamts** ist für § 1686 BGB in § 49 a I FGG nicht vorgeschrieben - häufig aber sinnvoll. **333**

Entscheidungen nach § 1686 BGB sind in § 14 RpflG (s. Nr. 16) nicht dem Richter vorbehalten. Folglich entscheidet der **Rechtspfleger.** Wegen der Bedeutung der Angelegenheit, aber auch wegen des oft engen Zusammenhangs mit Entscheidungen des Familienrichters eine m. E. verfehlte Zuweisung!

Wegen der **Kosten** s. § 94 I S. 4, III S. 2 KostO.

13. Eilige Maßnahmen nach § 1693 BGB

334 Sind beide Eltern, sei es auch nur aus rechtlichen Gründen[410], verhindert oder ist der Elternteil verhindert, der allein die elterliche Sorge inne hat, die elterliche Sorge ganz oder teilweise auszuüben, so hat das **Familiengericht** nach § 1693 BGB die im Interesse des Kindes erforderlichen "Maßregeln" zu treffen.

335 Auch wenn eine länger andauernde Verhinderung nach § 1674 BGB noch nicht festgestellt ist oder die Verhinderung nur vorübergehender Art ist[411], muß das Gericht das tun, was im Interesse des Kindes sofort, wenn auch nur vorläufig, erforderlich ist. **Maßregeln können im Wege v. A. getroffen werden**, z. B. durch Anordnung einer Pflegschaft[412] oder anderweitige Unterbringung des Kindes. Bei einer solchen v. A. sollte das Gericht in der Beschlußformel stets § 1693 BGB erwähnen und schon so die Vorläufigkeit der Maßnahme zum Ausdruck bringen. Eilige Maßregeln können aber auch ohne das Kleid der v. A. und nicht nur vorläufig getroffen werden, indem das Gericht z. B. für das Kind Willenserklärungen abgibt oder entgegennimmt, einer sofort erforderlichen Operation zustimmt oder im Interesse des Kindes kurz vor Fristablauf Strafantrag stellt[413] - s. auch Rz. 242. Ebenso wie die Parallelvorschrift des § 1846 BGB ist § 1693 BGB - zeitlich wie inhaltlich - jedoch **eng auszulegen**[414]. Das gebietet der Ausnahmecharakter der Normierung. "Allein der Eilfall zerstört die generelle Ordnung der Zuständigkeiten"[415] und erlaubt dem Gericht ausnahmsweise auch unmittelbar für das Kind tätig zu werden[416].

---

[410] OLG Zweibrücken, FamRZ 2000, 243; BayOLG, FamRZ 2000, 568.
[411] *MK/Hinz*, § 1693 Rz. 2 u. *Schwab*, § 1846 Rz. 2; *Palandt/Diederichsen*, § 1693 Rz. 1.
[412] BayOLG, FamRZ 2000, 1111 sowie *Bestelmeyer*, FamRZ 2000, 1068 m.w.N. zur Rechtspr. A.A. *Zorn*, FamRZ 2000, 719.
[413] RGSt 75, 146 (Strafantrag); RGZ 71, 162; KG, FamRZ 1962, 200; OLG Hamm, RPfleger 1968, 185 u. FamRZ 1964, 380 (zu § 1846 BGB); AG Nettetal, FamRZ 1996, 1104 (Bluttransfusion); *MK/Hinz*, § 1693 Rz. 4.
[414] *Coester*, FamRZ 2000, 439; *MK/Hinz*, § 1693 Rz. 1 u. *Schwab*, § 1846 Rz. 1; *Palandt/Diederichsen*, § 1693 Rz. 2.
[415] *Gernhuber/Coester-Waltjen*, § 49 I 2. Ebenso *Coester*, FamRZ 2000, 439.
[416] RGZ 71, 162 zu § 1846 BGB: Akt von außerordentlicher Fürsorge; KG, FamRZ 1962, 200; OLG Hamm, Rpfleger 1968, 185 u. FamRZ 1964, 380; *MK/Hinz*, § 1693 Rz. 1 und *Schwab*, § 1846 Rz. 1; *Palandt/Diederichsen*, § 1846 Rz. 1.

Weitere v. Entscheidungen zum Kindeswohl

Haben die Eltern eine erforderliche Maßregel unterlassen oder sonst pflichtwidrig gegenüber dem Kind gehandelt, geht es also nicht um eine Verhinderung der Eltern, ist § 1693 BGB nicht anzuwenden. Hier greifen §§ 1666 ff. BGB[417]).

Zum Verhältnis zu § 1674 BGB s. Rz. 338.

336

Für vorläufige Maßregeln des Gerichts nach § 1693 BGB ist nach § 44 FGG außerordentlich auch das Gericht örtlich zuständig, in dessen Bezirk "das Bedürfnis der Fürsorge" hervortritt[118]).

337

Funktionell ist der **Rechtspfleger zuständig** - soweit für die erforderliche Maßregel, z. B. eine geschlossene Unterbringung des Kindes, nach § 14 RpflG nicht der Richter zuständig ist[119]).

Eine Anhörung des **Jugendamts** ist in § 49 a I FGG nicht vorgeschrieben, in aller Regel jedoch zweckmäßig[120]).

Hinsichtlich der **Kosten** s. § 95 I S. 3 KostO.

14. Vorläufige Feststellung des Ruhens der elterlichen Sorge?

In der früheren Rspr. wie auch Literatur[121]) war sehr umstritten, ob das Gericht das Ruhen der elterlichen Sorge im Wege einstweiliger Anordnung feststellen kann. Eine solche **vorläufige Feststellung** ist schon wegen des feststellenden Charakters und der gestaltungsähnlichen Wirkung[122]) problematisch. Jedenfalls besteht für eine vorläufige Feststellung kein Bedürfnis. Denn das Gericht kann auch ohne vorläufige Feststellung, gestützt auf § 1693 BGB, die Maßnahmen treffen, die vorläufig und eilig notwendig sind[123]) - s. Rz. 334 ff. Für solche Maßnahmen kann Bedarf allerdings sehr wohl gegeben sein - z. B. wenn zuvor durch ein medizinisches Gutachten geklärt werden muß, ob die allein sorgeberechtigte Mutter geschäftsfähig ist.

338

---

[117]) *Gernhuber/Coester-Waltjen*, § 49 I 2; MK/*Hinz*, § 1693 Rz. 1 u. 4.
[118]) *Bassenge/Herbst*, § 44 Rz. 1; *Keidel/Engelhardt*, § 44 Rz. 3; MK/*Hinz*, § 1693 Rz. 1 u. 4.
[119]) *Keidel/Engelhardt*, § 44 Rz. 8; *Palandt/Diederichsen* zu § 1846 Rz. 4.
[120]) *Palandt/Diederichsen*, § 1693 Rz. 2.
[121]) Vgl. z. B. *Staudinger/Donau* (12. Aufl.), § 1674 Rz. 28 m. w. N.
[122]) BayOLG, FamRZ 1988, 867; zustimmend *Palandt/Diederichsen*, § 1674 Rz. 1.
[123]) LG Berlin, Rpfleger 1975, 359 = FamRZ 1976, 167 (LS); MK/*Hinz*, § 1674 Rz. 9.

15. Vorläufige Regelungen nach § 1631 III BGB

339 Vergleicht man § 1631 III BGB mit § 27 KJHG, der gegenüber dem Jugendamt den Anspruch auf Hilfe zur Erziehung regelt, wird sofort deutlich: § 1631 III BGB ist problematisch, allgemein und offen formuliert. Das gilt für die Voraussetzungen familiengerichtlichen Unterstützens wie für die nicht näher umschriebenen Maßregeln, mit denen das Gericht die Eltern unterstützen kann. Die Vorschrift legt nur fest: Das Gericht

- hat die Eltern nur aufgrund ihres jederzeit widerruflichen **Antrags** zu unterstützen und darf folglich nicht mehr gewähren, als beantragt ist[424])
- hat nur bei Ausübung der **Personensorge** Unterstützung zu gewähren
- hat nur "in geeigneten Fällen" die Eltern zu unterstützen - womit eigentlich aber nur die Zweckmäßigkeit, aber nicht die Auslegung der Bestimmung angesprochen ist[425]).

340 Rspr. und Literatur sind bemüht, der allzu weit gefaßten Vorschrift weitere feste Konturen zu geben.

- § 1631 III BGB ist nicht anzuwenden, wenn spezialgesetzliche Regelungen Vorrang haben - z. B. § 1666 BGB oder § 1632 BGB[426]). Aber auch § 1628 BGB darf ob § 1631 III BGB nicht leerlaufen[427]). Haben beide Elternteile die Personensorge und stellt ein Elternteil gegen den Willen des anderen einen Antrag nach § 1631 b BGB, ist also nach § 1628 BGB zu verfahren.

- Das Gericht darf im Rahmen von § 1631 III BGB keine Anordnungen treffen, die staatlicher Gerichtsgewalt und auch Unterstützung

---

[424]) *Schnitzerling*, FamRZ 1957, 292; *MK/Hinz*, § 1631 Rz. 27.
[425]) KG, NJW 1965, 870; *Gernhuber/Coester-Waltjen*, § 57 VIII 4.
[426]) KG, NJW 1965, 870; OLG Hamm, FamRZ 1976, 285; *Gernhuber/Coester-Waltjen*, § 57 VIII 4; *MK/Hinz*, § 1631 Rz. 27.
[427]) *Gernhuber/Coester-Waltjen*, § 57 VIII 4; MK/Hinz, § 1631 Rz. 27; *Soergel/Strätz*, § 1631 Rz. 25.
§ 1631 III BGB sagt "die Eltern", woraus die h. M. folgert, daß jeder Elternteil ein Antragsrecht hat. Das ist jedenfalls zutreffend, soweit der andere Elternteil nicht widerspricht.

entzogen sind, auch wenn die Eltern selbst hierzu befugt sind[428]) - z. B. ein stundenweises Einsperren des Kindes.

- Das Gericht darf die Eltern somit nicht unterstützen, indem es gestaltend eingreift, insbesondere den Eltern Erziehungsbefugnisse einräumt[429]).

Für das Familiengericht bleibt nur "**ein schmales Betätigungsfeld**"[430]). Es kann ermahnen, verwarnen sowie anordnen und erzwingen, daß Minderjährige vor Gericht persönlich erscheinen. Es kann weiter behilflich sein, den Aufenthalt des Kindes zu ermitteln[431]).

In diesem schmalen Betätigungsfeld wird eine **vorläufige Anordnung**, eine Eilentscheidung, oft begehrt und erforderlich sein. Dabei ist auch an dieser Stelle (s. schon Rz. 335 und 242) festzuhalten, daß eilige Unterstützung oft nicht im Kleid der v. A. erbracht wird. 341

16. Familiengerichtliche Genehmigungen

Auch für gerichtliche Genehmigungen nach §§ 1643, 1644 und 1645 BGB ist seit dem 01.07.1998 nicht mehr das Vormundschaftsgericht, sondern das **Familiengericht zuständig.** Allerdings hat der Gesetzgeber vergessen, auch die verfahrensrechtlichen Vorschriften, nämlich §§ 55 und 62 FGG, entsprechend zu ändern - was jedoch lediglich als redaktionelles Versehen zu werten ist[432]). 342

Solche Genehmigungen können indes **nicht vorläufig**[433]) erteilt werden, und vorläufigen Rechtsschutz gibt es insoweit nicht. Ein Vorbescheid galt bislang als unzulässig[434]). Nach der Entscheidung des 343

---

[428]) BayOLG, MDR 1952, 204; *MK/Hinz*, § 1631 Rz. 31.
[429]) OLG Hamm, FamRZ 1976, 284; *MK/Hinz*, § 1631 Rz. 30.
[430]) Zur Hilfe bei Rückführung eines Minderjährigen s. OLG Neustadt, FamRZ 1964, 575; *MK/Hinz*, § 1631 Rz. 30.
[431]) S. Fn. 430.
[432]) *Keidel/Engelhardt*, § 55 Rz. 1.
[433]) Sie können jedoch im voraus und auch unter Bedingungen erteilt werden.
[434]) BayOLG, NJW-FER 1997, 227 u. FamRZ 1983, 92 u. BayOLGZ 1958, 171; KG, OLGZ 1966, 78; *Bassenge/Herbst*, Einl. Rz. 94 u. § 19 Rz. 5 sowie *Keidel/Kahl*, § 19 Rz. 14 u. *Engelhardt*, § 55 Rz. 9 - beide auch zur Verbindlichkeit und Anfechtbarkeit eines dennoch ergangenen Vorbescheids.

BVerfG v. 18.1.2000 (FamRZ 2000, 731) ist bis zu einer Neuregelung der §§ 62 u. 65 FGG der Rechtspfleger indes verpflichtet, vor Erlaß einer Verfügung im Anwendungsbereich der §§ 62, 65 FGG diese Verfügung durch Vorbescheid anzukündigen, „wenn erkennbar ist, daß die beabsichtigte Entscheidung Rechte Dritter berührt, denen sonst der Rechtsweg gegen die Entscheidung selbst - jedenfalls faktisch - versperrt wäre."

Häufig wird und muß das Gericht sich der Hilfe des **Jugendamts** bedienen, § 50 KJHG. Nach § 49 a I Nr. 4 FGG soll das Jugendamt vor einer Entscheidung gehört werden.

344   Wegen der **Gebühren** s. § 95 I S. 2 KostO.

Wer nach § 1631 III BGB den Antrag stellt, ist Kostenschuldner - nicht das Kind[435]).

---

[435]) LG Lübeck, JR 1974, 330.

G. Unterhalt des Kindes

Vorbemerkung

Üblicherweise wird zwischen vermögensrechtlichen und nichtvermögensrechtlichen Angelegenheiten unterschieden. Diese Unterscheidung darf indes nicht den Blick davor verstellen: Auch vermögensrechtliche und gerade auch **unterhaltsrechtliche Auseinandersetzungen** betreffen häufig, ja regelmäßig, zugleich die **Lebensführung und Lebensstellung,** also die Person **des Kindes**[136]). Auch wenn die sozialen Netze, jedenfalls im Grundsatz, Kinder in Deutschland nicht hungern und frieren lassen, haben Unterhaltsverfahren für Kinder häufig **existentielle Bedeutung.** Das gilt nicht nur in materieller/pekuniärer Hinsicht, sondern auch psychologisch gesehen: Das Wohlbefinden eines Kindes wird schnell tangiert, wenn die Unterhaltsbeträge eines Elternteils ausbleiben, obgleich er sie erbringen könnte. Schon deshalb ist eine schnelle und effektive **Unterhaltsgewährung im summarischen Verfahren** für das Kind außerordentlich **bedeutsam.** Zudem wird die Lösung für den Unterhalt des Kindes häufig schon im summarischen Verfahren gefunden (s. Rz. 57) und das Kind so von einem langwierigen Streit um seinen Unterhalt verschont.

1. Die einstweilige Anordnung

a) Übersicht

Unterhaltsansprüche gegenüber minderjährigen ehelichen Kindern werden während eines Rechtsstreits über eine Ehesache durch e. A. nach **§§ 620 ff. ZPO** geregelt; Hauptverfahren ist hier nicht eine Unterhaltssache, sondern das Verfahren zur Ehesache.

345

---

[136]) Vgl. die Kommentierung zu einem die Person des Kindes betreffenden Verfahren in § 50 FGG - z. B. bei *Bassenge/Herbst,* § 50 Rz. 1 und *Keidel/Engelhardt,* § 50 Rz. 5 f.

Vorläufige Unterhaltsregelungen zugunsten des nicht in einer Ehe geborenen Kindes erfolgen teils durch e. A. nach § 644 ZPO, teils durch e. A. nach § **641 d ZPO**, teils durch einstweilige Verfügung nach § **1615 o I BGB**. Bei einer e. A. nach § 641 d ZPO ist die Kindschaftssache das Hauptverfahren. Bei isolierten Klagen auf Unterhalt kommt eine e. A. nach § **644 ZPO** in Betracht.

b) Inhalt und Umfang der einstweiligen Anordnung

346 Da durch eine e. A. auf Unterhalt eine Lösung gefunden werden soll, die beide Seiten befriedigt und nach Möglichkeit weitere gerichtliche Auseinandersetzungen und damit verbundene Belastungen der Verfahrensbeteiligten vermeidet[437]), kann der Antragstellende **grundsätzlich** den **vollen Unterhalt** verlangen - s. Rz. 365.

Ist selbst die Anschätzung der Einkommensverhältnisse insbesondere des Unterhaltspflichtigen ohne zeitaufwendige Ermittlungen nicht möglich, muß das Gericht im summarischen Eilverfahren doch alsbald entscheiden und zunächst einen **Mindestbetrag** festsetzen, s. Rz. 63[438]).

Später, bei besserer Erkenntnis, kann das Gericht einen solchen Mindestbetrag ja aufstocken. Vorsorglich sollte das Gericht sich eine nachträgliche Erhöhung ausdrücklich vorbehalten, zumindest in den Gründen für die e. A.

Entsteht ein **Sonderbedarf** für das Kind[439]) , z. B. für eine Säuglingsausstattung oder eine aufwendige Klassenfahrt, **kann** auch der unterhaltsrechtliche Anspruch auf Zahlung eines solchen Bedarfs im Wege e. A. **festgesetzt werden.**

347 Umstritten ist, ob im Wege e. A. auch **Auskunft** verlangt werden kann[440]). Richtigerweise ist diese Frage zu bejahen. Nachdem das Ge-

---

[437]) Zu dieser Zielsetzung der e. A. - im Rahmen des Scheidungsverfahrens - BVerfG, FamRZ 1980, 872; *Göppinger/Wax/van Els*, Rz. 2233 f.; *Walker*, Rz. 62 - 73.
[438]) AG Solingen, FamRZ 1994, 840; *Gießler*, Rz. 583 u. 592; *Göppinger/Wax/van Els*, Rz. 2247 Fn. 13.
[439]) Eingehende Kasuistik bei *Kalthoener/Büttner*, Rz. 287; eingehende Darstellung des Sonderbedarfs bei *Göppinger/Wax/Kodal*, Rz. 240 ff.
[440]) Eingehend *van Els*, FamRZ 1995, 650 m. w. N.

setz zur Stärkung des Schutzes geistigen Eigentums und zur Bekämpfung der Produktpiraterie vom 07.03.1990, ein sog. Artikelgesetz, in zahlreichen Gesetzen einen Auskunftsanspruch im Eilverfahren ausdrücklich verankert hat, muß ebenso, ja erst recht im Unterhaltsprozeß entschieden werden[111]) - s. schon Rz. 331.

Leben die Kindeseltern trotz Scheidungsverfahrens ganz oder teilweise noch zusammen, kann **Familienunterhalt** verlangt werden. Dies kann nach § 620 Nr. 4 ZPO auch im Wege e. A. geschehen. In aller Regel wird das Begehren auf Bargeld, nämlich Wirtschaftsgeld, gerichtet sein[112]). Dabei kann Unterhalt nicht nur für den Ehegatten, sondern für die gesamte Familie verlangt werden, also auch für die gemeinsamen Kinder[113])[114]). **348**

c) Zuständigkeit und Verfahrensvoraussetzungen

Soweit es um die **Zuständigkeit** geht, kann auf die Ausführungen zur elterlichen Sorge unter Rz. 113 ff. verwiesen werden. **349**

Zur **internationalen Zuständigkeit** des Gerichts s. Henrich, FamRZ-Buch 10, Rz. 71 ff., insbesondere Rz. 91.

Verfahrensvoraussetzung ist auch hier ein **Hauptverfahren** - sei es bei § 620 Nr. 4 ZPO eine Ehesache, sei es bei § 644 ZPO ein isoliert geltendgemachtes Unterhaltsverfahren. Dabei reicht es nach § 620 a II S. 1 ZPO, wenn der Antragsteller zur Hauptsache PKH beantragt hat. Zu weiteren Fragen, ob und bis wann ein Hauptverfahren anhängig ist, s. Rz. 120 ff. **350**

Verfahrensvoraussetzung ist neben dem Rechtsschutzinteresse wie bei jeder e. A. ein **Regelungsbedürfnis**, s. Rz. 111. Anders als bei der Leistungsverfügung - wo anstelle des Regelungsbedürfnisses der Verfügungsgrund zu prüfen ist - ist eine **Notlage** des Kindes **nicht** erforderlich[115]). Regelungsbedarf fehlt, wenn in absehbarer Zeit Voll- **351**

---

[111]) Eingehend *van Els*, FamRZ 1995, 650 m. w. N.
[112]) *MK/Wacke*, § 1360 a Rz. 14/16; *Rolland/Roth*, § 1360 a BGB Rz. 76. S. auch Rz. 362.
[113]) *Göppinger/Wax/van Els*, Rz. 2246; *MK/Wacke*, § 1360 a Rz. 3.
[114]) In § 620 Nr. 4 ZPO sind zwangsläufig nur gemeinsame Kinder genannt.
[115]) *Gießler*, Rz. 122; MK(ZPO)/*Klauser*, § 620 Rz. 37; *Johannsen/Sedemund-Treiber*, § 620 Rz. 16; *Stein/Jonas/Schlosser*, § 620 Rz. 14.

streckungsmöglichkeiten nicht ersichtlich sind[446]) oder der Antrag offensichtlich unbegründet ist[447]). Ein Regelungsbedürfnis fehlt weiterhin, wenn die beantragten Unterhaltsleistungen vorbehaltlos, freiwillig und pünktlich erbracht werden[448]).

d) Der Antrag

352   **Regelungsgegenstand** in § 620 Nr. 4 ZPO ist der **Anspruch des gemeinsamen Kindes**[449]). Da es im Scheidungsverfahren jedoch nicht selbst Partei ist, muß sein Anspruch - wie im Hauptverfahren - vom vertretungsberechtigten Elternteil nach § 1629 III S. 1 BGB in **Prozeßstandschaft** geltendgemacht werden[450]). Ist keine Sorgerechtsregelung getroffen, greift in aller Regel die Obhutsregel in § 1629 II S. 2 BGB[451]). - Der Anspruch für ein **volljähriges Kind** kann - auch wenn es privilegiert ist i. S. v. § 1603 II S.2 BGB - **nicht** durch e. A. nach § 620 Nr. 4 ZPO geregelt werden[452]). Das ergibt bereits der eindeutige Wortlaut der Vorschrift, der eine analoge Anwendung ausschließt. - Wird ein Kind während des Scheidungsverfahrens volljährig, wird das Kind bei einem isolierten Unterhaltsverfahren ipso iure Partei des Verfahrens[453]). Für ein Scheidungsverfahren gilt das jedoch nicht. Hier ist das Anordnungsverfahren entsprechend § 623 I S. 2 ZPO abzutrennen[454]). War im Scheidungsverbund wegen Unterhalts keine Folgesache anhängig, muß das Scheidungsverfahren, aus

---

[446]) OLG Hamm, FamRZ 1986, 919.
[447]) OLG Karlsruhe, FamRZ 1989, 79.
[448]) *Gießler*, Rz. 122; *Göppinger/Wax/van Els*, Rz. 2254; MK(ZPO)/*Klauser*, Rz. 40, *Rolland/Roth*, Rz. 51, *Stein/Jonas/Schlosser*, Rz. 14 - je zu § 620.
[449]) OLG Zweibrücken, FamRZ 2000, 964; *Gießler*, Rz. 565; *Johannsen/Sedemund-Treiber*, § 620 Rz. 15.
[450]) Folglich wirkt eine e. A. unmittelbar für und gegen das Kind, s. § 1629 III S. 2 BGB. Zur Tenorierung s. OLG Frankfurt, FamRZ 1994, 1041.
[451]) Umstritten ist, ob der nicht vertretungsberechtigte Elternteil antragsberechtigt ist, wenn er zugleich beantragt hat, ihm die elterliche Sorge zu übertragen - s. *Gießler*, Rz. 566 sowie OLG Zweibrücken, FamRZ 1982, 1094.
[452]) *van Els*, FamRZ 1999, 1212; *Johannsen/Sedemund-Treiber*, § 620 Rz. 15.
[453]) *Gießler*, FamRZ 1994, 800 zu B II; *Rogner*, NJW 1994, 3326; *Göppinger/Wax/van Els*, Rz. 2013; *Heiß/Born* 22 Rz. 17.
[454]) *Gießler*, FamRZ 1994, 800 zu B II; *Göppinger/Wax/van Els*, Rz. 2013; *Heiß/Born* 22 Rz. 28.

dem abgekoppelt wurde, als Hauptverfahren "herhalten". - Wird das Kind durch einen Beistand vertreten, gilt § 53 a ZPO.

Der im summarischen Unterhaltsverfahren stets erforderliche und regelmäßig auf Zahlung eines Geldbetrages gerichtete Antrag muß - wie in der Hauptsache auch[455] - **grundsätzlich beziffert** sein[456]. Im summarischen Eilverfahren ist eine Bezifferung jedoch ausnahmsweise nicht erforderlich. Das gilt - wie in der Hauptsache - zunächst bei Ungewißheit über das Ergebnis richterlicher Wertung, insbesondere bei unbestimmten Begriffen wie "billig" oder "angemessen". Es gilt - anders als im Hauptverfahren - aber auch bei Ungewißheit über Tatsachen, die der Antragsteller ob der Eilsituation nicht umgehend klären kann. - Wird für mehrere Kinder Unterhalt begehrt, muß der Antrag **für jedes Kind einzeln** beziffert werden[457]. Gerade im summarischen Verfahren dürfte jedoch zulässig sein, hilfsweise zu beantragen, den Gesamtbetrag, der sich aus den Einzelbeträgen ergibt, nach dem Ermessen des Gerichts anders zu verteilen, als es zunächst begehrt wurde[458]. - Aufgrund von § 1612 a BGB ist der Antrag auch hinreichend bestimmt, wenn **Zahlung eines Vomhundertsatzes eines Regelbetrages** oder des **Regelbetrages der jeweiligen Altersstufe** abzüglich eines Betrages für kindbezogene Leistungen verlangt wird[459]. - Kommt Unterhalt nur für eine bestimmte Zeit in Betracht, sollte der Antrag **befristet** werden[460]. So wird vermieden, daß der Antrag teilweise ohne Not zurückgewiesen wird[461].

353

Erhält das Kind öffentliche Leistungen, die seinen Lebensunterhalt ganz oder teilweise abdecken und ist - z. B. in **§ 91 BSHG** - geregelt, daß die Unterhaltsansprüche des Kindes mit der Hilfeleistung auf den Hilfeträger übergehen, muß der Antragsteller beantragen, an den Hil-

354

---

[455] Vgl. *Göppinger/Wax/van Els*, Rz. 2051 m. w. N.
[456] *Gießler*, Rz. 18, 104, 569; *Göppinger/Wax/van Els*, Rz. 2252; MK(ZPO)/*Klauser*, Rz. 12, *Musielak/Borth*, Rz. 7, *Zimmermann*, Rz. 2, *Zöller/Philippi*, Rz. 19 - je zu § 620 a.
[457] Zur Hauptsache s. *Göppinger/Wax/van Els*, Rz. 2058 m. w. N.
[458] Zur Hauptsache s. BGH, FamRZ 1981, 541 u. FamRZ 1972, 497 (LS) = NJW 1972, 1716; *Heiß/Born* 22 Rz. 82 - 84.
Kritisch hierzu OLG Hamm, FamRZ 1995, 106 u. *Dunz*, NJW 1984, 1734 (1737).
[459] *Göppinger/Wax/van Els*, Rz. 2252; zur Hauptsache *FamRefK/Häußermann*, § 1612 a BGB Rz. 13.
[460] *Gießler*, Rz. 569.
[461] S. Fn. 460.

feträger zu zahlen, soweit die Unterhaltsansprüche schon auf diesen übergegangen sind[462]). Die Bezifferung des Anspruchs bereitet dann häufig Schwierigkeiten. Um diese Erschwernisse zu vermeiden, das Verfahren also zu vereinfachen, empfiehlt sich eine Rückabtretung an den Unterhaltsberechtigten - was nach § 94 IV S. 1 BSHG zulässig ist.

Weitere Einzelheiten s. Rz. 117 ff.

355 Auch zur **Begründung** des Antrags darf auf oben verwiesen werden, s. Rz. 133.

Achtung: PKH will gesondert beantragt werden, s. Rz. 129.

e) Glaubhaftmachung

356 Auch insoweit kann rückverwiesen werden, nämlich auf die Ausführungen im Allgemeinen Teil zu Rz. 70 ff. (s. auch Rz. 135 ff., die jedoch FGG-Verfahren betreffen, die keine echten Streitsachen sind).

Soweit Tatsachen für den Unterhaltsanspruch des Kindes nicht unstrittig oder offenkundig sind oder gesetzlich vermutet werden, muß sie der Antragsteller nicht nur behaupten, sondern auch glaubhaft machen - stets und insbesondere seine Bedürftigkeit. Wird erhöhter Bedarf oder Sonderbedarf geltendgemacht, sind auch hierzu die entsprechenden Tatsachen glaubhaft zu machen[463]).

f) Gang des Verfahrens

Die verschiedenen Möglichkeiten zum Gang des Verfahrens wurden schon unter Rz. 140 ff. eingehend erläutert, so daß hier weitgehend darauf verwiesen werden kann.

357 **Ohne Anhörung der Gegenseite,** also sofort nach Eingang des Antrags, wird in Unterhaltssachen so gut wie nie entschieden werden. Wenn die Gewährung von Unterhalt auch existentiell bedeutsam

---

[462]) *Baumbach/Lauterbach/Albers*, § 620 Rz. 15 m. w. N. Eingehend, auch zur Antragstellung, *Göppinger/Wax/van Els*, Rz. 1725 ff., insbesondere Rz. 1760.
Fragen zu § 91 BSHG wurden vor dem 01.07.1998 vornehmlich im Rahmen der Unterhaltsleistungsverfügung erörtert, s. *Göppinger/Wax/van Els* (6. Aufl.), Rz. 2288.
[463]) *Gießler*, Rz. 585.

ist (vor Rz. 345), muß in Deutschland, wo dichte soziale Netze ausgespannt sind, grundsätzlich kein Kind hungern und frieren, wenn Unterhalt nicht "postwendend" erbracht wird.

Sofort nach Eingang der Gegenäußerung, also ohne vorherige mündliche Verhandlung kann und sollte hingegen oft entschieden werden - zumindest wenn die Sache als summarisches Verfahren hinreichend ausgeschrieben ist und keine Rückfragen anstehen, die in mündlicher Verhandlung schnell zu klären wären. 358

Nach Anhörung von Beteiligten oder Dritten **oder** nach **Einholung von Auskünften,** z. B. einer Lohnauskunft für den Unterhaltspflichtigen, **jedoch ohne mündliche Verhandlung** kann und sollte ebenfalls häufig entschieden werden - zumal keine weitere Zeit bis zur Durchführung des Termines dann verstreicht. 359

Eine **mündliche Verhandlung** gewährt die große Chance, auf die oft vorhandenen aggressiven oder auch sehr verletzenden Einstellungen der Parteien einzuwirken, indem Gericht und Anwälte informieren, versachlichen und mit den Parteien dann häufig zu einem Vergleich gelangen. Oft wird ein im summarischen Verfahren erzielter Vergleich als endgültige Lösung akzeptiert. Zumindest werden durch einen solchen Vergleich häufig die Weichen für eine endgültige Lösung in Unterhaltsfragen gestellt. **Mündliche Verhandlung** ist in aller Regel auch angebracht, wenn die Parteien - manchmal schon im ersten eingehenden Schriftsatz - dies ausdrücklich anregen und hiermit signalisieren, daß eine mündliche Verhandlung zur Befriedung der Parteien angezeigt ist. 360

g) Die summarische Entscheidung

Die **Entscheidung** ergeht - wie auch immer der Gang des Verfahrens war - durch **Beschluß,** s. § 620 d S. 2 ZPO, s. Rz. 156. 361

Wird in dem Beschluß Unterhalt zuerkannt, geht es **in aller Regel** um **Zahlung eines Geldbetrages.** Nur **ausnahmsweise** muß der Unterhaltspflichtige eine **Naturalleistung** erbringen[104]. 362

---

[104] *Gießler*, Rz. 588.

Beispiele: Die Mutter begehrte (1985!) vom unterhaltspflichtigen Vater für das bei ihm mitversicherte gemeinschaftliche Kind, das einen Arzt aufsuchen mußte, im Wege e. A. Aushändigung von Krankenscheinen[465]).
Die Eltern leben innerhalb der Ehewohnung getrennt, das Kind bei der Mutter. Nunmehr soll dem Vater im Wege e. A. aufgegeben werden, das Kinderzimmer zu beheizen[466]).

363   Der Beschluß muß im **Tenor** genau festlegen, **ab wann** Unterhalt zu erbringen ist[467]). Richtpunkt für den Beginn der Unterhaltspflicht ist dabei nicht der Erlaß der e. A., sondern der **Eingang des Antrags auf Erlaß einer e. A.** - vorausgesetzt, er enthält keine Mängel, die zu beheben sind[468]). Vor diesem Zeitpunkt liegender **rückständiger Unterhalt** kann **grundsätzlich** also **nicht** im Wege e. A. zugesprochen werden[469]). Es gibt jedoch (seltene) Ausnahmen[470]).

Beispiel: Der zurückliegende Unterhaltsbedarf des Kindes wirkt sich noch in der Gegenwart aus, weil zur Behebung dieses Bedarfs ein Darlehen gegeben wurde und nun Darlehensraten fällig werden.

364   Zuweilen ist es zweckmäßig, aber auch **zulässig,** die e. A. **zum Ende hin zu befristen**[471]). Weiterhin kann die Unterhaltspflicht zeitlich modifiziert werden, z. B. vor und nach Beginn einer bevorstehenden Ausbildung. Es ist aber nicht zulässig, e. A. schematisch durch Rechtskraft des Scheidungsurteils zu begrenzen[472]). Dann

---

[465]) OLG Düsseldorf, FamRZ 1986, 78; zustimmend *Zöller/Philippi,* § 620 Rz. 52.
[466]) *Gießler,* Rz. 588.
[467]) *van Els,* FamRZ 1990, 581.
[468]) *van Els,* FamRZ 1990, 581; *Gießler,* Rz. 593; *Zöller/Philippi,* § 620 Rz. 57.
[469]) *van Els,* FamRZ 1990, 581; *Gießler,* Rz. 593; *Johannsen/Sedemund-Treiber,* § 620 Rz. 16; *Zöller/Philippi,* § 620 Rz. 57.
[470]) OLG Düsseldorf, FamRZ 1987, 611 (zur Unterhaltsverfügung); *van Els,* FamRZ 1990, 581.
[471]) *van Els,* FamRZ 1990, 581; *Gießler,* Rz. 142; *Johannsen/Sedemund-Treiber,* § 620 Rz. 8; *Musielak/Borth,* § 620 Rz. 51.
[472]) *van Els,* FamRZ 1990, 581; *Gießler,* Rz. 142.
A. A. *Rolland/Roth,* § 620 Rz. 79 f.

Unterhalt (e.A. - Entscheidung)

würde § 620 f ZPO glattweg unterlaufen. Ferner ist es unzulässig, e. A. erst ab Rechtskraft des Scheidungsurteils oder des isolierten Unterhaltsurteils wirksam werden zu lassen[173]).

Wie unter Rz. 346 schon ausgeführt, ist in der e. A. grundsätzlich der **volle Unterhalt** zu gewähren. Auch im Rahmen von § 644 ZPO ist die Unterhaltshöhe nicht regelmäßig auf die Regelbeträge zu beschränken[174]). **Auch Sonderbedarf** kann dem Minderjährigen durch e. A. zugesprochen werden, s. Rz. 346.   365

Zur Unterhaltsgewährung, wenn der Bedürftige öffentliche Leistungen bezieht, s. Rz. 354.

Eine **schriftliche Begründung** der Erstentscheidung ist gesetzlich nicht zwingend vorgeschrieben, s. Rz. 160. Dennoch ist sie in aller Regel **zweckmäßig,** vor allem für eine befriedende Weichenstellung zur regulären Beilegung des Unterhaltsstreits[175]).   366

Über die **Kosten** ist in der Entscheidung grundsätzlich nicht zu befinden, § 620 g ZPO. Nähere Einzelheiten s. Rz. 161 ff. S. ferner, auch hinsichtlich der Streitwerte, Rz. 227 ff.   367

Auch hinsichtlich **Verkündung** und **Zustellung** kann zunächst auf oben, nämlich Rz. 168, verwiesen werden. Der aufgrund mündlicher Verhandlung ergehende Beschluß ist zu verkünden, § 329 I S. 1 ZPO. Wird in einer Entscheidung Unterhalt festgesetzt, ist sie ob ihres vollstreckbaren Inhalts darüber hinaus den Parteien von Amts wegen zuzustellen, s. §§ 270 I, 329 III ZPO. Eine solche Zustellung ist ebenfalls geboten, wenn die e. A. nicht aufgrund mündlicher Verhandlung ergangen ist und vollstreckbaren Inhalt hat.   368

Mit ihrem Erlaß ist die Unterhaltsanordnung nach § 794 I S. 3 a ZPO vollstreckbar. **Zur Vollziehung** muß sie weiterhin zugestellt   369

---

[173]) *van Els,* FamRZ 1990, 581; *Gießler,* Rz. 142; grundsätzlich ebenso *Zöller/Philippi,* § 620 Rz. 58.

[174]) OLG Zweibrücken, FamRZ 1999, 662; *Gießler,* FPR 1998, 173; *Miesen,* FF 1999, 73; *Willutzki* im Eingangsreferat zum 13. DFGT und in KindPrax 1999, 111: Die Chance, mit der e. A. zu einem raschen, vollstreckungsfähigen Titel zu gelangen, sollte nicht leichtfertig vertan werden.
A. A. AG Groß-Gerau, FamRZ 1999, 661 u. AG Marburg, FamRZ 1999, 660.

[175]) *Gießler,* FamRZ 1999, 695; *Göppinger/Wax/van Els,* Rz. 2258; MK(ZPO)/*Klauser,* § 620 d Rz. 5: nobile officium; *Dose,* Rz. 30.
S. auch OLG Stuttgart, FamRZ 1999, 108 m. Anm. *van Els.*

170   *Besonderer Teil*

und mit einer **Vollstreckungsklausel**[476]) versehen werden, §§ 795 I, 724 ZPO.

h) Abänderung der einstweiligen Anordnung

370 Die Entscheidung über die Unterhaltsanordnung ist **grundsätzlich unanfechtbar**, § 620 c ZPO. Eine Ausnahme gilt nur, wenn die getroffene Anordnung greifbar gesetzwidrig ist, eingehend Rz. 257.

371 Wie jede e. A. kann die Unterhaltsanordnung indes nach § 620 b ZPO abgeändert werden. Hier kann weitgehend auf Rz. 174 ff. verwiesen und die nun folgende Darstellung stark gerafft werden.

§ 620 b I ZPO bestimmt zunächst und grundsätzlich: Das Gericht kann auf Antrag die getroffene Anordnung aufheben oder ändern (Rz. 174). Ist die e. A. ohne mündliche Verhandlung ergangen und somit nicht formell rechtskräftig geworden, muß das Gericht auf Antrag hin nach **§ 620 b II ZPO aufgrund mündlicher Verhandlung** erneut beschließen, Rz. 180 ff. Ist die Anordnung aufgrund mündlicher Verhandlung erlassen worden, wird die nach § 620 c ZPO im Instanzenzug unanfechtbare Entscheidung formell rechtskräftig. Sie kann folglich nur noch mit eingeschränkten Gründen abgeändert werden – vor allem mit noch nicht vorgetragenen oder noch nicht glaubhaft gemachten Umständen oder mit schweren Verfahrensmängeln[477]). Die Regelung in § 620 b ZPO ist also nicht so konzipiert, daß in Unterhaltssachen ad infinitum prozessiert werden kann.

Außergerichtliche Unterhaltsanordnungen können nach § 620 b ZPO auch **Vergleiche und vollstreckbare Urkunden** aufheben oder abändern – soweit sie eine e. A. lediglich ersetzen, vgl. Rz. 92 ff.

---

[476]) Nach *Dose*, Rz. 57, *Schwab/Maurer*, Teil I Rz. 936, MK(ZPO)/*Klauser*, § 620 Rz. 44, *Musielak/Borth*, § 620 Rz. 58, *Stein/Jonas/Schlosser*, § 620 a Rz. 10 u. *Zöller/Philippi*, § 620 a Rz. 33 ist entgegen h. M. in analoger Anwendung von § 929 ZPO eine Vollstreckungsklausel nicht erforderlich. Diese Auffassung ist zumindest de lege ferenda sehr erwägenswert; sie würde das Anordnungsverfahren vereinfachen und beschleunigen.

[477]) *Braeuer*, FamRZ 1987, 300; *Gießler*, Rz. 163; *Baumbach/Lauterbach/Albers*, Rz. 1, *Rolland/Roth*, Rz. 11, *Zöller/Philippi*, Rz. 2 - je zu § 620 b.
A. A. *Klauser*, MDR 1981, 711 (716) u. in MK(ZPO)/*Klauser*, § 620 b Rz. 5 f.; *Johannsen/Sedemund-Treiber*, § 620 b Rz. 8.

Unterhalt (e.A. Abänderung)

Anträge nach § 620 b ZPO müssen nach § 620 d S. 1 ZPO **begründet** werden, d. h. der Antragsteller muß darlegen, aus welchen Gründen und in welchem Umfang er eine Änderung begehrt, Rz. 177. Zeitlich gesehen, sind **Anträge bis zur Rechtskraft des Urteils zulässig**, s. Rz. 123. Ausnahmsweise kann nach diesem Zeitpunkt noch entschieden werden, wenn der Antrag schon vor diesem Zeitpunkt gestellt worden ist, Rz. 123.

Weitere Verfahrensvoraussetzung ist ein **Rechtsschutzbedürfnis** des Antragstellers bzw. eine Beschwer[178]). Folglich kann ein Antragsteller, der mit seinem Antrag voll durchgedrungen ist, über § 620 b ZPO keine weitergehende Anordnung erreichen[179]). - Hinsichtlich des **Anwaltszwangs** kann auf Rz. 131 und 177 verwiesen werden.

Nach § 620 d S. 2 ZPO entscheidet das Gericht durch **begründeten Beschluß**. Ist der Unterhalt schon gezahlt oder beigetrieben worden, fehlt für eine **rückwirkende Entscheidung,** bereits die Beschwer[180]). Ist der Unterhalt noch nicht aufgebracht worden, ist es dagegen zulässig, den Unterhalt rückwirkend herauf- wie herabzusetzen[181]). - Auch im Beschluß nach § 620 b ZPO ist **stets der Anfang und zuweilen auch das Ende** der Unterhaltspflicht zu **markieren,** s. schon Rz. 363 f.

372

i) Das Anordnungsverfahren und korrespondierende Verfahren zur Hauptsache

Die hier anstehenden Fragen sind teilweise schon unter Rz. 25 ff. (Rechtshängigkeit), 34 (Rechtskraft) und 50 (Konkurrenzfragen) be-

373

---

[178]) *Gießler,* Rz. 152; *Schwab/Maurer,* Teil I Rz. 947; *Musielak/Borth,* § 620 b Rz. 6; *Zöller/Philippi,* § 620 b Rz. 2.
 A. A. *Baumbach/Lauterbach/Albers,* Rz. 5, *Johannsen/Sedemund-Treiber,* Rz. 5, *Stein/Jonas/Schlosser,* Rz. 2 - je zu § 620 b.

[179]) *Gießler,* Rz. 152: Er kann einen neuen Antrag stellen.

[180]) *Göppinger/Wax/van Els,* Rz. 2265; *Baumbach/Lauterbach/Albers,* Rz. 5, *Johannsen/Sedemund-Treiber,* Rz. 9, *Zöller/Philippi,* Rz. 3 - je zu § 620 b.

[181]) *Göppinger/Wax/van Els,* Rz. 2265; *Baumbach/Lauterbach/Albers,* § 620 b Rz. 6; MK(ZPO)/*Klauser,* § 620 b Rz. 10.
 Einschränkend: OLG Stuttgart, NJW 1981, 2476; *Johannsen/Sedemund-Treiber,* § 620 b Rz. 9.

handelt worden und sollen nun in speziell unterhaltsrechtlicher Sicht ergänzt und vertieft werden.

374 Ein rechtshängiges Hauptverfahren und ein rechtshängiges summarisches Verfahren schließen einander nicht aus (Rz. 27 u. 50). Sobald über den Unterhalt in einem Verfahren zur Hauptsache jedoch rechtskräftig entschieden worden ist, steht einem kongruenten Anordnungsverfahren ein Verfahrenshindernis im Wege.

Beispiel: Die Eheleute stehen in Scheidung. In einem isolierten Unterhaltsverfahren ist der Unterhalt für das Kind mit monatlich 500,00 DM rechtskräftig festgesetzt worden. Nunmehr beantragt die Ehefrau in dem Scheidungsverfahren im Wege e. A. eine Erhöhung auf monatlich 700,00 DM, weil sie mit dem Kind die eheliche Wohnung verlassen hat und nunmehr u. a. Miete zahlen muß.

Lösung: Eine e. A. ist unzulässig[482]. Sie wäre ein Eingriff in die Rechtskraft des Urteils. Die Ehefrau kann eine Abänderung nur über § 323 ZPO erreichen - und in diesen Verfahren eine vorläufige Regelung analog § 769 ZPO[483].

375 Wer Kindesunterhalt begehrt und wem der in der e. A. gewährte Betrag zu gering ist, kann sein Recht in einem Hauptverfahren suchen und dort eine reguläre Beweisaufnahme erreichen[484]. Was aber kann der tun, der aufgrund e. A. Unterhalt zahlen muß und diese summarische Entscheidung, jedenfalls der Höhe nach, nicht hinnehmen will?

376 Die **Abänderungsklage** nach § 323 ZPO **scheidet aus,** weil die e. A. keine "Verurteilung" zu wiederkehrenden Leistungen ist und in § 323 IV ZPO einer solchen Verurteilung auch nicht gleichgestellt wird[485].

---

[482] AG Mönchengladbach, FamRZ 1981, 187; *Bernreuther*, FamRZ 1999, 69; *Gießler*, Rz. 125; *Rolland/Roth*, § 620 Rz. 39 ff.; *Zöller/Philippi*, § 620 Rz. 20 f.
A. A. e. a., wenn unter veränderten Umständen eine *Erhöhung* des Unterhalts begehrt wird, *Klauser*, MDR 1981, 714 u. MK(ZPO)/*Klauser*, § 620 Rz. 46; *Baumbach/Lauterbach/Albers*, Rz. 16, *Johannsen/Sedemund-Treiber*, Rz. 24, *Stein/Jonas/Schlosser*, Rz. 6 - je zu § 620.

[483] S. Fn. 482.

[484] *Göppinger/Wax/van Els*, Rz. 2272 u. 2027.

[485] BGH, FamRZ 1983, 355 u. 892. Heute allgemeine Meinung!

Unterhalt (e.A.) 173

Vollstreckungsabwehrklage gegen eine e. A. auf Unterhalt ist allerdings zulässig, §§ 795 S. 1, 794 I Nr. 3 a ZPO. Hiermit kann der Unterhaltspflichtige aber nur rechtsvernichtende oder rechtshemmende Einwendungen geltend machen. Hiermit ist ihm in der Regel nicht geholfen[186]). 377

Damit der Unterhaltspflichtige ebenso wie der Unterhaltsberechtigte sich gegen die e. A. wehren kann, hat die Rspr. die **negative Feststellungsklage** zugelassen[187]). 378

Soweit Zahlungen noch ausstehen, ist die Feststellung **auch rückwirkend** möglich[188]). Die Auffassung, die Rückwirkung sei erst ab Rechtshängigkeit der Klage zulässig oder ab Verzug des Gläubigers mit einem Verzicht auf seine Rechte aus der e. A.[189]), hat sich nicht durchgesetzt und findet auch in analoger Anwendung von § 1613 I BGB keine hinreichende Stütze[190]). Um dem Unterhaltspflichtigen auch vorläufig Rechtsschutz zu gewähren, hat die Rspr. indes gebilligt, die **Zwangsvollstreckung** aus der e. A. **analog §§ 707, 719 ZPO vorläufig einzustellen**[191]).

Die Rspr. zur negativen Feststellungsklage wird in der Literatur herrschend zu Recht gebilligt. Sie enthält bei näherer Betrachtung zwar noch viele ungeklärte Fragen und ist daher wiederholt kritisiert worden; sie ist per Saldo aber der beste aller diskutierten Wege[192]).

---

[186]) *Göppinger/Wax/van Els*, Rz. 2274.
[187]) BGH, FamRZ 1983, 355 u. FamRZ 1985, 51.
[188]) BGH, FamRZ 1983, 355. Zustimmend z. B. *Baumbach/Lauterbach/Albers*, Rz. 3, *Johannsen/Sedemund-Treiber*, Rz. 17, MK(ZPO)/*Klauser*, Rz. 48, *Rolland/Roth*, Rz. 9 - je zu § 620 u. *Zöller/Philippi*, § 620 f Rz. 16 c.
[189]) OLG Oldenburg, FamRZ 1989, 633; OLG Bamberg, FamRZ 1988, 525; OLG Düsseldorf (3. FamS), FamRZ 1985, 86; OLG Karlsruhe, FamRZ 1980, 608; OLG Düsseldorf (5. FamS), FamRZ 1985, 1147 Begrenzung durch § 242 BGB.
[190]) BGH, FamRZ 1989, 850. Eingehend *Mertens*, FamRZ 1994, 601.
[191]) BGH, FamRZ 1983, 355; OLG Stuttgart, FamRZ 1992, 203 mit eingehender Begründung; OLG Hamburg, FamRZ 1990, 431; *Gießler*, Rz. 252; MK(ZPO)/*Klauser*, § 620 Rz. 51; *Rolland/Roth*, § 620 Rz. 9; *Zöller/Philippi*, § 620 f Rz. 15 ff.
[192]) *Göppinger/Wax/van Els*, Rz. 2277; *Borgmann*, FamRZ 1985, 321 (341). Kritisch z. B. *Braeuer*, FamRZ 1984, 10 ff. sowie *Luthin*, FamRZ 1986, 1059.

Tip für den Anwalt: Es ist stets zu überlegen, so früh wie möglich Klage auf Herausgabe ungerechtfertigter Bereicherung wegen aufgrund e. A. überzahlten Unterhalts einzureichen und keine (dann überflüssige) negative Feststellungsklage vorzuschalten[493]).

Tip für Richter und Anwalt: Im Antrag wie im Tenor ist bei einer negativen Feststellungsklage gegen eine e. A. die Feststellung zeitlich genau zu markieren.

Empfehlung für Richter und Anwalt: Dem, der gegen eine e. A. negative Feststellungsklage erhebt, sollten bei Beantragung von Prozeßkostenhilfe nicht mehr Steine in den Weg gelegt werden, als dem Unterhaltsberechtigten, der trotz e. A. in ein Hauptverfahren einsteigt[494]). Das gebietet allein die auch insoweit gebotene Waffengleichheit der Parteien.

k) Vollziehung und Aussetzung

379   Die e. A. ist vollstreckbar, sprich vollziehbar, wenn sie als Titel vorliegt, Vollstreckungsklausel erteilt ist und der Titel zugestellt worden ist[495]). Eine Prozeßstandschaft nach § 1629 III BGB ist auch Vollstreckungsstandschaft und dauert bei Scheidung in der Regel so lange an, bis das Scheidungsurteil rechtskräftig ist.

380   **Enden Prozeßführungs- und Vollstreckungsstandschaften eines Elternteils, aber nicht die Vertretungsbefugnis,** muß der Titel nach h. M. nicht auf das Kind umgestellt werden, sondern kann dem Elternteil erteilt werden. Er kann somit vollstrecken, bis der Titel nicht auf das Kind umgeschrieben ist[496]).

---

[493]) *Luthin*, FamRZ 1986, 1059; *Göppinger/Wax/van Els*, Rz. 2278; *Rolland/Roth*, § 620 Rz. 9.

[494]) Mit dem Argument, es sei billiger gewesen, im summarischen Verfahren eine e. A. zu beantragen. Siehe hierzu OLG Koblenz, FamRZ 1988, 1182; OLG Karlsruhe, FamRZ 1988, 93; OLG Hamm, FamRZ 1984, 297; *Ricken*, FamRZ 1983, 1150 u. *Wax*, FamRZ 1985, 10.

[495]) Nur nach § 750 II ZPO ist auch die Klausel zuzustellen.

[496]) BGH, FamRZ 1991, 295; OLG Frankfurt, FamRZ 1994, 453; OLG Schleswig, FamRZ 1990, 189; *Hochgräber*, FamRZ 1996, 272; *Gießler*, Rz. 614; MK(ZPO)/*Klauser*, § 620 Rz. 64; *Zöller/Philippi*, § 620 a Rz. 33 a f.

Unterhalt (e.A. - Vollziehung u. Aussetzung) 175

Endet außer Prozeßführungs- und Vollstreckungsstandschaft **381**
auch die Vertretungsbefugnis des Elternteils muß die Klausel auf
das Kind umgeschrieben werden. Hierzu kommt es insbesondere[497]),
wenn

- das Kind volljährig wird
- die Sorge dem Elternteil übertragen wird, der sie bishin nicht inne hatte.

Wird die Klausel in diesem Falle erteilt oder die Zwangsvollstreckung weiter betrieben, kann der Unterhaltspflichtige sich mit Vollstreckungsabwehrklage wehren[498]).

Nach **§ 620 e ZPO** kann das Gericht - wie oft vergessen wird - die **382**
Vollziehung der Unterhaltsanordnung **ganz oder teilweise aussetzen.** Das ist auch gegen Sicherheitsleistung möglich[499]). Das Gericht kann auch von Amts wegen aussetzen[500]). Der Aussetzungsbeschluß, der keine Entscheidung im Zwangsvollstreckungsverfahren ist, kann nicht angefochten[501]), wohl aber abgeändert werden. Der Beschluß tritt außer Kraft, wenn über den Rechtsbehelf entschieden worden ist[502]).

Facit für den Anwalt: Wenn die Aussetzung der e. A. für den Mandanten vorteilhaft ist, sollte sie vorsorglich beantragt/angeregt werden.

---

[497]) Alle Fälle erfassend (z. B. auch Tod des Kindes) *Gießler*, Rz. 613.
[498]) H. M. Vgl. *Gießler*, Rz. 615 u. 618; *Zöller/Philippi*, § 620 a Rz. 33 b.
[499]) *Gießler*, Rz. 254; *Göppinger/Wax/van Els*, Rz. 2266; MK(ZPO)/*Klauser*, § 620 e Rz. 3; *Stein/Jonas/Schlosser*, § 620 e Rz. 1; *Zöller/Philippi*, § 620 e Rz. 3 m. w. N. A. A. *Johannsen/Sedemund-Treiber*, § 620 e Rz. 3; *Rolland/Roth*, § 620 e Rz. 4; *Thomas/Putzo*, § 620 e Rz. 5; *Dose*, Rz. 61.
[500]) *Gießler*, Rz. 246; *Göppinger/Wax/van Els*, Rz. 2266; *Baumbach/Lauterbach/Albers*, Rz. 2; MK(ZPO)/*Klauser*, Rz. 2, *Musielak/Borth*, Rz. 2, *Zöller/Philippi*, Rz. 3 - je zu § 620 e.
[501]) OLG Zweibrücken, FamRZ 1998, 1378; *Gießler*, Rz. 246 u. 254; *Göppinger/Wax/van Els*, Rz. 2266; *Baumbach/Lauterbach/Albers*, Rz. 2, *Johannsen/Sedemund-Treiber*, Rz. 4, MK(ZPO)/*Klauser*, Rz. 4, *Musielak/Borth*, Rz. 3 - je zu § 620 e.
[502]) *Johannsen/Sedemund-Treiber*, Rz. 4, MK(ZPO)/*Klauser*, Rz. 4, *Musielak/Borth*, Rz. 1, *Zöller/Philippi*, Rz. 3 - je zu § 620 e.
S. auch AG Solingen, FamRZ 1989, 522.

Besonderer Teil

l) Außerkrafttreten der einstweiligen Anordnung

383 Wie unter Rz. 54 ff., vor allem 213 ff. weitgehend schon erörtert, treten e. A. nach § 620 f ZPO außer Kraft, wenn

a) eine anderweitige Regelung wirksam wird,

b) der Antrag/die Klage zurückgenommen wird,

c) der Antrag/die Klage rechtskräftig abgewiesen wird,

d) das Verfahren zur Hauptsache als erledigt anzusehen ist, wobei § 620 f ZPO jedoch nur auf § 619 ZPO (Tod eines Ehegatten) Bezug nimmt,

e) § 620 f ZPO in einigen nicht geregelten Fallgruppen analog anzuwenden ist (Rz. 218).

384 **Zu a) und c):** Die anderweitige Regelung - durch Urteil oder Vergleich - muß personell, sachlich und zeitlich denselben Unterhalt betreffen, s. Rz. 220. Jedoch ist unbeachtlich, ob das Urteil aufgrund einer Leistungsklage, einer negativen Feststellungsklage oder einer Klage auf Rückgewähr zu viel gezahlten Unterhalts beruht. - Nach dem Wortlaut wie auch der Entstehungsgeschichte[503] muß **das Urteil "wirksam"** sein. Wie der BGH am 7.11.1990 entschied, werden Feststellungsurteile und klageabweisende Urteile erst mit Eintritt der Rechtskraft wirksam[504]. Für Leistungsurteile ließ der Gerichtshof die Frage bewußt offen. Durch Urteil v. 27.10.1999 hat der BGH nunmehr entschieden[505]: "Im Interesse der einheitlichen Handhabung und der Rechtssicherheit muß der **Eintritt der Rechtskraft** aber **auch für Leistungsurteile** gefordert werden". Zugleich korreliert diese Entscheidung mit der ausdrücklichen Regelung in § 641 e ZPO, die auf Urteile abstellt, die "nicht nur vorläufig vollstreckbar" sind. Der Gesetzgeber hat - wie der BGH ausführt - den Begriff "Wirksamkeit" nur verwendet, weil e. A. nach § 620 ZPO auch Gegenstände erfassen, die der freiwilligen Gerichtsbarkeit unterliegen und hier schon die Bekanntgabe an den Betroffenen zur Wirksamkeit führt. Wie der BGH m. E. zutreffend darlegt, kann auch bei einem unein-

---

[503] *BT-Drucks.* 7/650, S. 202: Kein Hinweis auf die Regelung in § 641 e ZPO.
[504] BGH, FamRZ 1991, 180.
[505] BGH, FamRZ 2000, 751 = NJW 2000, 740.

geschränkt vorläufig vollstreckbaren Urteil die vorläufige Vollstreckbarkeit in der Rechtsmittelinstanz wieder beseitigt werden - schon nach §§ 717, 719 oder 718 ZPO oder bei Aufhebung des erstinstanzlichen Urteils und Rückverweisung an die Vorinstanz. Damit wendet sich das Gericht gegen die vermittelnde Meinung, wonach ein vorläufig vollstreckbares Leistungsurteil wirksam sein soll, wenn das Urteil uneingeschränkt vorläufig vollstreckbar ist[506]). Mit dem im Interesse der Rechtssicherheit gebotenen "Machtwort" des BGH v. 27.10.1999 dürfte die vom BGH in seinem Urteil nochmals dargestellte Diskussion um die Auslegung des Wörtchens "wirksam" in § 620 f ZPO jedenfalls für die Praxis entschieden sein.

Im übrigen sei zur Auslegung von "wirksam" wiederholt, was schon unter Rz. 219 ausgeführt wurde: Die e. A. tritt **nur für die Zukunft** außer Kraft und nicht rückwirkend.

Zu b): S. hierzu Rz. 215.

385

Zu d): Obschon § 620 f I S. 1 ZPO nur auf § 619 ZPO Bezug nimmt, ist § 620 f ZPO entsprechend anzuwenden, wenn beide Seiten die Hauptsache für erledigt erklären oder bei einseitiger Erledigung die Erledigung gerichtlich festgestellt wird[507]).

Zu e): S. Rz. 218.

Ebenso wie e. A. treten Vergleiche und vollstreckbare Urkunden außer Kraft, die eine e. A. ersetzen, vgl. hierzu Rz. 92 ff.[508]).

Auf Antrag ist das **Außerkrafttreten** der e. A. durch **Beschluß auszusprechen** - s. schon eingehend Rz. 221 ff. Ein solcher Antrag ist gegenüber einer Vollstreckungsgegenklage einfacher, billiger und schneller zu bescheiden. Daher fehlt für eine Klage nach § 767 ZPO das Rechtsschutzbedürfnis[509]). Wie wiederholt sei, ist in dem Be-

386

---

[506]) Diese Ansicht hat auch der Verfasser vertreten in *Göppinger/Wax/van Els*, Rz. 2268 m. w. N.
[507]) MK(ZPO)/*Klauser*, § 620 f Rz. 8.
[508]) BGH, FamRZ 1983, 892; *Gießler*, Rz. 201; *Göppinger/Wax/van Els*, Rz. 2269; MK(ZPO)/*Klauser*, § 620 Rz. 43; *Zöller/Philippi*, § 620 f Rz. 10.
[509]) OLG Düsseldorf, FamRZ 1991, 721; OLG Zweibrücken, FamRZ 1985, 1150; *Gießler*, Rz. 228; *Göppinger/Wax/van Els*, Rz. 2270; *Johannsen/Sedemund-Treiber*, Rz. 12, MK(ZPO)/*Klauser*, Rz. 34, *Rolland/Roth*, Rz. 26, *Zöller/Philippi*, Rz. 30 - je zu § 620 f.

schluß genau festzusetzen, ab wann und wie weit die e. A. außer Kraft tritt, s. Rz. 223. Zur Antragstellung, Anfechtbarkeit der Entscheidung wie zur Kostenentscheidung s. ebenfalls Rz. 223.

m) Kosten und Gegenstandswerte

387   Hier darf auf die Ausführungen unter Rz. 227 ff., soweit sie für Unterhaltsanordnungen relevant sind, verwiesen werden. Das gilt auch für die neu eingeführte e. A. nach § 644 ZPO.

388   Nach § 20 II S. 1 GKG wird der Streitwert nach dem **sechsmonatigen Bezug** berechnet, der im Wege e. A. beantragt wird. - Teilleistungen, die der Unterhaltspflichtige bishin freiwillig erbracht hat, sind nicht abzusetzen[510]. - Wird **lediglich** eine über den freiwillig geleisteten Betrag hinausgehende **Spitze** verlangt, bestimmt nur diese Spitze den Streitwert[511]. Werden ausnahmsweise **Rückstände** geltendgemacht, sind diese Rückstände **hinzuzurechnen**[512]. Allerdings erwähnt § 20 II S. 1 GKG nur den laufenden Unterhalt ("Bezug"!), regelt diese nur selten relevante Frage also nicht. § 17 IV S. 1 GKG ist jedoch entsprechend anzuwenden.

2. Speziell zu § 644 ZPO

389   § 644 ZPO, eingeführt durch das KindUG, läßt die e. A. auch bei **isolierten** (selbständigen) **Unterhaltsverfahren** zu, und zwar bei entsprechender Anwendung von §§ 620 a - g ZPO und für Klagen vor dem Familiengericht auf Leistung von Unterhalt jeder Art. Die neue Regelung **verdrängt in ihrem Anwendungsbereich** und damit weitgehend den zuvor vielfach kritisierten einstweiligen Rechtsschutz in der Form der **einstweiligen Verfügung;** zur marginalen Weitergeltung der e. V. s. Rz. 393. Da die Verfahren nach § 644 und § 620 Nr. 4 ZPO sich somit nach den gleichen Verfahrensregeln richten, konnte im vorangehenden Abschnitt die e. A. nach § 644 ZPO schon

---

[510] *Schneider/Herget,* Rz. 1284.
[511] *Schneider/Herget,* Rz. 1285.
   A. A. OLG Düsseldorf, FamRZ 1987, 1280 (bei Klage zur Hauptsache).
   S. auch *Göppinger/Wax/van Els,* Rz. 2026.
[512] *Schneider/Herget,* Rz. 1287 f.

mit erfaßt werden. Wiederholend sei nochmals herausgehoben: **Unterhalt** ist **in vollem Umfang** zu gewähren und nicht auf den Regelbetrag zu beschränken (Rz. 365). Vorsorglich und ergänzend sei ausgeführt: Klagt ein Ehegatte isoliert auf Unterhalt, kann er in diesem Verfahren auch im Wege e. A. keinen Kindesunterhalt begehren. Umgekehrt kann das isoliert Unterhalt einklagende Kind ja auch keine e. A. für einen Elternteil verlangen[513]. Nach § 620 c S. 2 ZPO, auf den § 644 ZPO verweist, ist ein Rechtsmittel gegen die e. A. ausgeschlossen; es kommt nur eine Abänderung oder Aufhebung nach § 620 b ZPO in Betracht.

Fraglich ist, ob gegen eine e. A. nach § 644 ZPO - ebenso wie gegen eine e. A. nach § 620 Nr. 4 ZPO - eine **negative Feststellungsklage** zulässig ist[514]. Anders als im Scheidungsverfahren ist bei der e. A. nach § 644 ZPO nur die isolierte Unterhaltsklage anhängig, in welcher der Schuldner seine Rechte ausreichend und nicht blockiert durch andere Verfahren regulär geltendmachen kann.

Während die Konkurrenzprobleme zwischen Verfügungs- und Anordnungsverfahren durch Einführung des § 644 ZPO sich weitgehend erledigt haben, sind **neue Konkurrenzprobleme zwischen Anordnungsverfahren nach § 620 Nr. 4 und § 644 ZPO** erwachsen[515]. Sind nebeneinander ein isoliertes Unterhaltsverfahren und eine Ehesache der Kindeseltern anhängig, kann der Kindesunterhalt im Wege e. A. grundsätzlich in beiden Verfahren geltendgemacht werden[516]. Ergeht vorab in der Ehesache eine e. A. zum Kindesunterhalt, fehlt danach für eine e. A. nach § 644 ZPO das Regelungsbedürfnis[517]. Dasselbe gilt umgekehrt, wenn in dem isolierten Unterhaltsverfahren vorab eine e. A. erlassen wurde[518].

---

[513]) *Musielak/Borth*, § 644 Rz. 2; allgemein zur Deckungsgleichheit mit dem Hauptverfahren *Gießler*, Rz. 449 u. 551.

[514]) "In der Regel" verneinend *Musielak/Borth*, § 644 Rz. 7; OLG Köln, B.v. 7.6.2000 in 14 WF 75/99.

[515]) *Gießler*, Rz. 556 u. 554; *Göppinger/Wax/van Els*, Rz. 2282 - 2284; *Musielak/Borth*, § 620 Rz. 17 u. § 644 Rz. 6.

[516]) *Göppinger/Wax/van Els*, Rz. 2283 f.; *Musielak/Borth*, § 620 Rz. 17; *Rahm/Künkel/Niepmann* VI Rz. 60.
A. A. *Gießler*, Rz. 556: Nur e. A. nach § 620 Nr. 4 ZPO ist statthaft; *Bernreuther*, FamRZ 1999, 69 (71); *Johannsen/Sedemund-Treiber*, § 644 Rz. 2.

[517]) *Göppinger/Wax/van Els*, Rz. 2284; *Musielak/Borth*, § 620 Rz. 17.

[518]) S. Fn. 517.

391 Weiterhin ist nun zu klären, ob und wieweit e. A. nach § 620 Nr. 4 und § 644 S. 1 ZPO **gegenseitig austauschbar** sind. Da beide Verfahren, bei einigen Modifikationen, nach denselben Vorschriften ausgerichtet sind und die e. A. nach § 620 Nr. 4 ZPO keinen generellen Vorrang vor einer e. A. nach § 644 ZPO hat[519]), ist gegenseitige Austauschbarkeit grundsätzlich wohl zu bejahen[520]).

Beispiel: Das Kind K, vertreten durch seine Mutter, hat gegen den von der Mutter im Einfamilienhaus getrennt lebenden Vater im isolierten Verfahren monatlich 400,00 DM Unterhalt eingeklagt und im Wege e. A. einen entsprechenden Betrag vorweg zugesprochen erhalten. Danach wird das Hauptverfahren nicht weiter betrieben. Nach fünf Monaten beantragt die Mutter von K, nach Auszug aus dem Einfamilienhaus, die Ehe zu scheiden und die nach § 644 ZPO ergangene e. A. im Scheidungsverfahren auf monatlich 600,00 DM zu erhöhen[521]).

3. Unterhalts-Leistungsverfügung

392 Die auf Leistung von Unterhalt gerichtete einstweilige Verfügung gewährt nach ganz h. M. **lediglich Notunterhalt** und lediglich für **begrenzte Zeit;** insbesondere die Vollziehung einer solchen Leistungsverfügung bereitet erhebliche Schwierigkeiten[522]). Mit dieser Begrenzung und diesen Schwierigkeiten hängt es zusammen, daß **schon vor Einführung des § 644 ZPO** die Unterhalts-Leistungsverfügung nur eine "**Kümmerexistenz**" hatte und wiederholt ihre Abschaffung gefordert worden ist[523]).

393 **§ 644 ZPO** hat die **e. V.** aber nur - so die zunehmend verwandte Formulierung - "**in seinem Anwendungsbereich**"[524]) verdrängt. So

---

[519]) Eingehend *Musielak/Borth,* § 620 Rz. 18. A. A. *Gießler,* Rz. 556.
[520]) *Musielak/Borth,* § 620 Rz. 17 f.
[521]) Beispiel im Anschluß an *Musielak/Borth,* § 620 Rz. 18.
[522]) *Gießler,* Rz. 474 ff. u. *Göppinger/Wax/van Els* (6. Aufl.), Rz. 2297 ff.
[523]) Zur historischen Entwicklung s. *Compensis* u. *Göppinger/Wax/van Els,* Rz. 2236.
[524]) So schon *Johannsen/Sedemund-Treiber,* § 644 Rz. 1. In diesem Sinne auch *Strauß,* FamRZ 1998, 993 (1002).

Unterhalt (Leistungsverfügung) 181

sind Unterhaltsleistungsverfügungen weiterhin zulässig nach § 1615 o I BGB. Sie sind ferner zulässig, wenn eine e. A. nach § 644 ZPO nicht möglich ist, z. B. wenn Unterhalt im vereinfachten Verfahren geltendgemacht wird[525]). Sie sind schließlich zulässig, wenn dem Unterhaltsberechtigten nicht zuzumuten ist, Unterhalt in einem isolierten Verfahren und in diesem Verfahren dann eine e. A. zu verlangen[526]).

Dringende Empfehlung: Wird Unterhalt für ein Kind im Wege einstweiliger Verfügung begehrt, sollte der Anwalt des Unterhaltsberechtigten ausdrücklich darlegen, daß Klageerhebung im isolierten Verfahren, selbst ein Antrag auf Prozeßkostenhilfe für ein isoliertes Verfahren nicht zumutbar ist[527]).

Beispiel: Ein einkommens- und vermögensloser, 18 Jahre alter Sohn hat seine Ausbildung (Lehre) beendet und bereits einen Anstellungsvertrag in Händen. Da er bis zum Antritt der Stelle aber noch drei Monate warten muß, ist ihm nicht zu verwehren, wenn er sich für diese Zeit mit Notunterhalt und einer e. V. zufrieden geben will.

Da trotz § 644 ZPO e. V. ausnahmsweise weiter zulässig sind, bleiben insoweit auch die hochstrittigen **Konkurrenzprobleme,** insbesondere Überleitungsprobleme zwischen einem Verfügungs- und einem Anordnungsverfahren[528]).

394

Beispiel: Eine Ehefrau beantragt gegen ihren Ehemann eine e. V. auf Notunterhalt, weil ihr aus zu respektierenden Gründen eine Unterhaltsklage derzeit nicht zuzumuten ist.

---

[525]) *Hampel,* FPR 1998, 114 zu II 1. Zustimmend *Gießler,* Rz. 520; *Willutzki,* Kind-Prax 1999, 111 u. *Zöller/Philippi,* § 644 Rz. 4.

[526]) OLG München, FamRZ 2000, 965; OLG Nürnberg, FamRZ 1999, 30; OLG Köln, FamRZ 1999, 661; OLG Zweibrücken, FamRZ 1999, 662; OLG Düsseldorf, FamRZ 1999, 1215; OLG Koblenz, FamRZ 2000, 362; *Gießler,* Rz. 504/521; *Göppinger/Wax/van Els,* Rz. 2280; *Miesen,* FF 1999, 73; *Willutzki,* Kind-Prax 1999, 111; *Dose,* Rz. 149 f.
S. auch *Bernreuther,* FamRZ 1999, 69 (72), R. *Bosch,* FF 1999, 68 u. *Musielak/Borth,* § 644 Rz. 5.

[527]) OLG Köln, FamRZ 1999, 661; OLG Zweibrücken, FamRZ 1999, 662; OLG Nürnberg, FamRZ 1999, 30; *Miesen,* FF 1999, 73; *Dose,* Rz. 151.

[528]) *Musielak/Borth,* § 620 Rz. 19 - 21.

Bevor über die e. V. entschieden wurde, eskalieren die Verhältnisse weiter, beantragt die Ehefrau nunmehr Scheidung und im Wege e. A. vollen Unterhalt.

4. Arrest

395 Will der Unterhaltsberechtigte die spätere Vollstreckung seiner Unterhaltsansprüche sichern, muß er einen in aller Regel dinglichen Arrest beantragen - ebenso wie eine e. V. in einem unabhängigen (klassischen) Verfahren mit eigenen Verfahrensregeln nach §§ 916 ff. ZPO. In der veröffentlichten unterhaltsrechtlichen Rechtsprechung wurde - jeweils nach Überprüfung der konkreten Tatsachen in jedem Einzelfall - ein **Arrestgrund bejaht,** wenn

- der Schuldner sich ins Ausland abzusetzen drohte[529],
- er, vorher leistungsunfähig, geerbt hat[530],
- er bei undurchsichtigen Verhältnissen aktiv wurde, um seine letzten Vermögenswerte zu veräußern[531].

Ein **Arrestgrund** wurde **verneint,** wenn

- lediglich die allgemeine Vermögenslage des Schuldners schlecht war[532],
- der Unterhaltsschuldner Unterhaltszahlungen nur geringfügig verzögerte[533],
- die Zwangsvollstreckung Schwierigkeiten bereitete[534],

---

[529] Vgl. hierzu OLG Karlsruhe, FamRZ 1996, 1429; KG, FamRZ 1985, 730; OLG Düsseldorf, FamRZ 1981, 44; AG Geilenkirchen, FamRZ 1984, 1227 sowie (verneinend) OLG Stuttgart, FamRZ 1997, 181.
[530] OLG Karlsruhe, FamRZ 1996, 1429; OLG Frankfurt, FamRZ 1988, 184; AG Steinfurt, FamRZ 1988, 1082.
[531] OLG Karlsruhe, FamRZ 1997, 622; OLG Hamm, FamRZ 1980, 391; AG Steinfurt, FamRZ 1988, 1082.
[532] OLG Köln, FamRZ 1983, 1259; zustimmend *Heiß/Born* 25 Rz. 322.
[533] OLG Köln, FamRZ 1983, 1259.
[534] OLG Köln, FamRZ 1983, 1259.

Unterhalt (Arrest)

- der Zugriff anderer Gläubiger drohte[535]),
- der Gläubiger anderweitig gesichert war[536]).

Nach § **917 II ZPO** wird ein Arrestgrund unwiderleglich vermutet, wenn ein **inländisches**[537]) **Urteil im Ausland vollstreckt** werden muß. Nach § 917 II S. 2 ZPO, eingefügt durch das dritte Gesetz vom 06.08.1998 zur Änderung des Rechtspflegergesetzes und anderer Gesetze, gilt die Vermutung **nicht,** wenn das Urteil in einem dem **EuGVÜ** oder dem Parallelabkommen von Lugano unterliegenden **Staat** vollstreckt werden müßte[538]). 396

Liegt **bereits** ein **vollstreckbares Urteil** über den Unterhaltsanspruch vor, so ist wegen der **bereits fälligen Beträge** ein Arrestverfahren unzulässig; dies gilt wegen § 720 a ZPO auch dann, wenn die vorläufige Vollstreckbarkeit von einer Sicherheitsleistung abhängt. Kann der Titel wegen **künftig fällig werdender Zahlungen** noch nicht vollstreckt werden, ist das für den Arrest erforderliche Sicherungsbedürfnis dennoch zu bejahen[539]). 397

Obschon **künftige Ansprüche** in § 916 II ZPO nicht erwähnt werden und grundsätzlich nicht arrestfähig sind, sind sie **zur Sicherung künftigen Unterhalts ausnahmsweise arrestfähig**[540]), weil sie - ebenso wie betagte und bedingte Ansprüche - ausnahmsweise schon einklagbar sind[541]). - Durch eine sorgfältige Analyse und Ab- 398

---

[535]) BGHZ 131, 105 = NJW 1996, 324 m. w. N.; OLG Karlsruhe, FamRZ 1985, 507; *Buciek,* NJW 1987, 1063; *Baumbach/Lauterbach/Hartmann,* Rz. 3 u. *Zöller/Vollkommer,* Rz. 9 - beide zu § 917.
A. A. *Walker,* Rz. 235 - 237 u. *Schuschke/Walker,* § 917 Rz. 5; MK(ZPO)/*Heinze,* § 917 Rz. 8; *Stein/Jonas/Grunsky,* § 917 Rz. 1.

[536]) BGH, NJW 1972, 1044; *Schuschke/Walker,* § 917 Rz. 7.

[537]) Vgl. z. B. *Schuschke/Walker,* § 917 Rz. 6 m. w. N.
A. A. *Ehrike,* NJW 1991, 2189: Auch Urteile anderer EuGVÜ-Staaten, in denen in einem Drittstaat vollstreckt werden müßte; *Musielak/Huber,* § 917 Rz. 7; *Stein/Jonas/Grunsky,* § 917 Rz. 7 a.

[538]) Der frühere Streit um die Anwendung von § 917 II ZPO in diesen Fällen hat sich also erledigt.

[539]) OLG Düsseldorf, FamRZ 1994, 111 (114); AG Steinfurt, FamRZ 1988, 1082; *Walker,* Rz. 233 u. *Schuschke/Walker,* § 917 Rz. 8.

[540]) KG, FamRZ 1985, 730; OLG Düsseldorf, FamRZ 1981, 44; OLG Hamm, FamRZ 1980, 391; *Bernreuther,* FamRZ 1999, 69 (72); *Schuschke/Walker,* § 916 Rz. 7.

[541]) S. Fn. 540.

wägung der Parteiinteressen[542]) ist von Fall zu Fall festzulegen, für welchen **Zeitraum** der Unterhaltsanspruch durch Arrest gesichert wird. Dementsprechend variieren die in der Rspr. anerkannten Zeiträume ganz erheblich:

2 Jahre -	OLG Hamm, FamRZ 1980, 391 u. OLG Karlsruhe, FamRZ 1996, 1429,
5 Jahre -	OLG Düsseldorf, FamRZ 1981, 44 "in Ausnahmefällen",
7 Jahre -	AG Geilenkirchen, FamRZ 1984, 1227,
bis zur Volljährigkeit -	KG, FamRZ 1985, 730 u. AG Steinfurt, FamRZ 1988, 1082.

399 Nach Wahl des Gläubigers (§ 35 ZPO) ist entweder das Gericht der Hauptsache oder das Gericht zuständig, in dessen Bezirk der mit Arrest zu belegende Gegenstand sich befindet, §§ 919, 802 ZPO. Ist zwischen den Eltern des Kindes eine Ehesache anhängig und beansprucht ein Elternteil das hierfür berufene Familiengericht auch für den Erlaß des Arrests, so ist als Gericht der Hauptsache ausschließlich das im ersten Rechtszug befaßte Familiengericht zuständig[543]). Daneben bleibt aber auch in diesem Fall das Amtsgericht der belegenen Sache zuständig[544]).

400 Das **notwendige Arrestgesuch** muß zumindest so bestimmt sein, daß hierin Erlaß eines dinglichen oder persönlichen Arrests oder beider gleichzeitig begehrt wird[545]). Der Antrag braucht aber nicht einen bestimmten Arrestgegenstand anzugeben.

---

[542]) *Göppinger/Wax/van Els*, Rz. 2289 m. w. N.
[543]) BGH, NJW 1980, 191; OLG Frankfurt, FamRZ 1988, 184; *Schuschke/Walker*, § 919 Rz. 4; *Zöller/Vollkommer*, § 919 Rz. 3.
[544]) OLG Frankfurt, FamRZ 1988, 184.
[545]) *Gießler*, Rz. 357; MK(ZPO)/*Heinze*, § 920 Rz. 4 ff.; *Zöller/Vollkommer*, § 920 Rz. 1 ff. - Etwas strengere Anforderungen, insbesondere bei der Befriedigungsverfügung, *Walker*, Rz. 149 ff., *Schuschke/Walker*, § 920 Rz. 3 ff. u. *Musielak/Huber*, § 920 Rz. 5.

Empfehlung an den Anwalt: Wenn Arrestgesuche wegen Sicherung künftigen Unterhalts erforderlich werden, sind sie in aller Regel umgehend zu bearbeiten und sehr sorgfältig zu begründen. Dabei empfiehlt es sich, zur Sicherung der Kosten des Hauptprozesses[546]) auch ein beziffertes **Kostenpauschquantum** zu beantragen.

5. Sonderformen vorläufigen Rechtsschutzes für Kinder nicht miteinander verheirateter Eltern

a) Die einstweilige Verfügung nach § 1615 o BGB

"Soweit sich aus dem Gesetz nichts anderes ergibt", können die Rechtswirkungen der Vaterschaft erst ab Wirksamkeit der Anerkennung (§ 1594 I BGB) oder der Feststellung der Vaterschaft (§ 1600 d IV BGB) geltendgemacht werden. Um vor diesem Zeitpunkt vorläufigen unterhaltsrechtlichen Rechtsschutz für das Kind zu gewährleisten, sind somit besondere Regelungen, Ausnahmeregelungen, erforderlich. Sie befinden sich in § 1615 o BGB sowie in §§ 641 d ff. ZPO.

401

Mit einstweiliger Verfügung nach § 1615 o BGB kann nur der **Unterhalt** verlangt werden, der für die **ersten drei Monate nach der Geburt** zu zahlen ist. Ergeht die e. V. **vor Geburt des Kindes,** kann nach § 1615 o I S. 2 BGB angeordnet werden, "den erforderlichen Betrag" angemessene Zeit vor der Geburt zu **hinterlegen** und bei Fälligkeit die dann anfallenden Beträge auszuzahlen[547]). Anders als bei der generellen Unterhaltsleistungsverfügung (Rz. 392) kann hier Unterhalt **in voller Höhe**[548]) zugesprochen werden. Dazu gehört auch **Sonderbedarf**[549]), der bei Säuglingen, auch abgesehen von der Säug-

402

---

[546]) Nach ganz h. M. nicht zur Sicherung der auch ohne Lösungssumme beitreibbaren Kosten des Arrestverfahrens und der Arrestvollziehung. Vgl. OLG Frankfurt, OLGZ 81, 104; *Gießler*, Rz. 409 Fn. 147; *Musielak/Huber*, § 923, Rz. 2, *Schuschke/Walker*, Rz. 4, *Stein/Jonas/Grunsky*, Rz. 1/9, *Zöller/Vollkommer*, Rz. 1 - je zu § 923.

[547]) *Göppinger/Wax/Maurer*, Rz. 2312 m. w. N.; MK/*Köhler*, Rz. 8, RGRK/*Mutschler*, Rz. 2 - beide zu § 1615 o.

[548]) *Büdenbender*, S. 62; *Gießler*, Rz. 659; *Göppinger/Wax/Maurer*, Rz. 2313; *Soergel/Häberle*, § 1615 o Rz. 4. A.A. *Dose*, Rz. 168.

[549]) *Gießler*, Rz. 659; *Göppinger/Wax/Maurer*, Rz. 2313.
A. A. LG Düsseldorf, FamRZ 1975, 279 m. kritischer Anm. *Büdenbender*.

lingserstausstattung, ja nicht selten anfällt. Umstritten ist, ob das Gericht auch **rückständigen Unterhalt** zusprechen kann. M. E. ist dies zu bejahen - jedoch nur, wenn das Gesuch für eine e. V. vor Ablauf der Dreimonatsfrist des § 1615 o BGB bei Gericht eingeht und wegen der Rückstände dann noch eine Bedarfslage (Nachholbedarf!) besteht[550]).

403 **Sachlich zuständig** ist nach § 23 a Nr. 2 GVG das Amtsgericht und dort - seit dem KindRG - aufgrund gesetzlicher Geschäftsverteilung nach § 23 b I S. 2 Nr. 5 GVG das **Familiengericht**. - Die **örtliche Zuständigkeit**[551]) regelt § **640 a I S. 5 ZPO**. Hiernach sind die für Kindschaftssachen geltenden Vorschriften in § 640 a I S. 1 - 4 ZPO entsprechend anzuwenden. Somit besteht nunmehr eine einheitliche Zuständigkeit für eine e. V. nach § 1615 o BGB wie eine e. A. nach § 641 d ZPO. Hat der Vater die Vaterschaft anerkannt, gilt § 640 a I S. 5 ZPO nicht; es gelten dann die allgemeinen Zuständigkeitsvorschriften[552]).

404 **Partei** des Verfahrens ist das **Kind**. Im Verfahren muß es **gesetzlich vertreten** werden. Das wird in diesem Verfahren in der Regel die alleinsorgeberechtigte Mutter sein. Ist auf Antrag der Mutter ein Beistand bestellt, vertritt - und zwar ausschließlich - das örtlich zuständige Jugendamt das Kind, § 53 a ZPO i. V. m. § 87 c KJHG. Steht den Eltern das Sorgerecht gemeinsam zu, greift § 1629 BGB[553]). - Das Kind ist auch dann Partei, wenn der Antrag vor seiner Geburt gestellt wird[554]). Auch dann wird es in der Regel durch seine Mutter vertreten, evtl. durch das Jugendamt als Beistand. - Ist die Mutter noch minderjährig, steht das Kind mit seiner Geburt unter gesetzlicher Vormundschaft des Jugendamts als Amtsvormund (s. §§ 1673 II S. 1, 1773 S. 1, 1791 c BGB), das dann den Rechtsstreit zu führen hat[555]).

---

[550]) *Gießler,* Rz. 659; MK/*Köhler,* § 1615 o Rz. 11; *Odersky,* § 1615 o II 2. A. A. *Büdenbender,* S. 63 f. u. FamRZ 1983, 306 (308); *Gernhuber/Coester-Waltjen,* § 47 VII 2 Fn. 3; *Göppinger/Wax/Maurer,* Rz. 2298.

[551]) Eingehend *Göppinger/Wax/Maurer,* Rz. 2299.

[552]) *Göppinger/Wax/Maurer,* Rz. 2300; *Musielak/Borth,* § 640 a Rz. 5.

[553]) Eingehend *Göppinger/Wax/Maurer,* Rz. 2301.

[554]) *Göppinger/Wax/Maurer,* Rz. 2302 ff. - auch zu Fragen, wenn das Kind während des Verfahrens tot geboren wird (2303), oder nach der Geburt stirbt (2304) und zur Vollziehung dann (2314).

[555]) *Büdenbender,* FamRZ 1975, 281 (283); *Göppinger/Wax/Maurer,* Rz. 2302.

Unterhalt (§ 1615 o BGB)

Zum **Antrag** nach § 1615 o BGB s. schon Rz. 402. Wie bei der **405**
e. A. auf Unterhalt ist der Antrag auch hier hinreichend bestimmt,
wenn Zahlung des Regelbetrags oder ein Vomhundertsatz von diesem verlangt wird, s. Rz. 353[550]).

Das Kind muß die Vaterschaft des Antragsgegners sowie seinen **406**
Bedarf und seine Bedürftigkeit **glaubhaft machen** (s. schon Rz. 70
ff.)[557] - jedoch nicht die Gefährdung seines Anspruchs, § 1600 o III
BGB. Soweit der Antragsgegner, wie regelmäßig in diesen Verfahren,
seine Vaterschaft nicht anerkannt hat und ein Vaterschaftsgutachten
als präsentes Beweismittel schon aus zeitlichen Gründen noch nicht
vorliegt, sind die Voraussetzungen für eine Vaterschaftsvermutung
nach § 1600 d II S. 1 BGB glaubhaft zu machen. Hierfür kommen
außer einer eidesstattlichen Versicherung der Kindesmutter belegte
oder glaubhaft gemachte Indizien[558]) für eine Beiwohnung während
der Empfängniszeit in Betracht. Wird die e. V. vor der Geburt des
Kindes beantragt, ist auch der voraussichtliche Geburtstermin durch
ein entsprechendes ärztliches Attest glaubhaft zu machen. Der Antragsgegner kann der Glaubhaftmachung entgegentreten, indem er
seinerseits schwerwiegende Zweifel an der Vaterschaft glaubhaft
macht, § 1600 d II S. 2 BGB. Wird lediglich Unterhalt in Höhe des Regelbetrags nach § 1612 a I BGB verlangt, ist zur Höhe des Unterhalts
keine Glaubhaftmachung erforderlich - wohl aber bei einem höheren
Bedarf und bei Sonderbedarf[559]).

Für das Verfahren gilt der **Verhandlungsgrundsatz**[560]). Hierbei ist **407**
jedoch § 643 ZPO n. F. zu beachten, der sowohl die Auskunftspflicht
der Parteien wie die Auskunftspflicht Dritter weit ausdehnt[561]). - Das
Gericht entscheidet nach § 937 II ZPO **grundsätzlich aufgrund
mündlicher Verhandlung**. Hierfür spricht auch die zwingende Regelung in § 641 d II S. 4 ZPO. Nur "in dringenden Fällen" sowie bei
Zurückweisung des Antrags entscheidet das Gericht durch Beschluß,
§ 937 II ZPO. Generell sind die Anforderungen an die Dringlichkeit

---

[550]) *Göppinger/Wax/Maurer*, Rz. 2312.
[557]) *Gießler*, Rz. 668 ff.; *Göppinger/Wax/Maurer*, Rz. 2307 f.
[558]) S. Fn. 557.
[559]) *Gießler*, Rz. 673; *Göppinger/Wax/Maurer*, Rz. 2309 u. ebendort *van Els*, Rz. 1786.
[560]) *Göppinger/Wax/Maurer*, Rz. 2305.
[561]) *Göppinger/Wax/van Els*, Rz. 2086.

im Sinne von § 937 II ZPO sehr hoch[562]). Im Hinblick auf § 1615 o III BGB und seiner Ausstrahlung in das Prozeßrecht sind die Anforderungen hier aber nicht so hoch. Ist die Dringlichkeit jedoch zu bejahen, muß das Gericht entgegen dem Wortlaut ("kann") auf mündliche Verhandlung verzichten[563]).

408 Bei mündlicher Verhandlung entscheidet das Gericht durch Urteil, ohne mündliche Verhandlung durch Beschluß, §§ 936, 922 I ZPO. Ist über die Beschwerde gegen den zurückweisenden Beschluß[564]) oder eine Berufung gegen das Urteil zu befinden, entscheidet einheitlich der Familiensenat beim OLG, §§ 119 I S. 1 GVG, 23 b I S. 2 Nr. 5 GVG.

409 **Nach der Geburt** kann dem Kind entsprechend § **926 ZPO** eine Frist gesetzt werden, um Vaterschaftsklagen zu erheben[565]).

410 **Anwaltszwang** erwächst nur, wenn in zweiter Instanz mündlich verhandelt wird.

411 Ist die e. V. ganz oder teilweise ungerechtfertigt, aber trotzdem vollzogen worden, ist das Kind nach § 945 ZPO verpflichtet, den durch die Vollziehung entstandenen Schaden zu ersetzen. Das Risiko eines solchen Schadensersatzanspruchs ist aber nicht zu hoch zu veranschlagen: Ob § 1607 III BGB ist ein solcher Anspruch nur gegeben, wenn der Geschädigte gegen den wirklichen Vater keine Ansprüche hat oder diese Ansprüche nicht durchsetzen kann[566]).

b) Die einstweilige Anordnung nach §§ 641 d ff. ZPO

412 Die eigenständige Regelung in §§ 641 d ff. ZPO wurde durch Gesetz über die rechtliche Stellung der nichtehelichen Kinder vom 19.08.1969 eingeführt[567]). Sie ist dem Verfahren nach §§ 620 ff. ZPO

---

[562]) *Walker*, Rz. 284 u. *Schuschke/Walker*, § 937 Rz. 6.
[563]) MK(ZPO)/*Heinze*, § 937 Rz. 8; *Schuschke/Walker*, § 937 Rz. 6; *Stein/Jonas/Grunsky*, § 937 Rz. 6.
[564]) Gegen einen stattgebenden Beschluß kann der Antragsgegner Widerspruch einlegen, § 924 ZPO.
[565]) *Gießler*, Rz. 680; *Göppinger/Wax/Maurer*, Rz. 2316.
[566]) *Göppinger/Wax/Maurer*, Rz. 2317; RGRK/*Mutschler*, Rz. 13, *Soergel/Häberle*, Rz. 13 - beide zu § 1615 o BGB.
[567]) *Büdenbender*, S. 76 f.; *Compensis*, S. 32.

Unterhalt (§§ 641 d ff. ZPO)

nachgebildet⁵⁰⁸) und relativ ausführlich. In einigen Punkten weicht sie von der Regelung für einstweilige Unterhaltsanordnungen in Ehesachen jedoch ab oder regelt Fragen, die in §§ 620 ff. ZPO offen geblieben sind:

- Nach § 641 d II S. 4 ZPO ergeht die e. A. (zwingend) aufgrund mündlicher Verhandlung.
- Neben Unterhaltszahlungen ist ausdrücklich Sicherheitsleistung möglich, § 641 d I S. 2 ZPO.
- Nach § 641 e ZPO tritt die e. A. nur durch Schuldtitel außer Kraft, die nicht nur vorläufig vollstreckbar sind.
- Gegen erstinstanzliche Entscheidungen ist stets (einfache) Beschwerde zulässig, § 641 d III S. 1 ZPO.
- § 641 g ZPO gewährt einen § 945 ZPO nachgebildeten Schadensersatzanspruch.

Das KindUG hat §§ 641 d ff. ZPO der für Ehesachen geltenden Regelung angenähert; u. a. hat das KindUG die Provokationsmöglichkeit in § 641 e II u. III ZPO a. F. abgeschafft⁵⁰⁹). Somit kann vielfach, wenn auch nicht immer, auf die Ausführungen zur e. A. in Unterhaltssachen Bezug genommen werden, vgl. Rz. 345 ff.

Als **Hauptsache** muß eine **Klage auf Feststellung der Vaterschaft** anhängig sein, § 641 d I S. 1 ZPO - nicht aber eine zusätzliche Klage auf Unterhalt. Es **reicht** nach allerdings bestrittener Ansicht auch eine **positive Widerklage aus,** die das Kind gegenüber einer negativen Feststellungsklage des vermuteten Vaters erhoben hat⁵⁷⁰). Sonstige über den eindeutigen Wortlaut des § 641 d I S. 1 ZPO hinausgehenden Klagen sind dagegen als Hauptsache abzulehnen⁵⁷¹),

413

---

⁵⁰⁸) S. Fn. 567.
⁵⁰⁹) *Rühl/Greßmann,* Rz. 273; FamRefK/*Maurer,* § 641 d Rz. 2 f. u. § 641 e Rz. 3; *Musielak/Borth,* § 641 d Rz. 3.
⁵⁷⁰) *Gießler,* Rz. 259; *Göppinger/Wax/Maurer,* Rz. 2325; *Baumbach/Lauterbach/Albers,* Rz. 1, *Musielak/Borth,* Rz. 1, *Zöller/Philippi,* Rz. 4 - je zu § 641 d.
⁵⁷¹) OLG Koblenz, FamRZ 1974, 383; OLG Düsseldorf, FamRZ 1973, 212; *Büdenbender,* S. 78 ff.; *Gießler,* Rz. 259 f.; *Baumbach/Lauterbach/Albers,* Rz. 1, *Musielak/Borth,* Rz. 1, *Zöller/Philippi,* Rz. 4 - je zu § 641 d.
A. A. MK(ZPO)/*Coester-Waltjen,* Rz. 3, *Stein/Jonas/Schlosser,* Rz. 3 - beide zu § 641 d.

zumal das Kind Widerklage oder positive Feststellungsklage erheben und in diesem Verfahren einstweiligen Rechtsschutz erlangen kann.

414 **Zuständig** ist das Familiengericht, das für die Feststellung der Vaterschaft, also die Hauptsache, zuständig ist, **§ 641 d II S. 5 ZPO**[572]).

415 Der **Antrag** muß zunächst ergeben, ob **Zahlung oder Sicherheitsleistung** begehrt wird[573]). Er muß **beziffert** sein[574]) oder im Sinne von §§ 1612 a ff. BGB bestimmt sein. Nach § 641 d I S. 1 ZPO ist der Antrag - seit dem 01.07.1998 - schon ab Einreichung des PKH-Gesuchs für die Hauptsache zulässig.

Achtung: Auch hier müssen PKH und Beiordnung gesondert für das summarische Verfahren beantragt werden.
Achtung: Der Richter kann über den Antrag nicht hinausgehen, § 308 ZPO. Wird z. B. Sicherheitsleistung beantragt, kann der Richter keine Zahlung anordnen[575]).

Parteien des Verfahrens sind grundsätzlich die des Hauptverfahrens. Die Mutter kann Nebenintervenientin sein - s. schon Rz. 404.

416 Das Kind muß die tatsächlichen Voraussetzungen seines Unterhaltsanspruchs, vor allem hinsichtlich der Vaterschaft, sowie die Notwendigkeit einer e. A. **glaubhaft machen,** § 641 d II S. 3 ZPO. S. schon Rz. 406. Wird mehr als der Regelbedarf oder Sonderbedarf begehrt, ist auch zur Höhe des Unterhaltsbedarfs Glaubhaftmachung geboten[576]).

417 H. Gießler sieht in der **Notwendigkeit,** die in § 641 d II S. 3 ZPO angesprochen wird, ein vom Rechtsschutzbedürfnis verschiedenes Zulässigkeitselement, das dem Regelungsbedürfnis der Ehesachen -

---

[572]) *Gießler*, Rz. 271; *Musielak/Borth*, § 641 d Rz. 5.
[573]) *Gießler*, Rz. 267; *Dose*, Rz. 140.
[574]) *Gießler*, Rz. 267; *Göppinger/Wax/Maurer*, Rz. 2325; *Odersky*, § 641 d II 2 b; *Zöller/Philippi*, § 641 d Rz. 8.
A. A. *Brühl*, FamRZ 1970, 227; MK(ZPO)/*Coester-Waltjen*, § 641 d Rz. 12; *Stein/Jonas/Schlosser*, § 641 d Rz. 16; *Zöller/Philippi*, § 641 d Rz. 8.
[575]) *Gießler*, Rz. 279; *Odersky*, § 641 d II 3; *Zöller/Philippi*, § 641 d Rz. 18; *Dose*, Rz. 142.
[576]) OLG Düsseldorf, FamRZ 1994, 840; *Zöller/Philippi*, § 641 d Rz. 10 a. S. auch Rz. 536 u. 70 ff.

e. A. entspricht[577]). Wie auch in diesem Zusammenhang ausgeführt sei (Rz. 110), ist diese dogmatische Einordnung äußerst problematisch, im Ergebnis aber wohl ohne Bedeutung. Wie immer man einordnet, ist jedenfalls zwischen der Notwendigkeit für eine Unterhaltszahlung und für eine Sicherheitsleistung zu unterscheiden.

E.A. auf Unterhaltszahlung ist nicht notwendig,

- wenn der Beklagte ausreichend und pünktlich zahlt[578])
- wenn das Kind den Bedarf ausnahmsweise selbst decken kann oder seine Mutter hierzu in der Lage ist und hierdurch der angemessene Unterhalt nicht gefährdet wird, so daß Sicherheitsleistung reicht[579])
- soweit Unterhalt vor Antragstellung verlangt wird, wobei (seltene) Ausnahmen jedoch möglich sind[580]).

E.A. auf Unterhaltszahlung ist notwendig,

- soweit der Beklagte nicht in voller Höhe oder nicht pünktlich zahlt oder gar Rückstände hat
- auch soweit dem Kind subsidiär Sozialhilfe oder Leistungen nach dem UVG zustehen[581]), s. schon Rz. 354.

Sicherheitsleistung durch e.A. ist nicht notwendig,

- wenn der Beklagte freiwillig und ausreichend auf ein Sperrkonto des Jugendamtes einzahlt, eine ausreichende Rücklage bildet oder in sonstiger Weise eine Sicherheitsleistung überflüssig macht[582]).

---

[577]) *Gießler*, vor Rz. 272. Zur dogmatischen Erfassung auch *Büdenbender*, S. 102.
[578]) *Gießler*, Rz. 272. S. auch Rz. 351.
[579]) OLG Koblenz, FamRZ 1975, 230; *Büdenbender*, S. 105 ff. u. FamRZ 1981, 320; *Gießler*, Rz. 272; *Stein/Jonas/Schlosser*, § 641 d Rz. 15; *Zöller/Philippi*, § 641 d Rz. 11.
[580]) OLG Düsseldorf, FamRZ 1994, 840; *Zöller/Philippi*, § 641 d Rz. 11. S. Rz. 363.
[581]) OLG Düsseldorf, FamRZ 1994, 840; *Büdenbender*, FamRZ 1975, 506 (ablehnende Anm. zu OLG Düsseldorf, FamRZ 1975, 504); *Gießler*, Rz. 272 u. 696; *Göppinger/Wax/Maurer*, Rz. 2319; *Baumbach/Lauterbach/Albers*, Rz. 2, *Musielak/Borth*, Rz. 6, *Zöller/Philippi*, Rz. 11/17 - je zu § 641 d.
[582]) *Gießler*, Rz. 272; *Zöller/Philippi*, § 641 d Rz. 12 (am Ende).

Besonderer Teil

Sicherheitsleistung durch e.A. ist notwendig,

- wenn aufgrund konkreter Anhaltspunkte zu befürchten ist, daß der Beklagte während des Vaterschaftsprozesses aufgelaufene Rückstände nicht alsbald nach Rechtskraft begleichen wird[583]) - was auch bei geordneten wirtschaftlichen Verhältnissen der Fall sein kann[584])
- auch wenn die Unterhaltsansprüche auf leistende Dritte übergehen, so daß die Sicherheitsleistung im Ergebnis diesen Dritten zugute kommt[585]).

418 Nach § 641 d II S. 4 ZPO ist über den Anordnungsantrag aufgrund mündlicher Verhandlung durch Beschluß zu entscheiden. Die Verhandlung ist - wie die im Vaterschaftsprozeß - **nicht öffentlich**, § 170 GVG. - **Anwaltszwang** besteht nur bei mündlicher Verhandlung in der zweiten Instanz. - Ein **Versäumnisverfahren** findet **nicht** statt, auch nicht gegen die Klägerseite[586]). § 330 ZPO ist im hiesigen Beschlußverfahren nicht analog anwendbar. - Hinsichtlich der Vaterschaft gilt, auf Glaubhaftmachung reduziert, der **Amtsermittlungsgrundsatz**[587]). Soweit es um die Höhe des Unterhalts geht, gilt der **Beibringungsgrundsatz**[588]).

419 Das Gericht entscheidet nach § 641 d II S. 4 ZPO durch **Beschluß**. Schriftliche Begründung ist hier jedenfalls im Hinblick auf die Beschwerdemöglichkeit nach § 641 d III ZPO geboten, s. schon Rz. 366. Zum Inhalt dieses Beschlusses s. schon Rz. 417. Wie ergänzend darzustellen, sind in dem Beschluß der volle Unterhalt sowie Sonderbe-

---

[583]) OLG Koblenz, FamRZ 1975, 230; *Büdenbender*, FamRZ 1981, 320 (323); *Baumbach/Lauterbach/Albers*, Rz. 2, *Zöller/Philippi*, Rz. 12 - beide zu § 641 d.
[584]) Eingehend *Büdenbender*, FamRZ 1981, 320 (323).
[585]) OLG Düsseldorf, FamRZ 1994, 840 u. FamRZ 1994, 111; *Zöller/Philippi*, § 641 d Rz. 12.
[586]) *Gießler*, Rz. 275; *Odersky*, § 641 d III 4 a; *Stein/Jonas/Schlosser*, § 641 d Rz. 18. Teilweise A. A. *Göppinger/Wax/Maurer*, Rz. 2327: Gegen die Klägerseite entsprechend § 330 ZPO.
[587]) *Büdenbender*, S. 96 f.; *Gießler*, Rz. 276; *Göppinger/Wax/Maurer*, Rz. 2328; *Zöller/Philippi*, § 641 d Rz. 14.
Teilweise A. A. MK(ZPO)/*Coester-Waltjen*, Rz. 13 u. *Stein/Jonas/Schlosser*, Rz. 18 - je zu § 641 d.
[588]) S. Fn. 587.

Unterhalt (§§ 641 d ff. ZPO) 193

darf zu gewähren[589]). Folglich kann auch ein Prozeßkostenvorschuß gewährt werden[590]). Die Notwendigkeit der e. A. (Rz. 417) führt nicht zu einer Begrenzung der Höhe des Unterhalts, etwa in Form des Notunterhalts. Wird auf Sicherheitsleistung erkannt, sind Höhe und Art der Sicherheitsleistung zu bestimmen. Dabei ist Unterhalt grundsätzlich erst ab Antragseingang sicherbar[591]). Die Frage ist hier ebenso zu entscheiden wie bei einer Zahlungsanordnung.

Wie in § 620 g ZPO gelten nach § 620 d V ZPO die **Kosten** des e. A.-Verfahrens als Teil der Kosten der Hauptsache - s. daher Rz. 161 ff. Ist die Mutter im Hauptverfahren nur als Nebenintervenientin beteiligt, sind die Kosten eines von ihr beantragten e. A.-Verfahrens solche der Nebenintervention[592]). 420

Der Beschluß des Amtsgerichts ist nach § 641 d III ZPO mit **einfacher Beschwerde** anfechtbar. Schwebt die Hauptsache in der Berufungsinstanz, ist die Beschwerde - nach § 641 d III S. 2 ZPO und abweichend von § 569 I ZPO - bei dem Berufungsgericht einzulegen. Aussetzung der Vollziehung ist hier möglich nach § 572 II u. III ZPO. Die Entscheidung des OLG ist als Erst- wie als Rechtsmittelentscheidung nicht anfechtbar, § 567 III S. 1 ZPO. Sie kann nur unter veränderten Umständen abgeändert werden - entsprechend § 641 d II S. 4 ZPO, aber nur aufgrund neuer mündlicher Verhandlung durch das mit dem Statusverfahren jeweils befaßte Gericht[593]). 421

Nach §§ 641 e u. f ZPO, **tritt** eine e. A. **außer Kraft**, wenn

a) derjenige, der die e. A. erlangt hat, gegen den beklagten Mann einen anderen Schuldtitel erlangt hat, der nicht nur vorläufig vollstreckbar ist,

b) die Vaterschaftsfeststellungsklage zurückgenommen wird,

---

[589]) *Büdenbender*, S. 62; *Gießler*, Rz. 696; *Göppinger/Wax/Maurer*, Rz. 2319 u. 2332.
[590]) OLG Düsseldorf, FamRZ 1995, 1426; *Büdenbender*, S. 62; *Gießler*, Rz. 742; *Zöller/Philippi*, § 641 d Rz. 12 b.
[591]) OLG Koblenz, FamRZ 1975, 51; *Brühl*, FamRZ 1970, 227; *Gießler*, Rz. 696; *Zöller/Philippi*, § 641 d Rz. 18.
[592]) Weitere Einzelheiten FamRefK/*Maurer*, § 641 d ZPO Rz. 8 u. *Göppinger/Wax/Maurer*, Rz. 2333 f.; *Baumbach/Lauterbach/Albers*, Rz. 6 u. *Musielak/Borth*, Rz. 8 - beide zu § 641 d.
[593]) *Gießler*, Rz. 284; MK(ZPO)/*Coester-Waltjen*, Rz. 26 u. *Zöller/Philippi*, Rz. 19 - beide zu § 641 d.

c) ein Urteil ergeht, das die Vaterschaftsfeststellungsklage abweist,

d) § 641 f ZPO in nicht geregelten Fällen analog anzuwenden ist, z. B. beim Tod einer Partei[594]).

Zu a): Titel kann auch ein rechtskräftiges Urteil sein, das den Unterhalt im Sinne von §§ 1612 a ff. BGB tenoriert. Es kann insbesondere ein Titel nach § 653 ZPO sein. Es kann ferner ein zur Vollstreckung geeigneter Vergleich oder eine Jugendamtsurkunde sein.

Zu b): S. Rz. 176.

Zu c): Grund für diese Regelung: Der Unterhaltsanspruch erscheint nach Klageabweisung nicht mehr glaubhaft gemacht[595]). Daher kann das Berufungsgericht auf Antrag eine neue Anordnung erlassen, wenn der Unterhaltsanspruch seiner Auffassung nach eben doch glaubhaft gemacht ist[596]).

422 Wie unter Rz. 412 schon ausgeführt, haben das KindRG und KindUG die Regelung in §§ 641 d ff. ZPO der in §§ 620 ff. ZPO angeglichen und hierbei § 641 e II u. III ZPO a. F. aufgehoben. Daher kann der beklagte Mann sich gegen eine e. A. auch nur noch in gleicher Weise wehren, wie gegen eine e. A. nach § 620 Nr. 4 ZPO, sprich durch negative Feststellungsklage[597]), s. hierzu Rz. 378.

423 Die **verschuldensunabhängige Schadensersatzpflicht in § 641 g ZPO** hat der Gesetzgeber hingegen nicht fallen lassen, obschon §§ 620 ff. ZPO eine solche nicht vorsehen. Wird gegen den beklagten Mann eine e. A. vollzogen oder hat er zur Abwendung der Vollziehung Unterhalt gezahlt oder Sicherheit geleistet[598]), erwächst ihm nach dieser Vorschrift ein Schadensersatzanspruch, wenn die Vaterschaftsfeststellungsklage zurückgenommen oder rechtskräftig ab-

---

[594]) *Gießler*, Rz. 286; *Odersky*, § 641 f Anm. 4; *Zöller/Philippi*, § 641 f Rz. 1.

[595]) *Büdenbender*, S. 129.

[596]) *Gießler*, Rz. 287; *Göppinger/Wax/Maurer*, Rz. 2337; MK(ZPO)/*Coester-Waltjen*, § 641 f Rz. 2; *Stein/Jonas/Schlosser*, §§ 641 e/f Rz. 2; *Zöller/Philippi*, § 641 f Rz. 1.

[597]) *Göppinger/Wax/Maurer*, Rz. 2337.

[598]) Insoweit wird § 641 g in Anlehnung an §§ 945 u. 717 II S. 1 ZPO extensiv ausgelegt. S. *Gießler*, Rz. 288 u. *Baumbach/Lauterbach/Albers*, Rz. 1, *Musielak/Borth*, Rz. 1 u. *Zöller/Philippi*, Rz. 1 - je zu § 641 g.

gewiesen wird⁵⁹⁹). Die durch § 1607 III S. 2 BGB eröffnete Rückgriffsmöglichkeit mindert den Schaden nicht⁶⁰⁰); das Kind haftet nach § 641 g ZPO auch nicht subsidiär. Leistet das Kind Schadensersatz, muß der vermeintliche Vater den auf ihn übergegangenen Anspruch gegen den wirklichen Vater zurückzedieren, § 255 BGB⁶⁰¹).

Wird der Unterhalt des Kindes durch rechtskräftigen Unterhaltstitel **höher festgesetzt als in der e. A.**, kann das Kind den ihm zustehenden Mehrbetrag nachfordern, s. § 1613 II Nr. 2 BGB⁶⁰²). Wird der Unterhalt **niedriger festgesetzt** als in der e. A., kann zuviel bezahlter Unterhalt nur im Wege ungerechtfertigter Bereicherung zurückverlangt werden⁶⁰³)⁶⁰⁴). § 641 g ZPO greift dann nicht⁶⁰⁵). **424**

Zu **Kosten** und **Streitwert** s. Rz. 388.

c) Konkurrenzfragen

Wie unter Rz. 401 ausgeführt, wird für das Kind vorläufiger Rechtsschutz vor wirksamer Anerkennung oder Feststellung der Vaterschaft nur über die Ausnahmevorschriften in § 1615 o BGB und §§ 641 d ff. ZPO gewährleistet. Durch KindRG ist dieser Rechtsschutz nochmals erweitert worden, in dem u. a. § 641 d ZPO der insoweit weitergehenden Regelung des § 620 a I S. 2 ZPO (Antrag auf PKH genügt!) angepaßt worden ist. Über die detaillierte Regelung, Ausnahmeregelung, hinaus ist vorläufiger Rechtsschutz für das Kind nicht gegeben. Folglich ist insoweit eine Konkurrenz **mit Arrest** und der **generellen e. V.** ausgeschlossen⁶⁰⁶). **425**

---

⁵⁹⁹) Zu analogen Anwendungsfällen der Vorschrift s. MK(ZPO)/*Coester-Waltjen*, Rz. 2 u. *Zöller/Philippi*, Rz. 2 - beide zu § 641 g.

⁶⁰⁰) *Gießler*, Rz. 288; *Göppinger/Wax/Maurer*, Rz. 2338; *Musielak/Borth*, Rz. 1 u. *Zöller/Philippi*, Rz. 1 - beide zu § 641 g.
S. jedoch *Stein/Jonas/Schlosser*, § 641 g Rz. 3.

⁶⁰¹) S. Fn. 600.

⁶⁰²) *Göppinger/Wax/Maurer*, Rz. 2339.

⁶⁰³) S. Fn. 602.

⁶⁰⁴) Zur Verrechnung mit dem laufenden Unterhalt s. OLG Hamm u. OLG Naumburg, FamRZ 1999, 436 u. 437 m. Anm. *Ludwig*, FamRZ 1999, 1659.

⁶⁰⁵) *Göppinger/Wax/Maurer*, Rz. 2339; MK(ZPO)/*Coester-Waltjen*, § 641 g Rz. 3.

⁶⁰⁶) *Gießler*, Rz. 273.
A. A., aber nur ausnahmsweise: *Büdenbender*, S. 138; *Baumbach/Lauterbach/*

426 Eine Konkurrenz mit der Ehesachen-e. A. scheidet ohnehin aus, weil es dort nur um gemeinschaftliche Kinder geht, die in oder vor der Ehe geboren sind[607].

427 Das **Konkurrenzverhältnis** zwischen **§ 1615 o BGB** und **§ 641 d ZPO** ist dahin zu lösen: Sobald § 641 d ZPO greift, wird die e. V. nach § 1615 o BGB verdrängt[608]. Die Regelung in §§ 641 d ff. ZPO ist gegenüber der in § 1615 o BGB vorrangig[609]. Folglich ist ein noch nicht entschiedenes Verfahren nach § 1615 o BGB in ein solches nach § 641 d ZPO überzuleiten[610]. Ist für die ersten drei Monate nach Geburt des Kindes eine e. V. ergangen, ist für diesen Zeitraum keine e. A. nach § 641 d ZPO mehr zulässig. Ist eine e. V. nach § 1615 o BGB versagt worden, kann eine e. A. nach § 641 d ZPO nur ergehen, wenn neue Tatsachen vorgetragen oder die bisherigen neu glaubhaft gemacht werden[611].

Albers, § 641 d Rz. 1 u. *Stein/Jonas/Grunsky,* vor § 935 I 3. Vom Gesetzgeber gewollt ist ein "lückenloser" Rechtsschutz für nichteheliche Kinder, s. *Büdenbender,* S. 66 u. 134.

[607] *Gießler,* Rz. 273.

[608] *Bernreuther,* FamRZ 1999, 69 (73); *Dose,* Rz. 132 f.; MK(ZPO)/*Coester-Waltjen,* Rz. 2, *Stein/Jonas/Schlosser,* Rz. 5, *Zöller/Philippi,* Rz. 3 - je zu § 641 d. A. A. *Büdenbender,* S. 135; *Baumbach/Lauterbach/Albers,* § 641 d Rz. 1; *Thomas/Putzo,* § 641 d Rz. 4 (Wahlrecht).

[609] S. Fn. 608.

[610] *Gießler,* Rz. 273 u. 665.

[611] *Büdenbender,* S. 135 f.; MK(ZPO)/*Coester-Waltjen,* § 641 d Rz. 6.

H. Prozeßkostenvorschuß für das Kind

1. Einleitung

Der vorläufige Rechtsschutz zur Zahlung eines PKV ist verwirrender Weise[012] an mehreren Stellen in der ZPO geregelt. Trotz eines eigentlich dicht gewebten Netzes in §§ 127 a, 620 Nr. 9 u. 621 f ZPO bleiben aber Fälle, die nicht geregelt sind und deshalb nur durch eine generelle Leistungsverfügung zu lösen sind - s. Rz. 443. Unter diesen Umständen ist es geboten, zunächst eine Übersicht zu geben.

428

e. A. im Rahmen einer Ehesache - § 620 Nr. 9 ZPO

- für eine Folgesache zugunsten des Kindes im Scheidungsverbund
- für eine e. A. für das Kind

e. A. bei isolierten Familiensachen

- bei isolierten Unterhaltssachen - § 127 a ZPO
- in sonstigen isolierten Familiensachen - § 621 f ZPO

e. A. im Rahmen einer Vaterschaftsfeststellungsklage - § 641 d ZPO

Da der Prozeßkostenvorschuß hier weder im Rahmen eines Scheidungsverbunds, noch einer isolierten Familiensache geltendgemacht werden kann, ist hier § 641 d ZPO anzuwenden

- für das Hauptverfahren selbst wie
- für den Erlaß einer e. A.

generelle einstweilige Leistungsverfügung - §§ 935, 940 ZPO

wenn die vorhergehenden Regelungen nicht greifen.

---

[012] In der Praxis gibt es immer wieder Verwechslungen - s. hierzu OLG Karlsruhe, FamRZ 2000, 106.

So wie die vorgestellten Regelungen über die ZPO verstreut sind, ist auch die Kommentierung verstreut und nicht an einer Stelle nachzulesen[613]) - in der Regel am eingehendsten bei Kommentierung von § 127 a oder § 621 f ZPO.

Zum Prozeßkostenvorschuß bei ausländischen Staatsangehörigen s. Henrich, FamRZ-Buch 10, Rz. 119 ff.

2. Die einstweilige Anordnung nach §§ 620 Nr. 9, 621 f, 127 a ZPO

429   a) **Inhalt und Umfang.** Die Anordnung ist grundsätzlich auf alle Kosten ausgerichtet, die in der jeweiligen Instanz voraussichtlich notwendig und fällig sind[614]). Dabei entsprechen die Anwaltskosten dem Vorschuß, den die Partei ihrem Anwalt nach § 17 BRAGO schuldet - in erster Instanz zwei oder drei Anwaltsgebühren, Auslagenpauschale und Mehrwertsteuer sowie die **Kosten für das Anordnungsverfahren selbst**[615]). Kann der Vorschußpflichtige den Vorschuß nicht auf einmal zahlen, kann ihm aufgegeben werden, den **Vorschuß in Raten** zu zahlen[616]). Dem Vorschußgläubiger ist gegebenenfalls, nämlich wenn sein Anwalt sich mit den an ihn weiterzuleitenden Raten nicht zufrieden gibt, für das Hauptverfahren PKH zu gewähren und zugleich aufzugeben, die Vorschußraten an die Staatskasse weiterzuleiten[617]) *oder* dem Vorschußpflichtigen aufzugeben, die Raten direkt an die Staatskasse zu zahlen[618]). Schließlich kann **auch nur teilwei-**

---

[613]) Zusammenfassende, eingehende Darstellung bei *Gießler*, Rz. 719 ff. Zusammenfassende Darstellung auch bei *Göppinger/Wax/Vogel*, Rz. 2629 ff. u. *Heiß/Born* 25 Rz. 168 ff. u. 247 ff.

[614]) *Gießler*, Rz. 754; MK(ZPO)/*Klauser*, § 620 Rz. 92; *Zöller/Philippi*, § 621 f Rz. 12.

[615]) OLG Frankfurt, FamRZ 1979, 732; *Gießler*, Rz. 755; MK(ZPO)/*Klauser*, § 621 f Rz. 7; *Zöller/Philippi*, § 620 f Rz. 12.

[616]) OLG Nürnberg, FamRZ 1996, 875; OLG Koblenz, FamRZ 1991, 346; KG, FamRZ 1990, 183; OLG Frankfurt, FamRZ 1985, 826; OLG Köln, FamRZ 1985, 1300; *Gießler*, Rz. 754 u. 724; *Baumbach/Lauterbach/Hartmann*, § 127 a Rz. 28; *Johannsen/Thalmann*, § 115 ZPO Rz. 67; MK(ZPO)/*Klauser*, § 621 f Rz. 7.
A. A. OLG Düsseldorf, FamRZ 1995, 680 (LS); OLG Karlsruhe, FamRZ 1992, 77; OLG Hamm, FamRZ 1986, 1013; *Dose*, Rz. 114.

[617]) So *Gießler*, Rz. 754.

[618]) So OLG Köln, FamRZ 1988, 1300 - m. E. die bessere Lösung.

se PKV gewährt werden - sei es, weil der Vorschußberechtigte einen Teil der Kosten selber tragen kann, sei es, weil der Vorschußpflichtige nur einen Teil der Prozeßkosten zahlen kann.

b) **Zuständigkeit.** Bei allen Anordnungen, also nach § 127 a, § 620 Nr. 9 wie § 621 f ZPO, regelt die Zuständigkeit **§ 620 a IV ZPO**, auf dessen Kommentierung unter Rz. 113 f. zunächst verwiesen sei. Nach § 620 a IV S. 3 ZPO, der die Leistung eines PKV speziell regelt, ist das Gericht der zweiten Instanz zuständig, wenn Kostenvorschuß für eine Ehesache oder Folgesache im Berufungs- oder Revisionsrechtszug begehrt wird - aber nur für Folgesachen, die in die Rechtsmittelinstanz gelangen sollen[619]). 430

c) **Verfahrensvoraussetzungen.** Verfahrensvoraussetzung für ein unselbständiges Mittel des vorläufigen Rechtsschutzes ist stets ein anhängiges Hauptverfahren[620]), wobei nach § 620 a II S. 1 ZPO schon ein eingereichter Antrag auf PKH ausreicht. Wie § 620 Nr. 9 ZPO klarstellt, kann bei Ehesachen der Vorschuß nur geregelt werden für die Ehesachen, die anhängig gemachten oder (nach Absicht zumindest eines Ehegatten) noch anhängig zu machenden Folgesachen sowie - als Teil der Ehesache - für alle Anordnungsverfahren nach § 620 ZPO[621]). Auch nach § 127 a ZPO kann der Vorschuß nur begrenzt, nämlich "für den Rechtsstreit unter den Parteien" geregelt werden[622]). § 127 a ZPO erfaßt indes alle Formen von Unterhaltssachen, z. B. auch Abänderungsklagen, Vollstreckungsabwehrklagen oder Klagen auf Rückforderung zuviel gezahlten Unterhalts[623]). Auch Nebenansprüche, z. B. auf Auskunft, werden miterfaßt. Auch § 621 f ZPO erfaßt trotz des hier nicht eingrenzenden Wortlauts nur Verfahren unter den Parteien[624]), für die das Familiengericht nach dem KindRG in sehr weitem Rahmen zuständig ist. 431

---

[619]) OLG Köln, FamRZ 1990, 768; *Gießler*, Rz. 749.
[620]) Eingehend *Gießler*, Rz. 738 f.
[621]) *Gießler*, Rz. 740.
[622]) *Gießler*, Rz. 743; *Baumbach/Lauterbach/Hartmann*, § 127 a Rz. 28 f.; MK(ZPO)/*Wax*, § 127 a Rz. 10; *Musielak/Borth*, § 127 a Rz. 5.
[623]) *Gießler*, Rz. 743; *Baumbach/Lauterbach/Hartmann*, Rz. 5, *Johannsen/Sedemund-Treiber*, Rz. 2, MK(ZPO)/*Wax*, Rz. 6 f., *Musielak/Borth*, Rz. 2 - 4 - je zu § 127 a.
[624]) MK(ZPO)/*Klauser*, § 621 f Rz. 6.

Regelungsbedürfnis ist zu bejahen, wenn der Antragsteller den Vorschuß benötigt und der Verpflichtete vergeblich aufgefordert worden ist, die Verfahrenskosten zu zahlen[625]).

432 d) **Antrag.** Der Antrag muß im Sinne von § 253 II S. 2 ZPO **bestimmt** sein. Außer der Höhe des Vorschusses muß angegeben werden, für welches Verfahren Vorschuß begehrt wird. Zeitlich gesehen, will der Antrag gestellt sein, **bevor die Instanz beendigt ist** (vgl. Rz. 123). Wohl aber kann eine Anordnung auf PKV nach Beendigung der Instanz noch vollzogen werden[626]). Sind die Prozeßkosten schon verauslagt worden, kommt ein Vorschuß nicht mehr in Betracht[627]).

433 Durch den vorläufigen Rechtsschutz zum PKV soll dem, der aus eigener Kraft nicht prozessieren kann, ermöglicht werden, seine Rechte relativ schnell durchzusetzen. Demselben Ziel dient auch die PKH. Während der Anspruch auf PKV sich gegen private Dritte richtet, wird durch die sozialstaatliche PKH die öffentliche Hand belastet. Sie wird jedoch entlastet, wenn dem wirtschaftlich Schwachen schon im Wege des PKV geholfen werden kann[628]). Der somit gebotene Vorrang des PKV vor der PKH wird einmal erreicht, indem im PKH- Verfahren geprüft wird, ob ein Antragsteller mit dem PKV-Vorschuß Vermögen im Sinne von § 115 ZPO besitzt. Der Vorrang wird weiterhin sichergestellt, indem neben einem vorgreiflichen PKV-Verfahren ein unbedingtes PKH-Verfahren als unstatthaft angesehen wird. Neben einem PKV-Verfahren ist somit nur ein **hilfsweises PKH-Verfahren** statthaft[629]).

Empfehlung für den Anwalt: Ist der Erfolg des Antrags auf e. A. auf PKV zweifelhaft, sollte **hilfsweise** PKH beantragt werden, für den Fall, daß der Antrag auf e. A. ganz oder teilweise abgewiesen wird.

---

[625]) *Gießler,* Rz. 750; MK(ZPO)/*Wax,* § 127 a Rz. 17; *Musielak/Borth,* § 127 a Rz. 13.
[626]) BGH, FamRZ 1985, 802 u. 902.
[627]) *Gießler,* Rz. 747; *Musielak/Borth,* § 127 a Rz. 14.
[628]) Sehr klar *Musielak/Borth,* § 127 a Rz. 1.
[629]) H. M. und weitgehende Praxis. Vgl. z. B. OLG Frankfurt, FamRZ 1985, 826; *Gießler,* Rz. 739; *Musielak/Borth,* § 127 a Rz. 12.
Nach MK(ZPO)/*Wax,* § 127 a Rz. 5 u. *Zöller/Philippi,* § 127 a Rz. 7 ist von Amts wegen, also ohne entsprechende Bitte, so zu verfahren. Die Bitte sollte dennoch zumindest vorsorglich ausgesprochen werden.

Die hier vertretene Auffassung ist allerdings nicht unbestritten. Nach einer Ansicht kann, um ein PKH-Verfahren überflüssig zu machen, der Antrag schon früher gestellt werden[630]). Teils wird als möglich angesehen, vor Einleitung des Hauptverfahrens einen PKV durch e. V. geltendzumachen; es sei dem Vorschußgläubiger nicht zuzumuten, zur Regelung der Kostenfrage ein Hauptverfahren anhängig zu machen[631]).

Dem Vorschußgläubiger ist jedoch sehr wohl zumutbar, das Hauptverfahren lediglich **anhängig** zu machen und zugleich e. A. auf PKV zu beantragen - mit der Bitte, vorab über die e. A. zu befinden[632]). Bei solcher Antragstellung drohen ihm keine Kostennachteile. Zudem ist dieser Weg schneller und einfacher als der Weg über die e. V.[633]).

Geht der Unterhaltsanspruch des Kindes im Wege der **Rechtsnachfolge,** z. B. nach § 91 BSHG, auf einen Dritten über, wandert der Vorschußanspruch nicht mit. Folglich sind die Rechtsnachfolger auch nicht berechtigt, einen PKV durch e. A. geltendzumachen[634]). - Macht ein **Elternteil** als **Prozeßstandschafter** nach § 1629 III BGB Unterhalt des Kindes gegen den anderen Elternteil geltend, kann er den Vorschußanspruch des Kindes durch e. A. geltendmachen[635]). Dabei ist - wie bei Bewilligung der PKH - richtiger Weise auf die wirtschaftlichen Verhältnisse des Kindes abzustellen[636]).

434

e) **Glaubhaftmachung** - s. Rz. 70 ff. u. 356.

435

In materiell-rechtlicher Hinsicht sind insbesondere glaubhaft zu machen:

---

[630]) *Johannsen/Sedemund-Treiber,* § 127 a Rz. 4/5. Auch eine Analogie zu § 620 a IV ZPO kann diese Auffassung nicht rechtfertigen, s. *Gießler,* Rz. 739.

[631]) OLG Karlsruhe, FamRZ 2000, 106 u. FamRZ 1981, 982; OLG Düsseldorf, FamRZ 1978, 526; Compensis, S. 96 ff.; *Knops,* NJW 1993, 1237; *Baumbach/Lauterbach/Albers,* § 620 a Rz. 5.

[632]) *Gießler,* Rz. 768; MK(ZPO)/*Klauser,* § 621 f Rz. 16; *Musielak/Borth,* § 127 a Rz. 12.

[633]) S. Fn. 632.

[634]) MK(ZPO)/ *Wax,* § 127 a Rz. 11; *Musielak/Borth,* § 127 a Rz. 5; *Zöller/Philippi,* § 127 a Rz. 6.

[635]) *Gießler,* Rz. 728; MK(ZPO)/ *Wax,* § 127 a Rz. 12.

[636]) OLG Dresden, FamRZ 1997, 1287; OLG Frankfurt, FamRZ 1994, 1041; OLG Bamberg, FamRZ 1994, 635; KG, FamRZ 1994, 635; *Gießler,* Rz. 728; *Zimmermann,* FamRZ-Buch 4, Rz. 23 ff.; MK(ZPO)/ *Wax,* § 114 Rz. 35.
A. A. OLG Köln, FamRZ 1993, 1472. Teils auch *Zöller/Philippi,* § 114 Rz. 8.

Besonderer Teil

- Der Antragsteller kann die Verfahrenskosten nicht selbst aufbringen
- er muß die Kosten aufbringen, um das für ihn notwendige und noch nicht abgeschlossene Verfahren aktiv oder passiv durchzustehen
- das Verfahren betrifft eine persönliche Angelegenheit des Kindes
- der beanspruchte Elternteil kann die Verfahrenskosten aufbringen.

436 f) **Gang des Verfahrens.** S. schon Rz. 140 ff. u. 357 ff.

Gerade bei Gewährung eines PKV kann und sollte **in aller Regel** sofort nach Gewährung rechtlichen Gehörs **ohne mündliche Verhandlung** und somit zügigst entschieden werden[637]. Denn das Verfahren dient der Rechtsweggarantie des Art. 19 IV GG und unterliegt vor allem deshalb "in besonderem Maße" dem Beschleunigungsgebot[638]. - Zum **Anwaltszwang** im Rahmen einer Ehesache s. Rz. 131. Im Rahmen von § 127 a ZPO besteht in erster Instanz für Haupt- und Nebenverfahren kein Anwaltszwang, wohl aber im zweiten und dritten Rechtszug - ausgenommen die verfahrensleitenden Anträge, die ohne Anwalt zu Protokoll der Geschäftsstelle erklärt werden können, § 127 a II i. V. m. §§ 620 a II S. 2, 78 III ZPO.

437 g) **Entscheidung.** S. schon Rz. 156 ff. wie auch Rz. 361 ff. u. 429.

438 h) **Rechtsbehelfe.** S. schon Rz. 174 ff. u. 370 ff.

439 i) **Vollziehung.** S. schon Rz. 379 ff. u. 432.

Ist der PKV durch e. A. tituliert, ist die Vollziehung auch dann zulässig, wenn der Prozeß schon beendet und der Vorschußgläubiger in der Kostenentscheidung unterlegen ist[639]. Etwas anderes gilt nur, wenn aufgrund einer Rückzahlungsverpflichtung[640] der Arglisteinwand der Vollziehung entgegensteht; insoweit kann der Verpflichte-

---

[637] MK(ZPO)/*Wax*, § 127 a Rz. 16; *Musielak/Borth*, § 127 a Rz. 1.
[638] *Musielak/Borth*, § 127 a Rz. 1.
[639] BGH, FamRZ 1985, 802 m. w. N; *Dose*, Rz. 120.
[640] Eingehend hierzu *Göppinger/Wax/Vogel*, Rz. 2621 ff. u. *Zöller/Philippi*, § 621 f Rz. 13.

te sich mit der Vollstreckungsabwehrklage wehren[641]). Eine Aufrechnung mit einem Kostenerstattungsanspruch ist ebenfalls unzulässig; das folgt jedenfalls aus § 394 BGB i. V. m. § 851 ZPO, § 399 BGB[642]).

k) **Außerkrafttreten.** S. schon Rz. 54 ff. u. 383 ff.

440

Die prozessuale Kostentragungspflicht läßt den Anspruch auf PKV materiell-rechtlich unberührt. Folglich ist die **Kostenentscheidung in der Hauptsache keine anderweitige Regelung im Sinne von § 620 f ZPO**[643])[644]). Eine anderweitige Regelung im Sinne dieser Vorschrift ist nur gegeben, wenn im Rahmen eines Hauptverfahrens über den PKV entschieden worden ist oder die Parteien hierüber in vollstreckbarer Weise eine Vereinbarung getroffen haben[645]). Ein Hauptverfahren über den PKV kann der Schuldner durch negative Feststellungsklage gegen die e. A.[646])[647]) oder als Klage auf Rückforderung des Vorschusses[648]) betreiben. Der Gläubiger ist hierzu in der Lage, wenn sein e. A.-Antrag auf PKV nur teilweise erfolgreich war und wenn er ob einer angekündigten negativen Feststellungsklage oder Rückforderungsklage den vollen PKV einklagt[649]). - Da die e. A. bei Erledigung der Hauptsache in der Regel **nicht rückwirkend** außer Kraft tritt und der Vorschuß vom Verfahrensausgang in der Hauptsache grundsätzlich unabhängig ist, kann wegen der Kosten, die bis zum Außerkrafttreten bereits entstanden sind, weiterhin vollstreckt werden[650]). - Zur Berücksichtigung des PKV im Rahmen der Kostenfestsetzung s. Zöller/Philippi, § 621 f Rz. 13 f.

---

[641]) BGH, FamRZ 1985, 802. Mit anderer Begründung (§ 850 b I S. 2 ZPO!) OLG Karlsruhe, FamRZ 1984, 1090; *Gießler*, Rz. 761.
S. auch BGH, FamRZ 1985, 908 unter III 1.
[642]) S. Fn. 641.
[643]) BGH, FamRZ 1985, 802 u. FamRZ 1971, 360; *Gießler*, Rz. 757.
[644]) Ebenso bei Kostenregelung in vollstreckbarer Urkunde, s. MK(ZPO)/*Wax*, § 127 a Rz. 18 u. *Musielak/Borth*, § 127 a Rz. 19.
[645]) Vgl. z. B. *Gießler*, Rz. 757 ff. u. MK(ZPO)/*Klauser*, § 621 f Rz. 13 f.
[646]) *Gießler*, Rz. 758.
[647]) Auf Antrag sodann vorläufige Einstellung nach §§ 707, 719 ZPO. S. Rz. 378.
[648]) S. Fn. 646.
[649]) S. Fn. 646.
[650]) *Gießler*, Rz. 760; MK(ZPO)/*Wax*, § 127 a Rz. 18 u. ebendort *Klauser*, § 620 f Rz. 10 u. § 621 f Rz. 13.

441

l) **Kosten und Streitwert**[651]). Zu den Kosten vgl. Rz. 227 ff. u. 387 f. Nach KV 1700, 1701, 1702 erhält das **Gericht** für eine Entscheidung über ein Anordnungsverfahren eine **halbe Gebühr**.

Nach § 20 I GKG, § 3 ZPO ist der **Streitwert** entsprechend den Interessen des Antragstellers festzusetzen. Da solche Anordnungen eine Hauptsache meistens entbehrlich machen, ist er in der Regel **in Höhe des verlangten Betrages** festzusetzen[652]).

3. Die einstweilige Anordnung - § 641 d ZPO[653])

442

Während § 621 f u. § 127 a ZPO auf §§ 620 a - g ZPO verweisen, enthalten §§ 641 d ff. ZPO eine eigenständige Regelung (Rz. 412). Wie unter Rz. 419 schon ausgeführt, kann mit e. A. **nach § 641 d ZPO auch ein PKV** gewährt werden. Wie der dritte Zivilsenat des OLG Düsseldorf in FamRZ 1995, 1426 ausführt, sind im wesentlichen vier Fragen zu prüfen:

a) Ist das klagende Kind auf PKV angewiesen?

b) Ist die Vaterschaft des Beklagten und damit ein Unterhaltsanspruch hinreichend glaubhaft gemacht?

c) Kann der Beklagte einen PKV zahlen?

d) Entspricht es unter Berücksichtigung aller Umstände der Billigkeit, einen PKV zu gewähren?

Hinsichtlich der **Kosten** s. KV 1703 sowie Rz. 441.

4. Die einstweilige Verfügung

443

Wie unter Rz. 392 f. zur e. V. auf Unterhalt ausgeführt, wird die generelle e. V. verdrängt, soweit der vorläufige Rechtsschutz speziell geregelt ist - bei vorläufigem Rechtsschutz auf Zahlung eines PKV in §§ 127 a, 620 Nr. 9, 621 f, 641 d ZPO. Wie beim vorläufigen Rechts-

---

[651]) Eingehend *Zöller/Philippi*, § 621 f Rz. 15.
[652]) OLG Schleswig, SchlHA 1978, 22; *Schneider/Herget*, Rz. 3620.
[653]) *Gießler*, Rz. 742; *Baumbach/Lauterbach/Albers*, § 641 d Rz. 1/2; *Zöller/Philippi*, § 641 d Rz. 12 b.

schutz auf Unterhalt bleiben auch beim PKV einige Fälle, die nicht geregelt sind, also nicht in den Anwendungsbereich der genannten Vorschriften fallen. Das gilt unstrittig für Vorschüsse **in nicht familienrechtlichen Streitigkeiten** - z. B. Vorschüsse für ein Strafverfahren des Kindes oder ein Verfahren des Kindes vor dem Verwaltungsgericht (sog. Drittverfahren)[654]. Dagegen kann nach hier vertretener Auffassung (Rz. 433) PKV nicht durch e. V. erlangt werden, um so kein Hauptverfahren anhängig machen zu müssen. Vielmehr ist dem Minderjährigen zuzumuten, ein Hauptverfahren anhängig zu machen und zugleich eine e. A. auf PKV zu beantragen - mit der Bitte, über die e. A. vorweg zu entscheiden. - Kommt ausnahmsweise (bei wohlhabenden Eltern!) PKH unzweifelhaft nicht in Betracht, dürfte vor Einleitung des Hauptverfahrens eine e. V. zulässig sein, da hier ein hilfsweiser Antrag auf Prozeßkostenhilfe ausscheidet und der Vorrang des PKV vor der PKH nicht zu gewährleisten ist[655]. Eine e. V. ist ausnahmsweise auch dann zulässig, soweit eine e. A. nicht ergehen durfte, z. B. wenn die Ehesache offensichtlich aussichtslos und somit eine Konkurrenzsituation nicht gegeben ist[656].

Ein dringender Fall, in dem nach § 937 II ZPO eine e. V. **ausnahmsweise ohne mündliche Verhandlung** erlassen werden kann, ist z. B. gegeben, wenn in einem Kündigungsschutzprozeß eine Frist zu wahren ist oder das Drittverfahren selbst ein Eilverfahren ist[657].

444

5. Konkurrenzen

§ 127 a ZPO muß gegenüber § 620 Nr. 9 ZPO zurücktreten, wenn im Scheidungsprozeß der kindliche Unterhaltsanspruch als Folgesache eingeklagt wird[658]. Wird der Unterhalt des Kindes jedoch außerhalb des Scheidungsverfahrens isoliert geltend gemacht, wird § 127 a ZPO nicht verdrängt[659].

445

---

[654] *Gießler*, Rz. 762.
[655] OLG Karlsruhe, FamRZ 2000, 106 m. eingehenden Nachw. A. A. z. B. MK(ZPO)/*Klauser*, § 621 f Rz. 16.
[656] A. A. *Zöller/Philippi*, § 620 Rz. 30.
[657] *Gießler*, Rz. 769.
[658] *Johannsen/Sedemund-Treiber*, Rz. 4, MK(ZPO)/*Wax*, Rz. 2, *Zöller/Philippi*, Rz. 2 - je zu § 127 a.
[659] S. Fn. 658.

Nach denselben Grundsätzen ist auch das Verhältnis von **§ 621 f ZPO gegenüber § 620 Nr. 9 ZPO** zu beurteilen.

446 Da § 641 d ZPO mit dem Unterhaltsvorschuß den PKV miterfaßt, ist die **abschließende Sonderregelung in § 641 d ZPO gegenüber § 127 a ZPO** auch insoweit vorrangig[660]).

447 Zum **Verhältnis** der Regelungen in §§ 127 a, 620 Nr. 9, 621 f ZPO **zur generellen e. V.** s. schon Rz. 433 u. 443.

448 Zum **Verhältnis** aller vorläufigen Regelungen zum PKV **zu einem Hauptverfahren** hinsichtlich des PKV s. Rz. 440.

---

[660]) *Baumbach/Lauterbach/Hartmann*, § 127 a Rz. 1 u. 5. A. A. MK(ZPO)/*Wax*, § 127 a Rz. 2.

I. Ehewohnung und Kind

1. Bedeutung des Wohnungszuweisungsverfahrens für das Kind

Bei allen Formen des Zuweisungsverfahrens taucht die Frage auf, ob minderjährige Kinder an dem Verfahren zu beteiligen sind. Die HausratsV enthält hierfür in § 7 eine Regelung: Außer den Ehegatten sind **Verfahrensbeteiligte** Personen, "mit denen die Ehegatten oder einer von ihnen hinsichtlich der Wohnung in Rechtsgemeinschaft stehen". Dazu gehören nach ganz h. M. jedoch **nicht minderjährige Kinder**[661] - es sei denn, sie haben ausnahmsweise an der Wohnung schuld- oder sachenrechtliche Ansprüche.

449

Eine andere Frage ist, ob die minderjährigen **Kinder** - auch wenn sie keine Verfahrensbeteiligten sind - schon im Verfahren über die vorläufige Wohnungszuweisung **anzuhören** sind. Diese Frage ist mit Thalmann[662] zu bejahen, weil die Zuweisungen der Ehewohnung im Rahmen des summarischen Verfahrens "bereits in einem frühen Stadium der Ehekrise für das zukünftige Leben der auseinandertreibenden Familie eine entscheidende Weichenstellung bedeuten". Wie hierbei zu beachten ist, geht es bei dieser Weichenstellung häufig auch darum, ob die Kinder in ihrem bisherigen Milieu, ihrer Kindertagesstätte, ihrer Schule, bei ihren Freunden, verbleiben können. Auch nach § 2 S. 2 HausratsV ist das Wohl der Kinder "insbesondere" zu berücksichtigen.

450

Aus denselben Gründen ist auch das zuständige **Jugendamt** - wenn es auch **nicht Verfahrensbeteiligter** ist - möglichst früh, also schon im Rahmen des summarischen Verfahrens, in aller Regel **doch**

451

---

[661] A. A. nur *Schwab/Maurer*, Teil I Rz. 97, für Kinder ab dem 14. Lebensjahr.
Im Sinne der h. M. BayOLG, FamRZ 1977, 467 (468), *Johannsen/Brudermüller*, § 7 HausrV Rz. 1.
[662] *Thalmann*, FamRZ 1984, 14 (16).

einzuschalten und **anzuhören**[663]. Nach § 50 I S. 1 SGB VIII muß das Jugendamt das Gericht "unterstützen", weil - wie oben ausgeführt - auch die nur vorläufige Wohnungszuweisung eine Maßnahme ist, welche die Sorge für minderjährige Kinder nachhaltig betrifft.

2. Übersicht über die anstehenden Verfahren

452 Da Entscheidungen zur Ehewohnung und Elternwohnung das Kindeswohl oft in elementarer, ja geradezu schicksalhafter Weise betreffen[664] ist es angezeigt, die dichte und nicht ganz einfache Formenvielfalt des summarischen Rechtsschutzes in zwei Übersichten verständlich zu machen.

Grafik 8: **Regelung von Besitz und Nutzung der Ehewohnung**

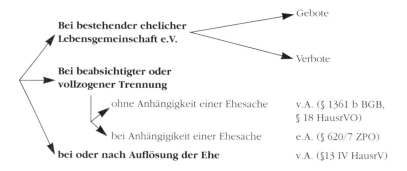

---

[663] *Thalmann,* FamRZ 1984, 14 (16).
   Thalmann zufolge ist das Jugendamt entgegen ganz h. M. Verfahrensbeteiligter.
[664] So *Thalmann,* FamRZ 1984, 14 (16).

Grafik 9: **Schutz vor Verfügungen eines Ehegatten über die Ehewohnung**

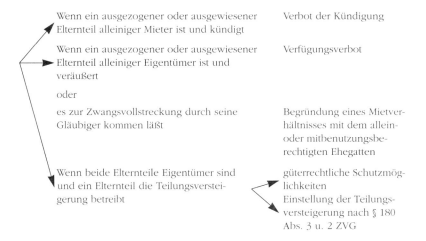

3. Die Berücksichtigung des Kindeswohls

Bei der Entscheidung über eine v. A. aber auch eine e. A. auf **453**
Wohnungszuweisung[665]) ist entscheidendes Kriterium für eine **schwere Härte i. S. v. § 1361 b BGB,** wieweit hierdurch **Interessen des Kindes** betroffen sind. § 1361 b BGB nimmt auf den das Kindesinteresse ausdrücklich erwähnenden § 2 S. 2 HausratsV zwar nicht ausdrücklich Bezug[666]), ist aber dennoch im Sinne dieser Vorschrift der HausratsV auszulegen[667]). - Die materielle Eingriffsschwelle für eine Wohnungszuweisung wird in der Rspr. häufig sehr hoch angesetzt, weil die Chance zur Versöhnung der Ehegatten/Eltern und die Aufrechterhaltung ihrer Ehe durch eine Wohnungszuweisung möglichst nicht vertan werden soll[668]). Die Höhe der Eingriffsschwelle wird jedoch herabgesetzt, wenn die Eltern schon längere Zeit getrennt leben

---

[665]) Die Eingriffsschwelle für eine v. A. nach § 13 IV HausrV ist richtiger Auffassung nach nicht höher als die einer e. A. nach § 620 Nr. 7 ZPO, s. *Brudermüller,* FamRZ 1999, 129 (201 f.).

[666]) § 18 a HausrV verweist nur auf die verfahrensrechtlichen Vorschriften.

[667]) *Coester,* FamRZ 1993, 249 (253); *Johannsen/Brudermüller,* § 1361 b BGB Rz. 13.

[668]) Vgl. z. B. OLG Frankfurt, FamRZ 1996, 289; OLG Schleswig, FamRZ 1991, 82 u. 1301; OLG Düsseldorf, FamRZ 1988, 1058.

und mit einer Wiederaufnahme der ehelichen Lebensgemeinschaft nicht mehr zu rechnen ist[669]). In der Regel - eine Art **Faustregel** - wird die Ehewohnung dem Elternteil übertragen werden, dem die elterliche Sorge übertragen wurde oder voraussichtlich übertragen werden wird[670]). Das macht den Zusammenhang zwischen Sorgerechtsregelung und Wohnungszuweisung erneut deutlich[671]). Alles in allem ist bei den Gerichten, wie auch empirische Untersuchungen gezeigt haben, eine "erhebliche Spannbreite der Interpretation[672])" festzustellen. Allzu gern stellen die Gerichte auf den Einzelfall ab. Unter diesen Umständen ist dem Anwalt dringend zu raten[673]):

Empfehlung für den Anwalt: Die Wohnungszuweisung im Rahmen eines summarischen Verfahrens ist sehr sorgfältig, vor allem sehr konkret, zu begründen und glaubhaft zu machen.

Vorsicht ist im Interesse des Kindes geboten, wenn die Wohnung dem Ehegatten, der Kinder betreut, **nur teilweise zugewiesen** werden soll. Hierdurch können Verhältnisse erzeugt werden, die für das Kind unerträglich sind[674]).

454   Nach § 180 III S. 1 ZVG, eingefügt durch UÄndG vom 20.02.1986, ist unter den dort genannten Voraussetzungen eine Teilungsversteigerung einzustellen, wenn dies erforderlich ist, um "eine ernsthafte Gefährdung" für das Wohl eines gemeinschaftlichen Kindes abzuwenden. In den bisher veröffentlichten Entscheidungen zahlreicher Landgerichte[675]) ist bei dieser **Kinderschutzklausel** eine einheitliche Linie schwerlich zu erkennen. Daher

---

[669]) AG Weilburg, FamRZ 2000, 361; *Brudermüller*, FamRZ 1999, 129 (132); *Coester*, FamRZ 1993, 249 (250); *Gießler*, Rz. 893.
[670]) Vgl. z. B. *Johannsen/Brudermüller*, § 1361 b BGB, Rz. 14.
[671]) *Schwab*, FamRZ 1999, 1317 (1321).
[672]) *Schwab*, FamRZ 1999, 1317 (1320).
[673]) Zur Rechtslage bei nichtehelichen Lebensgemeinschaften s. *Schwab*, FamRZ 1999, 1317 (1322) u. *Coester*, FamRZ 1993, 249 (253).
[674]) So eindringlich *Schwab*, FamRZ 1999, 1317 (1321).
[675]) S. zuletzt LG Offenburg, FamRZ 1994, 1274. Eingehend u. m. w. N. *Brudermüller*, FamRZ 1996, 1516 (1518) sowie *Gießler*, Rz. 913.

Empfehlung für den Anwalt: Die Einstellung ist - bei Beachtung der Notfrist in § 30 b I ZVG - eingehend zu begründen und glaubhaft zu machen.

Hierbei ist insbesondere darauf einzugehen:
- Wie stark leidet das Kind unter der Auseinandersetzung der Eltern?
- Wie alt ist das Kind?
- Wie wird es durch die Versteigerung psychisch weiter belastet?
- Kommt es bei einer Versteigerung zu einem Schulwechsel?
- Ist hierdurch mit einem schulischen Leistungsabfall zu rechnen?
- Verliert das Kind durch eine Versteigerung wichtige Freunde?
- Hat das Kind enge emotionale Bindungen an das zu versteigernde Haus?

Bloße Unzuträglichkeiten, Nachteile, wie sie mit nahezu jedem Umzug zwangsläufig verbunden sind, reichen also nicht aus. Die Nachteile für das Kind müssen recht nachhaltig sein.

Wie bei der Stellung des Antrags weiter zu beachten ist, entscheidet über den Antrag nach § 3 Nr. 1 i RpflG der **Rechtspfleger,** der für Zwangsversteigerungen zuständig, mit kinderspezifischen Fragen in aller Regel aber nicht vertraut ist. Wie schon wiederholt gefordert[676], sollte die Entscheidung de lege ferenda in die Hände des Familienrichters gelegt werden. Dann wird die Kinderschutzklausel auch häufiger als bisher Anwendung finden[677].

455

Zur Zuweisung der Ehewohnung bei ausländischen Staatsangehörigen s. Henrich, FamRZ-Buch 10, Rz. 124 ff. wie auch Haussleiter/Schulz, Teil 1 Rz. 270 ff.

---

[676] *Brudermüller,* FamRZ 1996, 1516 (1518); *Maurer,* FamRZ 1991, 1141; *Meyer-Stolte,* Rpfleger 1987, 515, 1990, 523 u. 1991, 216.
[677] Vgl. auch hierzu *Brudermüller* a. a. O. sowie *Schwab* in *Henrich/Schwab,* Der Schutz der Familienwohnung in Europäischen Rechtsordnungen, 1995, S. 138.

K. Hausrat und Kind[678])

Zur **Herausgabe persönlicher Sachen des Kindes** s. schon Rz. 282 ff.

456 Leben die Eltern getrennt, wird insbesondere die Ehe der Eltern aufgelöst, kann es zu Streitigkeiten über den Hausrat kommen, die für das Wohl der gemeinsamen Kinder sehr bedeutsam sind[679]). Davon geht auch **§ 2 S. 2 HausratsV** aus, der als allgemeine Vorschrift nicht nur die Wohnung, sondern auch den Hausrat betrifft. **§ 1361 a BGB** nimmt - wie § 1361 b BGB - auf diese Vorschrift der HausratsV zwar nicht Bezug, ist aber - ebenso wie § 1361 b BGB - im Sinne dieser Vorschrift auszulegen. Das Kindesinteresse ist vor allem zu berücksichtigen, soweit § 1361 a BGB auf die Billigkeit abstellt. Dabei geht es in **§ 1361 a I BGB** um die Frage, wieweit ein Ehegatte ihm gehörenden Hausrat dem anderen zum Gebrauch überlassen muß, weil der andere den Hausrat benötigt, um den "abgesonderten" Haushalt führen zu können. In **§ 1361 a II BGB** geht es um die Verteilung von Hausrat, der beiden Eltern gemeinsam gehört. - Allerdings darf im Rahmen eines summarischen Verfahrens die Hauptsache nicht vorweggenommen und folglich nicht über Änderung von Eigentumsverhältnissen entschieden werden, sondern **lediglich** über die sog. **Überlassung der Benutzung.** Aber auch bei dieser Entscheidung will das Kindesinteresse berücksichtigt sein[680]). Begehrt der Elternteil, der die Kinder betreut, die Benutzung von Hausrat, geht es zunächst um die Frage, welchen Hausrat der betreuende Elternteil und die Kinder gemeinsam benötigen und wieweit dem nicht betreuenden Elternteil der Verzicht auf die Nutzung von Hausrat zu-

---

[678]) Darstellung des summarischen Verfahrens nur zum Hausrat bei *Gießler,* Rz. 771 ff. - zu Ehewohnung und Hausrat bei *Maurer,* FamRZ 1991, 886 ff. u. *Haussleiter/Schulz,* Kapitel 1 Rz. 248 ff.

[679]) OLG Bamberg, FamRZ 1996, 1293 m. w. N.; *Brudermüller,* FamRZ 1999, 129 (138) u. *Johannsen/Brudermüller,* § 1361 a BGB Rz. 29.

[680]) *Gießler,* Rz. 813 u. vor Rz. 839; *Haussleiter/Schulz,* Kapitel 1 Rz. 131: "In erster Linie".

mutbar ist. Dafür dürfte als eine Art **Faustregel** (vgl. zur Ehewohnung Rz. 453) gelten: Der Hausrat ist weitgehend dem Elternteil zur Benutzung zu überlassen, dem die elterliche Sorge übertragen wurde oder dem sie voraussichtlich übertragen werden wird[681]. Bei einzelnen Hausratsgegenständen, z. B. Büchern oder Musikinstrumenten, ist weiter zu berücksichtigen, ob ein Kind hierauf angewiesen ist, damit es sich weiter ausbilden und entwickeln kann.

---

[681] *Brudermüller,* FamRZ 1999, 129 (138).

L. Schutz des Kindes vor Gewalt

457 Der Schutz des Kindes vor Gewalt, besonders im häuslichen Bereich, ist ein sehr aktuelles Thema - wie insbesondere in der Diskussion um ein Recht des Kindes auf gewaltfreie Erziehung und eine nochmalige Änderung von § 1631 II BGB deutlich wird[682]). Das Kind kann aber nur dann hinreichend vor Gewalt geschützt werden, wenn die Instrumente zu seinem Schutz auch schnell und umgehend greifen können. Die Frage nach dem vorläufigen Rechtsschutz ist somit eine sehr wichtige Frage, wenn es um den Schutz der Kinder vor Gewalt geht.

458 Das **Instrumentarium,** das unsere Rechtsordnung hierzu bereitstellt, ist jedoch sehr wohl **vorhanden** - mag seine Anwendung auch nicht ganz einfach sein. Das zeigen insbesondere die Ausführungen zur Gefährdung des Kindes (Rz. 234 ff.) oder zur vorläufigen Zuweisung der elterlichen Wohnung (Rz. 449 ff.). Das Kind kann demnach durch v. A. nach § 1666 BGB schnell und umgehend geschützt werden, wenn ein Elternteil, aber auch ein Dritter, es körperlich mißhandelt oder in sonstiger Weise entwürdigt. Das Kind kann weiter durch begleiteten Umgang geschützt werden, wenn ihm Gewalt droht, wenn ein Elternteil aufgrund einer vorläufigen Entscheidung Umgang mit ihm hat (Rz. 255). Das Kind kann ferner durch vorläufige oder einstweilige Anordnung hinsichtlich der Ehewohnung geschützt werden, wenn sein Vater durch Gewalt den häuslichen Frieden in unerträglicher Weise untergräbt (Rz. 453).

459 Wie **§ 1666 IV BGB n. F.** ausdrücklich hervorhebt[683]), kann das Gericht Maßnahmen mit Wirkung **gegen einen Dritten nur** treffen,

---

[682]) *Schwab,* FamRZ 1999, 1317. Dort werden in Fn. 80 auch die verschiedenen Entwürfe für eine solche Änderung zitiert. S. jetzt RE für Gewaltschutzgesetz, teilweise abgedruckt in FamRZ 2000, 726.
[683]) Diese Hervorhebung wurde erforderlich, weil § 1666 BGB n. F. auch die Gefährdung des kindlichen Vermögens miterfaßt, s. *FamRefK/Rogner,* § 1666 BGB Rz. 10.

wenn es um **Angelegenheiten der Personensorge** geht. Wird das Vermögen des Kindes gefährdet, kann das Familiengericht also nicht eingreifen. Es kann dann nur das allgemeine zivilrechtliche Instrumentarium eingesetzt werden[684]. Dabei wird im Rahmen des vorläufigen Rechtsschutzes im Regelfall eine e. V. des Zivilrichters in Betracht kommen. Wird, wie häufig, von einem Dritten ein Unterlassen begehrt, ist § 1004 I S. 2 BGB materiell-rechtliche Anspruchsgrundlage.

Der **Gewaltbegriff** ist heute sehr offen[685]. Jedenfalls **im Rahmen des summarischen Verfahrens** ist der Begriff **nicht zu weit zu fassen**. Denn das summarische Verfahren darf die Hauptsache nicht vorwegnehmen und soll im Grunde nur greifen, wenn es mehr oder minder dringend erforderlich ist. Auch sollte das Gericht, wenn die Bejahung von Gewalt fraglich ist, sich nicht voreilig in eine innere Angelegenheit der Familie einmischen.

460

---

[684] FamRefK/*Rogner,* § 1666 BGB Rz. 10.
[685] So *Schwab,* FamRZ 1999, 1317 bei Hinweis auf die Stellungnahme des DFGT (Sorgerechtskommission) zum RE für ein Mißhandlungsverbotsgesetz (FamRZ 1993, 1167).

IV. Teil - Ausblick

"Die Rechtsordnung der Gegenwart" - so der Präsident des BGH[686]) - "ist kompliziert und unüberschaubar geworden". Dies gilt leider auch für die Regelung des vorläufigen Rechtsschutzes vor dem Familiengericht. Dies wird schon bei den Übersichten in diesem Buch deutlich. Auch die Einzelregelungen für die verschiedenen Formen des vorläufigen Rechtsschutzes sind, wie in diesem Buch dargelegt werden mußte, teils unterschiedlich[687]). Zwangsläufig führt eine komplizierte, unterschiedliche Regelungsvielfalt, ja "Übernormierung"[688]) zu weiteren Komplikationen, z. B. wenn es um die sog. Konkurrenzfragen geht.

461

Unter diesen Umständen ist es nicht verwunderlich, wenn wiederholt gefordert wurde, den vorläufigen Rechtsschutz im Familienrecht zu **vereinfachen**[689]**).** Die Neuregelung in § 644 ZPO hat allerdings eine entscheidende Vereinfachung gebracht; sie ist ein richtiger Schritt in die richtige Richtung gewesen[690]). Die Einführung des § 644 ZPO macht aber zugleich deutlich: Auch ohne eine "große" Reform des vorläufigen Rechtsschutzes in Familiensachen sind Reformen möglich, die das geltende Recht "übersichtlicher, verständlicher und praktikabler"[691]) gestalten. Der neunte AK des 13. DFGT unter Leitung von K. A. Klauser und Mitwirkung von H. Gießler wie auch des Verfassers haben für eine solche "kleine" Reform folgende Empfehlung gegeben:

462

---

[686]) FAZ v. 02.02.2000, S. 10. S. auch *Hahne*, ZRP 1999, 356.
[687]) *Reischauer/Kirchner*, ZRP 1998, 355 zu II 1.
[688]) S. Fn. 686.
[689]) AK 9 des 13. DFGT; *Reischauer/Kirchner*, ZRP 1998, 355 ff.; *Schubert* FPR 1997, 185 (186).
[690]) *Schubert*, FPR 1997, 185; *Willutzki*, KindPrax 1999, 111; *Göppinger/Wax/van Els*, Rz. 2236.
[691]) So die Formulierung des AK 9 des 13. DFGT.

1. Die §§ 620 - 620 g ZPO könnten **wegfallen**; sie führen zu unnötigen Überschneidungen und Konkurrenzen und sind entbehrlich. § 644 ZPO n. F. müßte dann durch (vereinfachte) Verfahrensregelungen **ergänzt** und in etwa wie folgt neu gefaßt werden:

a) Ist eine Unterhaltsklage anhängig oder ist ein Antrag auf Bewilligung von Prozeßkostenhilfe für eine solche Klage eingereicht, kann das Gericht auf Antrag den Unterhalt ganz oder teilweise durch einstweilige Anordnung vorläufig regeln.

b) Die Entscheidung nach Abs. 1 ist unanfechtbar. Das Gericht kann sie auf Antrag aufheben oder ändern oder ihre Vollziehung bis zur Entscheidung über einen solchen Antrag aussetzen.

c) Die einstweilige Anordnung tritt mit der rechtskräftigen Entscheidung in der Hauptsache außer Kraft sowie dann, wenn die Klage zurückgenommen oder für erledigt erklärt wird. Auf Antrag ist dies durch unanfechtbaren Beschluß festzustellen.

d) Die im Verfahren der einstweiligen Anordnung entstehenden Kosten gelten für die Kostenentscheidung als Teil der Kosten der Hauptsache; § 96 ZPO gilt entsprechend.

2. Die §§ 127 a, 620 Nr. 9 und 621 f ZPO sollten zu einer einheitlichen Vorschrift zusammengefaßt werden, und zwar in **§ 127 a ZPO**, der etwa wie folgt neu gefaßt werden könnte:

a) In Familiensachen kann das Gericht auf Antrag einer Partei durch einstweilige Anordnung die Verpflichtung zur Leistung eines Kostenvorschusses für das Verfahren unter den Parteien regeln.

b) Die Entscheidung nach Abs. 1 ist unanfechtbar. Im übrigen gilt § 644 ZPO entsprechend.

3. Es sollte überprüft werden, ob und wieweit die Regelung des § 1615 o BGB beibehalten oder auf die Zeit bis zur Geburt des Kindes beschränkt werden soll, um Überschneidungen mit § 641 d und § 644 ZPO zu vermeiden.

Wie die nicht abschließende und umfassende Empfehlung deutlich macht[692]), sollten - auch ohne eine "große" Reform des vorläufi-

---

[692]) Vorschläge/Denkanstöße auch bei *Reischauer-Kirchner*, ZRP 1998, 355 und *Schubert*, FPR 1997, 185 zu II 2.

gen Rechtsschutzes - dem richtigen Schritt zur Neuregelung in § 644 ZPO weitere richtige Schritte folgen, durch die der vorläufige Rechtsschutz in Familiensachen weiter vereinfacht und sinnvoll harmonisiert wird. Eine Reform des vorläufigen Rechtsschutzes ist aber nicht geboten, um ihn "wieder auf das in der Sache erforderliche Maß zurückzuführen" und dem Hauptverfahren wieder die ihm zukommende Bedeutung zu geben[693]. Der vorläufige Rechtsschutz hat sich, von seiner Kompliziertheit abgesehen, alles in allem zum Wohl des Kindes wie der Familie bewährt und durchgesetzt und sollte daher in seinem Umfang nicht eingeschränkt werden.

---

[693] So aber *Schubert*, FPR 1997, 185 zu I 3.
 Zur Reform des vorläufigen Rechtsschutzes im Verwaltungsrecht s. *Haibach*, ZRP 1996, 173 ff. m. w. N.

Stichwortverzeichnis
(Die Zahlen verweisen auf Randziffern)

A
Abänderung nach § 1696 BGB 46, 292 ff.
Abänderung von Amts wegen 186
Abänderungsantrag 179
- bei der e.A.
- nach § 620 b I ZPO 48, 174 ff., 371
- nach § 620 b II ZPO 48, 180 ff., 371
- bei der v.A. 186
Abänderungsklage 376
Abgabe an das zuständige Gericht 114
Abhilfe im Beschwerdeverfahren 203
Abtrennung nach § 623 II 2 ZPO 106, 214
Abweisung
- des Arrests u. der e.V. 37
- des e.A. Antrages 140, 253
- der Klage zur Hauptsache 383 f.
- des Scheidungsantrags 216
- der Vaterschaftsfeststellungsklage 421
Akten als Beweismittel 76, 136 f.
Alleinzuweisung der Ehewohnung s. Ehewohnung
aliud 126

Amtsermittlung, s. Ermittlung von Amts wegen
Androhung von Zwangsmitteln 260, 277
Anerkennung der Vaterschaft 401, 406
Anfechtung s. Rechtsbehelfe
Angehörige 301, 306, 322
Anhörung 5, 69, 143 ff., s. auch Gehör
- im e.A.-Verfahren 140 ff., 237, 357
- im v.A.-Verfahren 153, 204, 450 f.
- im Beschwerdeverfahren 204
- s. auch Eltern (Anhörung), Jugendamt (Anhörung) u. Kindesanhörung
Anschlußbeschwerde 195
Antrag 130
- auf Erlaß eines Arrests oder einer e.V. 400
- auf Erlaß einer e.A. 117, 126, 432 (PKV)
insbesondere beim Unterhalt 352 ff.
insbesondere bei elterlicher Sorge 117 ff.
insbesondere bei Umgang mit dem Kind 250, 330
- auf Erlaß einer v.A. 118, 244, 266, 279, 282

- auf Feststellung des Außerkrafttretens einer e.a. 223, 386
- bei vorgezogener Scheidung 124
- bei Rücknahme des Scheidungsantrages 125
- Befristung 128, 353
- Bestimmtheit 126, 129, 177, 353, 415 s. auch Bezifferung
- Bindung des Gerichts 126, 128, 415
- Form 131
- Inhalt u. Umfang 126 ff., 346 ff.
- zeitliche Zulässigkeit 123, 371, 432

Antragsberechtigung 119
Antragsverfahren 117, 126
anwaltliche Versicherung 76, 85, 136
Anwaltskosten 143
- insbesondere im e.A.-Verfahren 229
- insbesondere im v.A.-Verfahren 230
- insbesondere beim PKV 441

Anwaltsvertretung 131 f., 150, 153, 177, 183, 192, 202, 223, 371, 410, 418, 436
Arrest 21, 37, 42, 54, 98, 395 ff.
- insbesondere Antrag 400
- insbesondere Grund 37, 72, 395, 396

ärztliche Behandlung 242, 314, 335
Aufenthaltsbestimmungsrecht 102, 126
Aufhebung nach § 927 ZPO 42, 53, 54
Aufrechnungsverbot 439
Ausbalancierung im summarischen Verfahren 6 ff., 12 f., 60, 67, 69, 90, 141, 293, 297

Auskunft 247 (Umgang), 255
- durch Erlaß einer e.a. 347
- durch Erlaß einer v.A. 329 ff.
- behördlicher Auskunft 76, 136
- Einholung einer Auskunft durch das Gericht 76, 137
- Ersatz für fehlenden Umgang 330 ff.

ausländisches Recht 88, 91
Auslagenpauschale 429
Auslandsvollstreckung als Arrestgrund 396
Ausschluß des Umgangs 254, 263 (Vollziehung)
Ausfall des Sorgeberechtigten 301
Austauschbarkeit
- von e.A. und v.A. 207
- von e.A. nach § 644 u. § 620 Nr. 4 ZPO 391

Außenbindung 44
Außerkrafttreten 23, 54 f.
- vorläufiger Anordnungen 55, 225 f.
- insbesondere bei elterlicher Sorge 213 ff.
- insbesondere beim Umgang 264
- insbesondere beim Unterhalt 383 ff., 421 (§ 641e/f ZPO)
- insbesondere beim PKV 440
- Beschlußverfahren nach § 620 f I 2 ZPO 221 ff., 226, 386

Aussetzung 67
- des Hauptverfahrens 122
- des summarischen Verfahrens 67
- der Vollziehung 53

- insbesondere einer e.A. 179, 185, 194, 211, 382
- insbesondere einer v.A. 203, 212, 225
- insbesondere einer e.A. nach § 645 d ZPO 421

Auswahlermessen bei § 1666 BGB 241

B
Barunterhalt 348, 362
Bedingung von Antrag u. Entscheidung 158, 218
Befangenheit 64
Befriedigungsmaßnahme 21, 58 ff.
Befristung 103
- der e.A. 158, 218, 364
- der v.A. 225
Begleiteter Umgang 20, 44, 255, 458
Begründung
- des Abänderungsantrags 177, 179, 182
- des Antrags 133 f.
- der Beschwerde 193
- der e.A.-Entscheidung 160, 184, 366, 372
- der v.A.-Entscheidung 306
Behauptungslast s. Glaubhaftmachungslast
Beibringungsgrundsatz 418
Beistand 352, 404
Bekanntgabe der Entscheidung
- insbesondere im e.A.-Verfahren 143 f., 168
Benutzungsregelung bei Wohnung und Hausrat s. Ehewohnung

Bereicherung s. Rückzahlung
Beschleunigungsprinzip 10, 14, 60, 61 ff., 70, 74, 90 f., 101, 103, 133, 140 f., 145, 155, 189, 261
Beschluß s. Entscheidung
Beschwerde 180 f., 421
- insbesondere im e.A.-Verfahren 165, 180 f., 188 ff., 257, 276
- insbesondere im v.A.-Verfahren 201 ff., 309
Beschwerdebefugnis 173, 189, 191
Bestätigung des Vergleichs 92, 96, 152, 214, 256, 264
Besuche s. Umgang
Beteiligte s. Verfahrensbeteiligung
Beweiserhebung 70, 80, 143, 149
Beweislast s. Glaubhaftmachungslast
Beweiswürdigung 83 f., 86
Beweismittel 76, 136
Bezifferung des Antrags
- insbesondere bei e.A. auf Unterhalt 353
- insbesondere bei e.A. nach § 645 d ZPO 415
- bei mehreren Kindern 353
- bei Sozialhilfebezug 354
- s. auch Regelbetrag
Bindungswirkung summarischer Entscheidungen 32, 43 f.
Bluttransfusion 242, 314, 335
Bücher 456

D
Dienende Anordnung 109, 157, 170, 246, 255, 272 f., 276,

243 f., 298
Dienstaufsichtsbeschwerde 64
dienstliche Äußerung 76, 80
Dreimonatsverfügung 402
Dringlichkeit der Eilmaßnahme 83, 143, 407
Dritte als Umgangspersonen 269
Drittbeteiligung s. Verfahrensbeteiligung

E
effektiver Rechtsschutz 10, 12, 58, 60
Ehewohnung 16, 51, 98, 449 ff., 458
eidesstattliche Versicherung 98, 76, 85, 136, 278 (§ 33 FG)
Einigung s. Vergleich
Eilentscheidung - offene - 20
Einschränkungen nach § 1687 II BGB 319 ff.
Einstellung
- bei negativer Feststellungsklage 53, 378
- bei Teilungsversteigerung 454
- s. auch Aussetzung der Vollziehung
Einstweilige Anordnung in Familiensachen 18, 22, 54
- Änderung 174 ff., 371 f.
- Antrag s. Antrag
- Aufheben 42
- Außerkrafttreten 213 ff.
- Begriff 18
- Begründung v. Antrag u. Entscheidung s. Begründung
- sofortige Beschwerde 188 ff.
- Entscheidung 156 ff., 238, 251 ff., 361 ff., 372, 429, 437

- Inhalt 107 ff., 238 ff., 251 ff., 272 ff., 361 ff.
- Kosten 161 ff., 227 ff.
- und vorläufige Anordnung 206 ff.
- Verfahrensgang 140 ff., 436
- Verfahrensvoraussetzungen 116
- Vollziehung 211 ff., 259 ff., 277 ff., 379 ff., 432
Einstweilige Anordnung nach § 644 ZPO 389 ff., 442 (PKV)
Einstweilige Anordnung im Kindschaftsprozeß 412 ff.
- Änderung 421
- Anfechtung 421
- Antrag 415
- Entscheidung 408
- Verfahrensgang 412
- Verfahrensvoraussetzung 413
einstweilige Verfügung 37, 42, 389, 392 ff.
- insbesondere Abgrenzung gegenüber Arrest 52
- Konkurrenzfragen
- einstweiliger/vorläufiger Rechtsschutz 18
Elternanhörung 145, 153, 204, 234, 237, 251
Elternstreit 112, 313 ff.
elterliche Sorge s. Sorge
Entführung s. Kindesentführung
Entscheidung 40 ff., 156 ff., 272 f., 251 ff., 361 ff.
- s. auch Arrest, e.A., v.A.
Entzug der elterlichen Sorge (§ 1680 III BGB) 290 f.
Ermittlung von Amts wegen 75, 234, 238, 418
- im e.A.-Verfahren 234, 238, 418
- im v.A.-Verfahren 75, 244

- im Kindschaftsprozess 418
Erwerbsobliegenheit 6

F
familiengerichtliche Genehmigung 342
Familienunterhalt 348
Feststellung der Vaterschaft 413, 423
Feststellungsklage - negative - 7, 53, 372, 378, 390, 413, 422, 440
FGG-Familiensachen
- streitige 25, 45, 93
- Fürsorgeangelegenheiten 25, 28, 31, 39, 46, 75, 78, 92, 96, 111, 169, 187
Fortführung des Verfahrens (§ 626 II ZPO) 215
Fotokopie 76, 136
Fristsetzungsverfahren 409
Funktion des vorläufigen Rechtsschutzes 10, 21, 60, 67
- insbesondere bei e.A. zur elterlichen Sorge 140 ff.
- insbesondere bei e.A. zum Unterhalt 357 ff.

G
Gang des Verfahrens 140 ff., 237, 357 ff., 407, 412, 436, 450 f.
Gebote s. Unterlassungsgebote
Gebrauchssachen s. persönliche Gebrauchssachen
Geburt 402, 404, 406, 409
Gefährdung des Kindes 75, 98, 117, 119, 126, 140, 157, 170, 234 ff., 457 ff.
- Auswahlermessen 241
- Eingriffsvoraussetzungen 240
- Hauptverfahren als Voraussetzung für v.A. 244
- Indizierung im Elternstreit 315
- Maßnahme gegen Dritte 241, 458 f.
- Mißhandlung 238
- sexueller Mißbrauch 254
- Unterbringung 304 ff.
- Wiederholungsgefahr 238
- Zuständigkeit 236, 243
- s. auch Gewalt gegen das Kind (457), Hausratsnutzung (456) u. Wohnungszuweisung (453)
Gefahr im Verzug
- s. auch Regelungsbedürfnis
Gegenantrag 133
Gegenstandswerte 291, 300
- bei elterlicher Sorge 231 ff., 291
- bei Umgang 265 f., 271
- bei Unterhalt 388
- bei PKV 441
Gegenglaubhaftmachung 81, 406
Gehör - rechtliches - 5, 68, 69, 140 f.
gemeinsame elterliche Sorge 106, 268 f., 313, 319 f.
Genehmigung - familiengerichtliche 342
Gerichtskosten
- des e.A.-Verfahrens 227
- des v.A.- Verfahrens 228
geringst möglicher Begriff s. Verhältnismäßigkeit
Getrenntleben, aber kein Scheidungsverfahren 106, 112
vor Getrenntleben 112, 121
Gewalt
- Begriff 460

- Schutz vor Gewalt 234 ff., 457 ff.
- zur Herausgabe des Kindes 277
- zur Durchsetzung des Umgangs 260
- s. auch Zwang - unmittelbarer
Glaubhaftmachung 41, 70 ff., 88
- bei Arrest u. einstweiliger Verfügung 37, 87
- im e.A.-Verfahren 73 f., 135 ff., 238, 356, 435
- im v.A. Verfahren 75, 139
- im Kindschaftsprozeß 406 (§ 1615 o BGB), 416
- Gegenstand 72 ff.
- Mittel 76 ff., 136
- Zeitpunkt 82, 138 f.
- für die Gegenseite 81, 406
Glaubhaftmachungslast 8 u. 13 (Grafiken)
greifbare Gesetzeswidrigkeit 190, 257
Gutachten 85, 137, 147, 300

H
Haager Übereinkommen über Kindesentführung 16, 280
Häufigkeit des Umgangs 102, 109
Hauptsachegericht zuständig für summarische Entscheidung 414
Hauptsacheklage
- Frist zu ihrer Erhebung 412, 422
Hauptsacheregelung 89, 209
- als Verfahrenshindernis s. Verfahrenshindernis
- als Grund des Außerkrafttretens 54 ff., 209, 264, 383 f.
- zur e.A. 218, 383 f.
- zur v.A. 225
Hauptsacheverfahren als Zulässigkeitsvoraussetzung von unselbständigen Eilverfahren 22, 25, 55, 116, 244, 266
- bei e.A. 116, 350
- bei v.A. 116, 118, 244, 266, 267
- im Kindschaftsprozeß 413
- beim PKV 431
- Beginn des Hauptverfahrens 23, 98, 116, 118
Hausrat/Hausratsverfahren 16 f., 38, 98, 456 ff.
Heimunterbringung des Kindes 304 ff.
Hinterlegung s. Sicherheitsleistung
Höhe des Unterhalts 346, 365, 389, 392, 402, 416, 419

I
Impfung 172, 314
Innenbindung s. Präjudizialität
Interimsentscheidung/-vergleich 92 ff., 152
Internationale Zuständigkeit 115, 236, 249, 349, 428, 455
- bei elterlicher Sorge 115
- bei Gefährdung des Kindes 236
- beim Umgang 249
- beim Unterhalt 349
- bei der Ehewohnung 455
isolierte FGG-Verfahren 106, 132, 169, 170, 201, 214, 219, 266, 269, 286 ff.
isolierte Unterhaltsverfahren 22 f., 51, 389 f., 391

J

Jugendamt 119, 136, 404
- Anhörung 142, 144, 153, 197, 234, 291, 317, 318, 320, 324, 333, 337, 343, 451
- Antragsberechtigung 119, 250
- Auskunft 76, 80, 136
- Bekanntmachung 168, 173, 234
- Beschwerdebefugnis 190, 202, 257
- Inobhutnahme 245
- Ladung 149
- Verfahrensbeteiligung 144, 190, 451

K

Kind als Verfahrensbeteiligter 143, 173, 190, 202
Kindesanhörung 143, 153, 197, 204, 237, 251, 450
Kindergeld 353
Kindesentführung 16, 280 f.
Kindesherausgabe 98, 111, 272 ff.
- Antrag 274
- Beschwerde 276
- e.A. 272 ff.
- Entscheidung 272 f.
- Regelungsbedarf 275
- Vollziehung 277 f.
- v.A. 279

Kindeswohl 39, 101, 104, 108, 111, 122, 141, 145, 160, 175, 252, 254, 262, 275, 277, 288 ff., 319, 452 ff., 456
Kindschaftsverfahren 22, 401 ff.
Kollisionsrecht s. ausländisches Recht
Konflikt Eltern/Pfleger 316 f.

Konflikt Eltern/Pflegeeltern 318
Kongruenz 113, 118, 127, 171, 204, 220, 279, 374, 384
Konkurrenz 31, 49 ff.
- Begriff 31, 49, 53
- Arrrest und e.V. 52
- von e.A. und v.A. 51, 206 ff.
- von e.A. und e.V. 31, 52, 391, 433
- von e.A. nach § 620 Nr. 4 und e.A. nach § 644 ZPO 389, 391, 393 f.
- von e.A. nach § 641 d ZPO zu Arrest/e.V. 425
- von e.A. nach § 641 d ZPO u. e.V. nach § 1615 o BGB 427
- Hauptverfahren/Nebenverfahren 27, 34 f., 50, 205, 374
- mehrer summarischer Verfahren 28 f., 35, 51, 445 f. (PKV)
- der Rechtsbehelfe im e.A.-Verfahren 189, 209, 53, 176 f.
- der Rechtsbehelfe des Antragsgegners 53, 209
- von Familiengericht und Vormundschaftsgericht 53, 170, 210, 243

Konsensverfall der Eltern 315
Kosten
- insbesondere im e.A.-Verfahren 227 ff., 260, 387 f., 441
- insbesondere im e.A.-Verfahren des Kindschaftsprozesses 420, 442
- insbesondere im v.A.-Verfahren 172, 228, 230, 233, 303
- insbesondere im Beschwerdeverfahren 199, 228, 229 f., 232

Kostenentscheidung 165, 166,

223, 440
- insbesondere im e.A.-Verfahren 161 ff., 165, 191, 199, 367, 387
- insbesondere im e.A.-Verfahren des Kindschaftsprozesses 441
- insbesondere im v.A.-Verfahren 172, 204
- insbesondere im Hauptverfahren 161
- Anfechtbarkeit 167
Kostenpauschquantum (beim Arrest) 400
Kostentrennung im e.A.-Verfahren 162 f.
künftige Ansprüche 398

L
Ladungsfrist 64, 149
Leistungsfähigkeit des Unterhaltspflichtigen 6
Leistungsverfügung 37, 89 f., 389, 392 ff., 401 ff., 443
Leistungsurteil 384

M
Maßregel nach § 1693 BGB 334 ff., 338
Maßregel -unterstützende - nach § 1631 III BGB 339 ff.
materiell-akzessorischer vorl. Rechtsschutz 20, 88 ff., 157, 239 f.
Mediation 155, 328
Mehrwertsteuer (PKV) 429
Mildester Eingriff s. Verhältnismäßigkeit
Minderjähriger s. Kind
MSA 236
Minimallösung 63, 67, 147, 332, 346

minus von Eilmaßnahme gegenüber dem Antrag 63, 126
Mißbrauch des summarischen Verfahrens 62 f.
Mißhandlung 238, 458
mündliche Verhandlung 32, 68, 97, 180 f.
- im Verfahren von Arrest und e.V. 68, 99, 444
- im Beschlußverfahren nach § 620 f I S. 2 ZPO 223
- im e.A.-Verfahren 68, 140 ff., 175, 179, 180 f., 197, 201, 357, 359 f., 371
- im e.A.-Verfahren des Kindschaftsprozesses 418, 421
- im v.A.-Verfahren 68, 153, 201, 315
- im Verfahren nach § 1615 o BGB 407
Musikinstrument 456

N
nachgeschalteter vorl. Rechtsschutz 14 f., 19
Naturalunterhalt des Kindes 362
Nebenentscheidungen s. Zwischenentsch.
Nebenintervention 415, 420
negative Feststellungsklage s. Feststellungsklage
nicht verheiratete Eltern und elterliche Sorge (§ 1672 BGB) 286
Notentscheidungsbefugnis 320
Notlage als Verfügungsgrund der e.V. 392, 351
Notunterhalt 52, 392, 394, 419
Notwendigkeit einer e.A. im Kindschaftsverfahren 417

O

Obhut über ein Kind nach § 43 KJHG 245
offene Eilentscheidung 20, 88
offensichtliche Gesetzeswidrigkeit s. greifbare Gesetzeswidrigkeit
öffentliche Verhandlung 80, 136, 152 f., 418
Operation 242, 335, 362

P

Parteierklärung - Glaubhaftmachungsmittel 76, 136
Paß des Kindes 281
perpetuatio fori 31, 114
Personensorge 240, 272, 339, 459
persönliche Gebrauchssachen 98, 282 ff.
Pflegeeltern 296 ff., 318, 335
Pfleger des Kindes 241, 306, 316
Präjudizialität 43
Präjudizierung 102, 109
präsente Beweismittel nur zur Glaubhaftmachung 84, 86, 137
praktische Relevanz vorl. Rechtsschutzes 1 f., 104, vor 345
Privatgutachten 85
Protokollierung des Vergleichs 96
Prozeßfähigkeit 404
Prozeßhindernis s. Verfahrenshindernis
Prozeßkosten s. Kosten/Kostenentscheidung
Prozeßkostenhilfe
- insbesondere Verhältnis zum PKV 378, 433
- Zulässigkeitvoraussetzung für e.A. 116, 415, 431
- Zulässigkeitsvoraussetzung nicht für v.A. 118
Prozeßkostenvorschuß 428 ff.
- Zu §§ 620 Nr. 9, 127 a, 621 f ZPO 429 ff.
- Antrag 432
- Gang des Verfahrens 436
- Glaubhaftmachung 435
- Inhalt und Umfang 429
- Verfahrensvoraussetzung 431
- Vollziehung 439
- zu § 641 d ZPO 442
- qua Leistungsverfügung 428, 433, 443
- Konkurrenzen 445 ff.
- PKV in familienrechtlichen Angelegenheiten 443
- Ratenzahlung 429
- Rückzahlung 439 f.
- Verhältnis zur PKH 433, 443
Prozeßstandschaft für das Kind 352, 434 (PKV)

R

Ratenzahlung beim PKV 429
Räumung der Ehewohnung s. Ehewohnung
Rechtsbehelfe s. Änderung/ Aufhebung/Beschwerde
Rechtsfragen (Prüfung) 20, 88 ff.
Rechtsfürsorgeangelegenheiten s. Fürsorgeangelegenheiten
Rechtshängigkeit 25 ff., 218,
- ausländische 30, 47
- Beginn 26, 116,
- s. auch perpetuatio fori

Rechtskraft 32 ff.
- formelle 32, 175 f., 181, 371
- materielle 33, 38 f., 187
- bei Fürsorgeangelegenheiten 39
- der Hauptsacheentscheidung s. Hauptsacheregelung

Rechtspfleger 322, 324, 325, 333, 337, 455
Rechtsschutzinteresse 28, 110, 177, 184, 276, 326, 351, 371
Reform des Verfahrens z. vorl. Rechtsschutz 461 ff.
reformatio in peius 195, 204
Regelbetrag 353, 405
Regelungsbedürfnis 110 f., 169, 273, 351, 391, 431
- bei elterlicher Sorge 110 f., 120, 135, 169
- bei Umgang 252, 273, 275
- bei Unterhalt 351, 371 f.
- bei sonstigen nicht vermögensrechtlichen Angelegenheiten 111, 273, 293
- bei § 644 ZPO 390

Regelungsmaßnahme 21, 353, 365, 406
Reisepaß des Kindes 281
Richterablehnung 64
Rückabtretung nach § 91 IV BSHG 354
Rückführung des Kindes 298
Rücknahme
- insbesondere der Beschwerde 196
- insbesondere des e.A.-Antrags 164
- insbesondere des Ehescheidungsantrages 215
- insbesondere der Vaterschaftsfeststellungsklage 421, 423

rückständiger Unterhalt 363, 388, 402
rückwirkende Abänderung
- bei summarischen Entscheidungen 29, 372, 384, 440
- bei negativer Feststellungsklage 372, 378

Rückzahlung 12, 378
- von Unterhalt 424
- von PKV 439 f.

Ruhen der elterlichen Sorge 289, 338
Ruhen des Hauptverfahrens 122, 218

S
Sachantrag 126, 129
Sachverständiger 77, 137, 147
Säumnis 418
Schadensersatz
- insbesondere wegen e.A. im Kindschaftsprozess 423
- insbesondere wegen Arrest und e.V. 411

Scheidungsverbund 117, 214, 220, 234, 241, 246
Schriftform des Antrags 131
Schriftsatzfristen 66
schulische Belange des Kindes 126, 157, 329, 430, 454, 456
Schutzschrift 8, 13, 97 ff.
- insbesondere Anwendungsbereiche 98

sekundärer vorl. Rechtsschutz (=nachgeschaltet) 14
sexueller Mißbrauch 231, 254
Sicherheitsleistung 54, 382, 402, 412, 415, 417
- insbesondere bei Aussetzung der Vollziehung 382

Stichwortverzeichnis

- insbesondere im Rahmen v.
§ 641 d ZPO 415, 417, 419
Sonderbedarf 346, 365, 402, 406, 416, 419
Sorge, elterliche 98, 105 ff.
- Regelung durch e.A. 105 ff.
- Regelung durch v.A. s. vorläufige Anordnung/e. Sorge
Sozialhilfe 6, 354, 417, 434
Sperrkonto 417
Stiefkindsituation 301, 322
Streitgegenstand im vorl. Rechtsschutz 25, 28, 31, 34 f., 37, 109, 246, 272, 352
Streitsachen der FGG 25, 39, 45
Streitwerte s. Gegenstandswerte
Subsidiarität s. Konkurrenzen

T
Teilbereiche der elterlichen Sorge 108, 111, 157, 189, 240
Teilungsversteigerung 454 f.
Telefonauskunft als Glaubhaftmachungsmittel 76, 80, 136
Terminbestimmung 64, 68 f., 101, 137, 148
Titelumschreibung 380 f.
Tod der Partei/eines Elternteils 217, 289, 383, 421
Tonbandaufnahme 76, 136

U
Übergang in anderes summarisches Verfahren 208, 394, 427
Überraschungseffekt im summarischen Verfahren 5, 69, 140
Umdeutung eines Antrages 123, 208

Umgang mit dem Kind 6, 39, 44, 63, 98, 102, 109, 246 ff.
- Abwesenheit Dritter 255
- Ausschluß 109, 254
- begleiteter Umgang 255, 458
- Umgang Dritter 248, 269 ff., 322
- Regelung durch e.A. 246 ff.
- Regelung durch v.A. 266 ff.
- Störung durch Dritte 267
- Unterlassungsgebot/Umgangsverbot 255, 267 f.
- Vollziehung 253, 259 ff.
Unmittelbarkeit der Beweisaufnahme 80, 136
Unteilbarkeit der elterlichen Sorge 108
Unterbringung - vorläufige - 304 ff.
Unterhaltsarrest 21, 395 ff.
Unterhaltsbestimmung nach § 1612 II BGB 325 ff.
Unterhalts-e.A. 58 f.
- Abänderung/Anfechtbarkeit 370
- Antrag 352
- Außerkrafttreten 383
- Entscheidung 361 ff.
- Gang des Verfahrens 357 ff.
- Glaubhaftmachung 356
- Hauptsacheverfahren bezüglich e.A. 373 ff.
- Inhalt 346 ff.
- Verfahrensvoraussetzung 350 f.
- Vollziehung u. Aussetzung 379 ff.
- speziell im Kindschaftsprozeß 412 ff.
- speziell zu § 644 ZPO 389 ff.
- Unterhaltsleistungsverfügung 392 ff.

- speziell im Kindschaftsverfahren 401 ff.
Unterhaltssachen 384, 431
Untersuchungsmaxime s. Ermittlung v. Amts wegen
Unterlassungsgebot 11, 97, 267
unterstützende Maßregel 339
unzumutbare Arbeit 6
Urkunde - vollstreckbar, auf Unterhalt 371, 421
Urteil s. Entscheidung

V
Vaterschaft 401, 418, 442
Vaterschaftsanerkenntnis 401, 403, 406
Vaterschaftsfeststellungsklage 401, 413, 421, 423
Vaterschaftsgutachten 406
Verbleibensanordnung 296 ff.
- nach § 1632 IV BGB 296 ff.
- nach § 1682 BGB 301 ff.
Verbot 255, 267 f., 459
Vereinfachung des Verfahrens z. vorl. Rechtsschutz 462 f.
Verfahrensantrag 126, 129, 130, 177, 250, 269
Verfahrensbeteiligung 33
- des Kindes 143, 449
- des Jugendamts s. Jugendamt
Verfahrensgegenstand s. Streitgegenstand
Verfahrenshindernisse 25 ff., 32 ff., 43, 116, 187, 206, 374
verfahrensunselbständige Eilverfahren 22 f.
Verfahrenspfleger 151, 154, 237, 270, 291, 299, 311, 328
Verfahrensvoraussetzungen
- insbesondere bei e.A. 113 ff., 236, 275
- insbesondere bei v.A. 115 f., 243, 265, 279
Verfassung als Auslegungsbasis 5 ff., 58, 60, 61, 140, 304
Vergleich 56, 92 ff., 152, 166, 214, 229, 256, 360, 371, 385
- insbesondere bei elterlicher Sorge 92, 96, 152, 214, 229
- insbesondere beim Umgang 256, 263
- insbesondere bei Unterhalt 92 ff., 371
- Billigung des Vergleichs s. Bestätigung
Verhältnismäßigkeit 102, 107
Verhandlungsgrundsatz 407
Verkündung der Entscheidung 168, 368
Vermittlungsverfahren 263
Vermögenssorge 240, 459
Versäumnisverfahren 418
verspätetes Vorbringen 66
Vertagung 65, 79, 149
Vertretung 323 f. (Entzug)
- des minderjährigen ehelichen Kindes 352
- des minderjährigen nichtehelichen Kindes 404
- bei Entzug elterlicher Sorge 323
Verweisung an zuständiges Gericht 114
Verzicht
- auf Rechtsmittel 32
- auf mündliche Verhandlung 407
Vollbeweis 84
volljährige Kinder 352
Volljährigkeit während anhängigen Verfahrens 352, 381

Stichwortverzeichnis

Vollstreckbarkeit/Vollziehbarkeit 256 (Vergleich), 260
- insbesondere der e.A. 211, 253, 256, 260, 272, 379 ff.
- insbesondere der v.A. 203, 212, 266, 284

Vollstreckung/Vollziehung
- bei e.A. 211 (e. Sorge), 379 ff.
- bei v.A. 212 (e. Sorge), 284
- insbesondere bei Herausgabe des Kindes 277
- insbesondere bei Unterhalt des Kindes 379 ff.
- insbesondere bei Umgang mit dem Kind 259 ff., 272 f., 439
- insbesondere bei PKV 439

Vollstreckungsabwehrklage 377, 381, 386, 439

Vollstreckungsklausel 369, 380 f. (Umschreibung)

Vorausprüfung des materiellen Rechts 20, 88 ff., 157, 239 f.

Vorbehalt der Fortführung einer Scheidungsfolgensache 215

vorgeschalteter Rechtsschutz 15, 19

vorläufige Anordnung 18, 22, 153
- Gegenstandswerte 230, 232, 271
- Konkurrenzen 187, 206 ff.
- Kosten 172, 228, 230, 233
- Rechtshängigkeit 25, 28
- Rechtskraft 39, 46, 187
- bei elterlicher Sorge 106, 118, 130, 132, 134, 139, 153 ff., 169 ff., 186 f., 201 ff., 225 ff., 228, 230, 233

- bei Gefährdung des Kindes 170, 243 ff., 458
- bei Hausrat 282 ff., 456
- bei Herausgabe des Kindes 279
- bei Umgang 266 ff., 269 ff., (Dritte)
- bei sonstigen nicht vermögensrechtlichen Angelegenheiten 291, 293, 297, 302, 306, 314, 317, 318, 320, 321, 324, 326, 331, 335, 341
- bei Wohnung 453

vorläufig vollstreckbares Hauptsacheurteil kein Grund für Außerkrafttreten der e.A. 384

Vormundschaftsgericht und Familiengericht 53, 170, 210, 243

Vorwegnahme der Hauptsache 11, 56 ff., 157, 314, 317, 320, 324, 331, 456, 460

W

Wahrscheinlichkeit bei Glaubhaftmachung 12 f., 83, 254, 306

Wegfall des bisherigen Inhabers der elterlichen Sorge 287 ff., 301

Weichenstellung im summarischen Verfahren 1, 56 ff., 92, 102, 213, 450

weitere Beschwerde 200

Weiterführung des Verfahrens nach § 626 II ZPO s. Fortführung

Widerklage 413

Wiederholungsgefahr 238

Wirksamwerden

- der summarischen Entscheidung 219, 384
- einer Hauptsacheentscheidung gegenüber e.A. 219, 384

Wirtschaftsgeld 348
Wohnung s. Ehewohnung

Z
Zeitempfinden des Kindes 100 ff.
Zeugenbeweis 76 f., 79, 84, 137, 149
Zeugenladung 77, 137, 149
Zurücknahme s. Rücknahme
Zurückweisung im Beschwerdeverfahren 181, 198, 204
Zuständigkeit
- Abänderung/Aufhebung e.A. 174, 193, 371
- Abänderung/Aufhebung v.A. 186, 257
- Arrest 399
- e.A.
- bei elterlicher Sorge 113 f.
- bei Gefährdung des Kindes 236
- bei PKV 430
- bei Umgang 247 f., 259

- bei Unterhalt 349
- bei Unterhalt im Kindschaftsprozeß 403, (1615 o BGB), 414
- bei Vollstreckung 259
- bei Feststellung nach § 620 f I S. 2 ZPO 223, 386
- v.A.
- bei elterlicher Sorge 115
- bei Gefährdung des Kindes 170
- bei Hausrat 282 ff., 456
- bei Unterbringung 304
- bei Umgang 115, 226
- bei Verbleibensanordnung 296
- bei Vollziehung 259
- bei Wegfall der elterlichen Sorge 287 ff.

Zustellung der Entscheidung
- bei Arrest u. e.V. 368
- bei e.A. 168, 368
- bei v.A. 173

Zwang, unmittelbarer 260, 277
Zwangsgeld 96, 260, 265, 277
Zwangsverbund 117, 234, 246
Zweck 10, 21
Zwischenentscheidung 190, 261